本书系中国社会科学院创新工程重大科研规划项目（项目编号：2019ZDGH014）"国家治理体系与治理能力现代化研究"的阶段性成果。

新时代政治学研究书系
丛书主编：张树华

中国之治

理论逻辑与实践探索

周少来 主编

中国社会科学出版社

图书在版编目（CIP）数据

中国之治：理论逻辑与实践探索/周少来主编 . —北京：中国社会科学出版社，2023.5

（新时代政治学研究书系）

ISBN 978-7-5227-0439-5

Ⅰ.①中… Ⅱ.①周… Ⅲ.①政治学—研究—中国—现代 Ⅳ.①D6

中国国家版本馆 CIP 数据核字（2023）第 035707 号

出 版 人	赵剑英
责任编辑	范晨星
责任校对	郝阳洋
责任印制	王　超

出　　版	中国社会辩虫版社
社　　址	北京鼓楼西大街甲 158 号
邮　　编	100720
网　　址	http：//www.csspw.cn
发 行 部	010-84083685
门 市 部	010-84029450
经　　销	新华书店及其他书店
印　　刷	北京明恒达印务有限公司
装　　订	廊坊市广阳区广增装订厂
版　　次	2023 年 5 月第 1 版
印　　次	2023 年 5 月第 1 次印刷
开　　本	710×1000　1/16
印　　张	17.25
字　　数	270 千字
定　　价	89.00 元

凡购买中国社会科学出版社图书，如有质量问题请与本社营销中心联系调换
电话：010-84083683
版权所有　侵权必究

新时代政治学研究书系编委会

学术顾问：李慎明

编委会主任：樊建新 张树华 张永 王炳权

编　委　会（按姓氏拼音排序）：

陈承新　樊建新　樊　鹏　郭　静　韩　旭

孙彩红　唐　磊　田改伟　王炳权　王红艳

张　君　张树华　张　永　徐海燕　贠　杰

郑建君

总　序

以高质量的成果构建中国特色政治学

张树华

当今世界正经历百年未有之大变局，国际力量进一步分化重组，各种政治思潮风起云涌，政治局势跌宕起伏，世界进入动荡、变革与深度调整期。新时代中国政治学，一方面需要精准把握冷战后世界政治演变的总体特征与基本逻辑，进一步找准自身的时代定位与发展方向，另一方面，需要紧跟时代脚步，呼应人民期待，自主自为自强，通过自身的高质量发展，在动荡变革的世界中实现思想突破与学术超越，加快构建起中国特色的政治学知识体系以及教学和研究体系，切实增强在国际学术界的话语权和影响力。

一　时不我待，加快构建中国特色政治学体系

世界格局正在经历着深刻的历史性变化，而这种变化颠覆了世界多数人对西方政治的传统认知，也冲击着百年来一直环绕在"山巅之城"的西方思想体系和学术体系。当下西方一直奉若神明的传统政治学、经济学等理念与逻辑已经无法解释"西方之乱"，更无力回答"世界怎么了""世界向何处去"的时代命题。西方社会科学研究范式陷入解释困境而不能自拔，西式政治学、经济学受到前所未有的冲击和挑战，一些教科书不得不改写或重编。

每一次世界历史的跌宕起伏，都有其深刻的政治根源。在百年未有之大变局的背景下，如何更好地理解中国的突破与超越？如何认识世界的变革与调整？回答好上述时代性命题，是中国社会科学界的责任。

二　总结提炼中华政治思想的精华、汲取中国政治智慧

政治学是研究治国安邦和治国理政的学问，是经世致用之学。政治学研究要有思想、有立场、有担当。建设新时代中国政治学，要以习近平新时代中国特色社会主义思想为根本遵循，以形成中国特色、中国风格、中国气派的政治学为前进方向，以习近平总书记提出的重要要求为行动指南，牢牢把握中国政治学的时代性、民族性、科学性、创造性，把中国政治思想、中国政治观念、中国政治实践、中国政治智慧等融会贯通。跟上时代的步伐，紧扣时代的脉搏，回应人民的呼声和社会的期待，努力推进政治学研究的创新性发展。

中华民族在漫长的历史长河中，创造了独树一帜的灿烂文化，积累了丰富的治国理政经验，其中既包括升平之世国泰民安的成功经验，也有衰乱之世山河破碎的惨痛教训。中国悠久、深厚的历史文化，是我们取之不尽用之不竭的智慧宝库，是我们走向未来的基础和出发点。坚持古为今用，以高度的使命感和责任感，科学阐明中华5000多年文明史的渊源和嬗变，准确解读中华政治文明的精髓和内涵，凝练中华政治文明独特的标识性概念和表达方式，为实现中华民族伟大复兴提供精神动力和精神文化支撑。

三　珍惜和开拓当代中国政治宝库，凝练思想，升华理论，提升学术

中华民族有着光辉灿烂的文明历史，积累了丰富的治国理政经验和政治文化传统。然而，19世纪中叶以降，随着封建王朝的衰落和殖民者的入侵，西方的政治、文化被作为先进的知识引入中国，政治学作为一门专业学科进入中国大学的课堂。几乎与此同时，中国共产党领导中国人民开始了救亡图存、强国富民的政治运动，在古老的中华大地上开启了轰轰烈烈的政治探索。100年间中国共产党人积累了独特而宝贵的革命、建设和改革开放的历史经验，这些光荣的历史都是政治学研究无尽的宝藏。

面对中国民族伟大复兴的战略全局和世界百年未有之大变局，要深刻把握进入新发展阶段党和国家面临的新形势新任务，紧紧围绕国之大

局、紧扣国之大要、关注国之大事、研究国之大计。我们不能仅仅在象牙塔里坐而论道，更不能孤芳自赏、自我循环，而是要将论文写在祖国大地上，传递新时代的关切，呼应群众的所需所想。这是新时代对我们政治学学术共同体的要求，也是党和人民对我们的期待。我们要树立团队意识，发挥社科院所的集体优势，避免散兵游勇，力戒零敲碎打，"捏指成拳"，积极组织团队攻关，发挥高端智库群的作用，推出更多更好的集成性、原创性成果。

四 自主自为自强，以高质量成果构建中国特色、中国风格、中国气派的政治学

社会科学是一个国家发展状况的理论反映和知识结晶。改革开放40多年来，与经济强劲发展和综合实力相比，中国哲学社会科学在世界上的地位和影响还有很大差距。习近平总书记在"5·17"重要讲话中指出，目前哲学社会科学发展还存在着八个方面的不足和短板，提出要加快构建中国特色哲学社会科学体系。进入新时代，面对世界百年未有之大变局，为实现中华民族伟大复兴的历史伟业，我们迫切需要用符合中国实际的知识话语和学术逻辑去解释中国国家的发展现实，发展中国学术，弘扬中国理论，传播中国思想，构建中国的、也是世界的哲学社会科学体系。

新中国70多年的建设实践成就辉煌，冲破了西方世界固守的理论教条和逻辑束缚，创造了一个又一个历史奇迹。新中国70多年的发展建设经验开启了中华民族伟大复兴之门，开辟了一条通过政治创新超越西式民主的道路，为推动国家全面发展提供了崭新的逻辑框架和价值遵循。

当下，中国实践积累起的治理成效与经验已经相对成熟，中国政治学人要在努力破除西方话语逻辑陷阱的基础之上，实现政治学理论和话语体系的有效突破。而目前这方面的尝试，已经不是"能不能"的问题，而是"敢不敢"和"如何做"的问题。

"察势者明，趋势者智。"中国政治学应密切跟踪关注国内外发展最前沿和新趋势，勇于挺立时代潮头、把握时代脉搏，发时代先声。我们应该有所创新，跟上时代和实践发展的步伐，努力提炼中国政治的发展经验，弄清和讲明中国发展奇迹背后的道理、学理和哲理。通过比较借鉴，吸收人类文明和世界政治学的优秀成果，力戒全盘照搬、过度西化，努力增强中国政治学的自主性和原创性。

我们应提升格局，放宽视野，自觉打破学科壁垒和门派界限，按照习近平总书记和党中央的要求，积极主动地推动学科融合，创新研究方法，这是建设具有中国特色、中国风格、中国气派的政治学的必由之路。

习近平总书记多次强调，要加强话语体系建设，要把我国发展优势和综合实力转化为话语优势。在理论研究中要多下功夫，多搞"集成"和"总装"，多搞"自主创新"和"综合创新"。"十四五"期间，政治学人要树立精品意识，以质量为先。通过学科优化调整，辅以学界和学术机构治理体系和治理能力改革，大力提升科研组织协调能力和创新能力。

新时代中国政治学应立足中国、放眼世界，以敢于超越的勇气，自主、自为、自强，写好中国发展与人类命运共同体这篇大文章，这也是我们组织出版"新时代政治学研究丛书"的初衷。该套丛书将主要编辑、收录中国社会科学院政治学研究所和中国社会科学院大学政府管理学院专家学者的研究成果。我们将紧紧围绕"推进中国特色社会主义政治制度自我完善和发展""全面建设社会主义现代化国家"等战略目标，在"十四五"期间推出一批经得起时间检验和实践验证的高质量研究成果。

是为序。

序　言

中国共产党历经百年，带领全国各族人民努力奋进，不断推进马克思主义中国化时代化，不断完善中国特色社会主义制度，不断探索中国特色社会主义道路，实现了"中国之治"的辉煌成就。"中国之治"的本质特征和最大优势在于党的集中统一领导。《中共中央关于党的百年奋斗重大成就和历史经验的决议》（以下简称《决议》）明确指出："党的领导是全面的、系统的、整体的。"中国共产党团结带领中国人民和中华民族，历经千难万险，创造了新民主主义革命、社会主义革命和建设、改革开放和社会主义现代化建设以及新时代中国特色社会主义的伟大成就。可以说，党的领导是"中国之治"的钥匙，正是这把钥匙，最终打开了"中国之治"的历史大门。

《决议》明确指出："我们党来自人民、植根人民、服务人民。"中国共产党执政兴国最重要的经验，就是始终坚持人民主体地位。习近平总书记在庆祝中国共产党成立100周年大会上的讲话中指出："中国共产党根基在人民、血脉在人民、力量在人民。"在讲到人民与江山的关系时，总书记强调："江山就是人民、人民就是江山。"正是中国共产党的人民性，使得中国共产党得到人民的真心拥护。从这个意义上说，"中国之治"本质是人民之治，是"来自人民、为了人民、属于人民"的治理。改革开放以来，中国共产党坚持依法治国，不断推进社会主义法治建设。《决议》强调："法治兴则国家兴，法治衰则国家乱。""全面依法治国是中国特色社会主义的本质要求和重要保障，是国家治理的一场深刻革命。"党的十八大以来，中国特色社会主义法治体系不断健全，对"中国之治"起到了固根本、稳预期、利长远的保障作用。

"中国之治"是走中国道路的必然结果，其理论逻辑是马克思主义中国化时代化。中国共产党坚持把马克思主义基本原理同中国实际相结合，同中华优秀传统文化相结合，不断推进马克思主义中国化、时代化。《决议》指出："习近平新时代中国特色社会主义思想是当代中国马克思主义、二十一世纪马克思主义，是中华文化和中国精神的时代精华，实现了马克思主义中国化新的飞跃。"这一系列重大理论成果，是"中国之治"深层的理论逻辑，是"中国之治"不断取得伟大成就的根本指导。马克思主义的中国化时代化，指引了中国特色社会主义道路的前进方向，为"中国之治"提供了正确的行动指南和道路指引。在党的百年奋斗中，党始终坚持从国情出发，探索符合中国实际的发展道路。中国特色社会主义道路是党领导人民不断探索和总结而最终创造的。既不走封闭僵化的老路，也不走改旗易帜的邪路，而是走符合中国实际、实现"中国之治"的开拓创新之路。

"中国之治"彰显了"中国之制"的优越性，而"中国之制"的优势更好地助推了"中国之治"的实践发展。中国特色社会主义制度是党和人民的伟大创造。党的十九届四中全会指出："中国特色社会主义制度和国家治理体系经过长期实践检验，来之不易，必须倍加珍惜。"中国特色社会主义制度经得起历史和实践检验，经得起风险挑战，是符合我国实际的"中国之制"。党根据国情，创造性地建立并完善了中国特色的根本制度、基本制度、重要制度。党的十九届四中全会科学概括了中国特色社会主义制度十三个方面的显著优势，涵盖了生产力与生产关系、经济基础与上层建筑各领域各方面，充分体现了中国特色社会主义制度的优越、韧性、活力和潜能，形成了以中国共产党领导这个最大优势为统领、各方面优势各展其长、整体优势汇聚彰显的"制度优势集"。

"中国之治"具有重大世界意义，研究阐释"中国之治"是当今学人的时代责任。当今世界正经历百年未有之大变局，这一大变局的一个鲜明特征，就是"东升西降"的趋势不可逆转。"西方之乱"越演越烈，而与此形成鲜明对照的是"中国之治"正稳步向前。"中国之治"是中国本土治理模式的创新展现，是中国道路伟大正确的具体表现，是中国式现代化成功可行的集中体现，更是中国国家治理体系和治理能力现代化向前推进的生动写照。当前，世界进入一个"治理困境"：传统的治理方式失灵，治理方案失效。在这个时候，"中国之治"显得愈发耀眼，对世界具有重大意义。"中国之治"的意义不仅在于带领世界五分之一人口取得全面建成小康社会的伟大成就，还在于显示了中国有力量有智慧为人类社会发展贡献中国方案。因此，对"中国之治"的研究阐释，是时代向中国学人提出的迫切要求，也是当今学人的时代责任。

中国社会科学院政治学研究所在国家治理领域长期进行追踪研究、实地调研，有着深厚而丰富的研究积累，这部文集正是他们关于"中国之治"这一主题的最新思考与成果展示。学者们用自己的话语和方式"讲好中国故事"，讲好中国道路为什么行，中国共产党为什么能，"中国之治"为什么好，深入剖析"中国之治"背后的机理。他们从不同的层面、不同角度，阐述了"中国之治"的实践探索和理论逻辑，涵盖了基层治理的理论与实践、乡村振兴与乡村治理现代化、政府职能转变与数字治理、村社认同与政治信任、国家与社会关系、中国国家治理结构、人大代表的履职、国际视野中的中国治理等，对于理解"中国之治"提供了多方面的视角。总之，"中国之治"的研究阐释任重道远，有待学界深入探讨。政治学研究所推出的这本书，在该领域研究中进行了开拓创新的努力，也期盼有更多高质量成果出现，共同推进"中国之治"研究有突破性进展。

是为序。

中国社会科学院副院长
2021 年 12 月 15 日

目 录

总 论

解读中国之治：制度体系与系统分析 ………… 张树华 王阳亮（3）

理论逻辑篇

基层治理"行为变异"之制度追问 ……………………… 周少来（21）
谨防基层治理中的"管死效应" …………………………… 周少来（30）
互嵌与合作
——"国家—社会"关系视角下的中国之治 ………… 樊 鹏（39）
中国国家治理结构的逻辑演进、特征及其评价 ………… 徐海燕（53）
乡村治理现代化：理论要义、社会基础与治理体制 ……… 陈 明（64）
分工深化、去依附与乡村政经分开改革 ………………… 陈 明（82）
制度、体制与机制：立足中国政治话语体系的
　概念辨析 ………………………………………………… 涂 锋（100）
国际视野中的中国治理 …………………………………… 毛 盾（109）
如何提高人大代表的履职积极性：体制、制度
　与机制之辨 ……………………………………………… 付宇程（131）

实践探索篇

中国基层治理的特色及其制度优势 ……………………… 赵秀玲（151）

政府职能转变实践的重要经验分析 …………………… 孙彩红（163）
乡村生态振兴与基层治理现代化"互嵌式"发展探析…… 王红艳（174）
村社认同如何影响政治信任——公民参与和个人传统性的
　作用 ………………………………………………… 郑建君（187）
群众路线的创新实践及其在民主治理的制度空间探析 …… 陈承新（205）
精英再造：村级干部人才培养的逻辑与功能 ……………… 张　君（219）
乡村振兴背景下企业社会属性的解析 ……………………… 王阳亮（234）
中国数字治理二十年：学术梳理与实践探索 ……………… 周　悦（246）

总　论

解读中国之治:制度体系与系统分析

张树华　王阳亮[*]

摘　要：国家治理体系和治理能力现代化是一项超大规模的社会系统工程。系统科学是分析国家制度体系和国家治理体系的理论视角，是推动国家治理体系和治理能力现代化的科学方法论。中国国家治理体系是以社会主义为根本和特质，制度、体制、机制、运行为一体，具有整体性、协同性、层次性、关联性等系统性特征。除了制度结构、资源禀赋、权力配置等"硬件"因素外，国家治理体系运行、优化和效能输出还取决于各子系统的协同与衔接机制、信息反馈与调平纠偏机制、系统能动性的激发机制三方面。以系统观和协同观推动国家治理体系和治理能力现代化，需要加强对制度建设与制度完善的集中统一领导，以集成性制度创新形成治理合力，提高制度体系运行的综合效能。

关键词：治理；现代化；制度优势；系统论；动态平衡

"天下之势不盛则衰，天下之治不进则退。"当今世界正经历百年未有之大变局，国际形势复杂多变，改革发展稳定、内政外交国防、治党治国治军各方面任务之繁重前所未有，中国发展面临的风险挑战之严峻前所未有。这些风险挑战，有的来自国内，有的来自国际，有的来自经

---

[*] 张树华，中国社会科学院政治学研究所所长、研究员，中国社会科学院大学政府管理学院院长、博士生导师，中国政治学会常务副会长；王阳亮，中国社会科学院政治学研究所副研究员。

济社会领域，有的来自自然界。要打赢防范化解重大风险攻坚战，必须坚持和完善中国特色社会主义制度、推进国家治理体系和治理能力现代化，运用制度威力应对风险挑战的冲击。

新时代，构架更完备、更稳定、更管用的制度体系，推动制度优势转化为治理效能，是一项宏大的系统工程，习近平总书记指出："着力固根基、扬优势、补短板、强弱项，构建系统完备、科学规范、运行有效的制度体系。"①完善和发展中国特色社会主义制度"必须是全面的系统的改革和改进，是各领域改革和改进的联动和集成"。②"要弄清楚整体政策安排与某一具体政策的关系、系统政策链条与某一政策环节的关系、政策顶层设计与政策分层对接的关系、政策统一性与政策差异性的关系、长期性政策与阶段性政策的关系。"③

信仰决定方向，方向决定命运，制度决定兴衰，道路决定成败，政策关乎民心。④新时代国家治理体系的发展和完善，需要以系统哲学的思维方法看待制度优势形成过程中的历史性和系统性特征，着眼于系统性、整体性和协同性的要求，进一步优化配置制度、机制和政策举措，进一步发挥中国特色社会主义制度的优势、韧性、活力、潜能。用系统论的方法研究阐释中国国家治理体系的构成、特征以及运行规律，用系统观念推进国家治理体系和治理能力现代化是本项研究的主旨和依归。

一 以系统观看待国家治理体系的性质与结构关系

新中国成立 70 年以来，党领导人民将科学社会主义基本原则同中国具体实际相结合，在社会主义建设过程中逐步构架起我国国家治理体系的制度框架，开启了国家建设、社会建设的系统工程。"中国特色社会主义制度和国家治理体系是以马克思主义为指导、植根中国大地、具有深

---

① 《习近平谈治国理政》第 3 卷，外文出版社 2020 年版，第 127 页。
② 《习近平谈治国理政》第 1 卷，外文出版社 2018 年版，第 105 页。
③ 《习近平谈治国理政》第 1 卷，外文出版社 2018 年版，第 106 页。
④ 张树华：《俄罗斯之路 30 年：国家变革与制度选择》，中信出版社、中国社会科学出版社 2018 年版。

厚中华文化根基、深得人民拥护的制度和治理体系，是具有强大生命力和巨大优越性的制度和治理体系。"① 以系统观看待国家治理体系，是着眼于整个系统的控制与有效运行的角度，看待系统运行的规则、系统的输入与输出的关系，以及如何通过系统构成要件的排列组合更好地实现系统的本质属性与总体目标。

（一）社会主义是国家治理体系的根本性质

"国家治理体系和治理能力是一个国家制度和制度执行能力的集中体现。国家治理体系是在党领导下管理国家的制度体系，包括经济、政治、文化、社会、生态文明和党的建设等各领域体制机制、法律法规安排，也就是一整套紧密相连、相互协调的国家制度；国家治理能力则是运用国家制度管理社会各方面事务的能力，包括改革发展稳定、内政外交国防、治党治国治军等各个方面。"②

国家治理是一个庞大、复杂的系统工程，这一系统的运行是以国家制度作为根本依据，以国家制度架构为四梁八柱，以党的领导作为控制中枢，以实践中的体制、机制、规矩原则来组织和链接各子系统，将资源、组织和个体等有机要素统合并协同运行的复杂系统。（见图1）

从世界范围看，各国兴衰成败的历史经验表明，一个政权要稳定下来，一个社会要治理得好，就必须加强制度建设。制度尤其是社会制度、国家制度是关系党和国家事业发展的根本性、全局性、长远性问题。从根本上，我国国家治理体系建构与实践最本质的属性是社会主义。社会主义制度是党和人民在长期实践探索中所形成的制度选择。我国宪法明确规定，"社会主义制度是中华人民共和国的根本制度"。"我国国家治理一切工作和活动都依照中国特色社会主义制度展开，我国国家治理体系

---

① 《〈中共中央关于坚持和完善中国特色社会主义制度、推进国家治理体系和治理能力现代化若干重大问题的决定〉辅导读本》，人民出版社2019年版，第7页。

② 《习近平谈治国理政》第1卷，外文出版社2018年版，第91页。

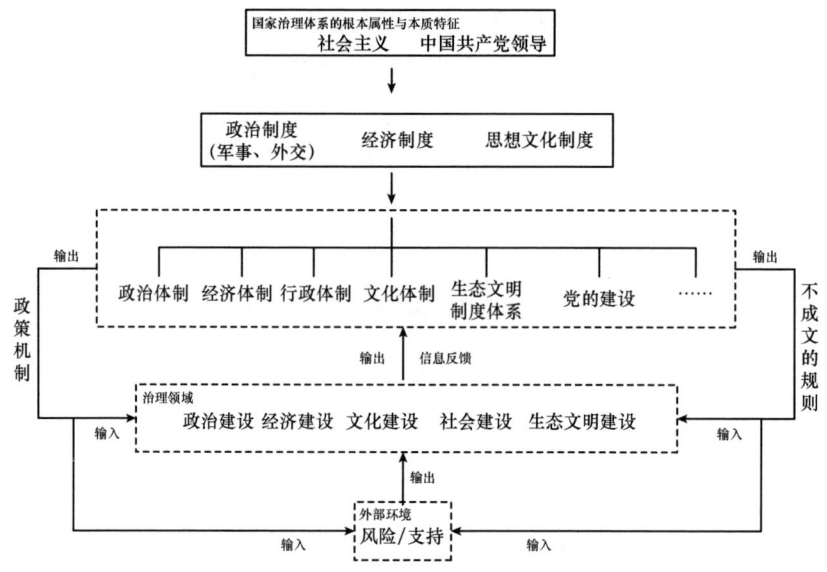

图 1 国家治理体系的系统运行

和治理能力是中国特色社会主义制度及其执行能力的集中体现。"① "中国特色社会主义最本质的特征是中国共产党领导,中国特色社会主义制度的最大优势是中国共产党领导,党是最高政治领导力量。"② "始终代表最广大人民根本利益,保证人民当家作主,体现人民共同意志,维护人民合法权益,是我国国家制度和国家治理体系的本质属性。"③

在政治系统中,人民当家作主是社会主义民主政治的本质特征。我国现行的确保人民行使国家权力、当家作主的制度体系,主要是由人民代表大会制度、中国共产党领导的多党合作和政治协商制度、爱国统一战线、民族区域自治制度和基层群众自治制度所构成的(见图2)。人民代表大会是中国人民实现当家作主的根本途径和最高实现形式。人民代表大会制度是坚持党的领导、人民当家作主、依法治国有机统一的根本政治制度安排(见图3),是支撑中国国家治理体系和治理能力的根本政

---

① 《中共中央关于坚持和完善中国特色社会主义制度　推进国家治理体系和治理能力现代化若干重大问题的决定》,人民出版社2019年版,第1页。
② 《习近平谈治国理政》第3卷,外文出版社2020年版,第94页。
③ 《习近平谈治国理政》第3卷,外文出版社2020年版,第123页。

治制度。①

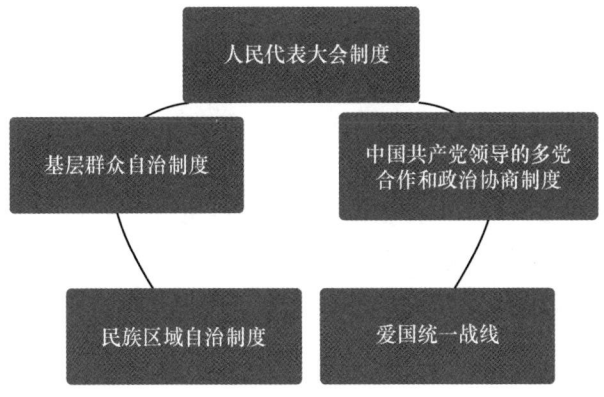

图 2　人民当家作主的制度体系

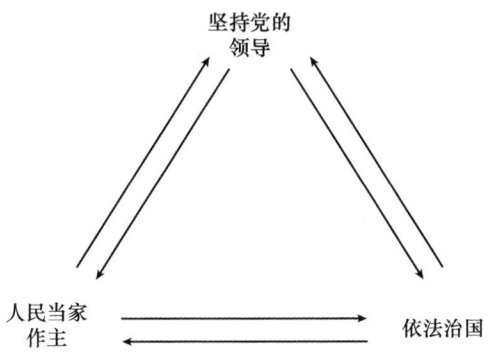

图 3　政治系统运行的"三统一"原则

在经济系统中,"公有制为主体、多种所有制经济共同发展,按劳分配为主体、多种分配方式并存,社会主义市场经济体制三项制度并列,都作为社会主义基本经济制度"。② 公有制是一种相对于私有制的经济制度。公有制经济,是我国社会主义制度的经济基础。公有制经济分布在

---

①　《党的十九届四中全会〈决定〉学习辅导百问》,学习出版社、党建读物出版社 2019 年版。

②　参见《党的十九届四中全会〈决定〉学习辅导百问》,学习出版社/党建读物出版社 2019 年版。

大量基础设施领域、公益性部门以及关系国计民生的要害部门[①]。其中，国有经济是国民经济的主导力量，也是中国特色社会主义国家治理体系和能力建设的根本保证。在社会主义建设不同时期中，国有企业在推动国家工业化、实现国家宏观调控、维护国家安全、提高生产力发展水平方面承担着特殊的角色。社会主义市场经济条件下的国有企业自觉服务国家战略，主动履行社会责任，在关系国家安全、国民经济命脉的重要行业和关键领域，保障国家安全和国民经济运行，实现经济效益、社会效益与安全效益的有机统一；在公共产品和服务提供的领域，保障民生、服务社会，不断提高公共服务效率和能力。[②]

在思想文化系统中，马克思主义在社会主义意识形态建设中居于核心地位，马克思主义是社会主义意识形态的旗帜和灵魂，以马克思主义为指导的社会主义意识形态是占统治地位的主流意识形态[③]。"马克思主义传入中国后，科学社会主义的主张受到中国人民热烈欢迎，并最终扎根中国大地、开花结果，决不是偶然的，而是同我国传承了几千年的优秀历史文化和广大人民日用而不觉的价值观念融通的。"[④] 马克思主义与中华优秀传统文化的交融，在社会价值体系中形成了国家、集体和个人利益的关系结构，以及由此形成了国家倡导的社会主义核心价值观。我国国民教育所提倡的爱祖国、爱人民、爱劳动、爱科学、爱社会主义的公德，以及在人民中进行爱国主义、集体主义和国际主义、共产主义的教育，进行辩证唯物主义和历史唯物主义的教育，反对资本主义的、封建主义的和其他的腐朽思想，以上这些构成了坚持共同的理想信念、价值理念、道德观念，弘扬中华优秀传统文化、革命文化、社会主义先进文化，促进全体人民在思想上精神上紧紧团结在一起的显著优势。

---

① 裴长洪：《中国公有制主体地位的量化估算及其发展趋势》，《中国社会科学》2014 年第 1 期。
② 参见《中共中央国务院关于深化国有企业改革的指导意见》，人民出版社 2015 年版。
③ 张雷声：《论社会主义社会主流意识形态》，《马克思主义研究》2008 年第 4 期。
④ 《习近平谈治国理政》第 3 卷，外文出版社 2020 年版，第 120 页。

(二) 国家治理体系的结构关系

国家治理体系的结构关系是整个系统组织与运行的基本规则与算法。于社会系统而言，这些基本规则包括：一是要强调整体，强调整体是由相互关联、相互制约的各个部分所组成的；二是要突出层次，社会系统中的结构、功能与秩序都具有不同的层次，其发展遵循连续性和阶段性的统一；三是要保持开放，系统具有不断地与外界环境进行物质、能量、信息交换的性质和功能，系统向环境开放是系统得以向上发展的前提，也是系统得以稳定存在的条件；四是要激发主体的能动性，人处于社会系统最重要、最中心的位置，是系统控制的核心变量。

1. 整体性与协同性

从系统的角度去认识中国特色社会主义政治实践，整体性无疑是把握系统运行的最为重要和基础性的规律。国家治理体系整体性原则，首先表现在明确的系统目标和强有力的中心控制。中国是一个走向现代化的超大国家，超大国家规模和人均资源贫弱构成国家发展的长期制约。在快速和复杂的现代化过程中，要维护超大规模的多民族共同体，有效解决问题和应对危机，客观上要求实行集中权力，拥有一个强有力的中央权威[①]。这也决定了治理体系里中央和地方的关系配置，即通过中央集权来保证社会控制与协调发展。在不同时期，中央层面根据时空差异性需求，从整体上制定系统目标，并协调资源、政策来为总体目标服务。系统内部各子系统以及各构成部分相互联系，共同服务于系统输出的总体目标。

其次，国家治理体系整体性原则表现在系统中枢神经控制系统对资源的权威分配。从国家建设和社会建设的角度，"集中力量办大事"的逻辑本身源自不同历史时期的社会现实条件，存在于超大国家治理体系实现生存与发展所迫切需要的一种系统集中调配资源的能力。遵循整体性原则的制度安排，能够最大限度地实现国家生存与发展战略。

[①] 王沪宁：《现代化进程中政治领导方式分析》，《复旦学报》（社会科学版）1988年第2期。

2. 层次性与关联性

国家治理体系的层次性，首先反映在基于社会主义制度衍生出的不同层次制度体系，包括国家根本制度、国家基本制度、国家重要制度、地方性制度以及链接制度与社会实在的体制、机制、规矩、原则、民约等不同层次的规则。①（见图 4）国家层面上，所谓根本制度，就是在中国特色社会主义制度中起顶层决定性、全域覆盖性、全局指导性作用的制度。所谓基本制度，就是通过贯彻和体现国家政治生活、经济生活的基本原则、对国家经济社会发展等发挥重大影响的制度。基本制度也是覆盖和体现在各领域各方面的。② 地方层面上，由国家制度派生出的地方治理体系及其运行的机制、原则，乃至习惯法传统的民约共同构成了地方治理的制度框架。

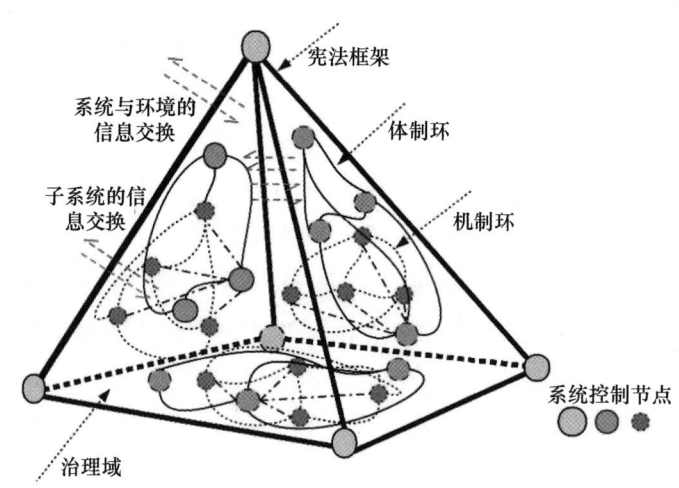

图 4　国家治理体系的制度层次

---

① 目前，党的十九届四中全会《决定》相关英文翻译用词在阐述制度、体制、机制等要素之间关系方面还不够清晰，国外读者不容易理解。例如，中国特色社会主义制度的根本制度、基本制度、重要制度中的"制度"一词与"体制""体系""系统"等词语翻译均采用 system。不同词语的语义和位阶在外译后容易混同。

② 参见《〈中共中央关于坚持和完善中国特色社会主义制度 推进国家治理体系和治理能力现代化若干重大问题的决定〉辅导读本》，人民出版社 2019 年版。

国家治理体系的层次性还反映在公共组织结构的层次性。制度运行依赖于一定的组织结构。国家治理体系的组织基础是统合在一起的两个方面，一方面是中央到基层的政党组织体系，另一方面是基于条块划分的行政组织体系。中央到地方五级政府条块之间按照分级管理或垂直管理关系承担相应职责，协同发挥着不同作用和功能。

系统层次性以整体性特征为前提。以东中西三大经济带的协调发展为例，为了保证整体上社会发展和公共服务水平的均衡，为了保证整体上供需平衡，中央层面会对不同层次公共服务的事权和支出责任进行央地间划分，同时保留中央政府强大的资源调配能力和权威，建设基础设施重大工程，保障国家安全和人民的生存权和发展权。

3. 开放性与交互性

国家治理体系的开放性首先表现在国家发展战略的开放性。当今世界，技术革命以更快速度、更深更广的范围推动全球化不可逆转的向前发展。开放性是任何一个可持续的治理体系生存发展的前提，关乎经济发展与政治系统稳定。开放性还意味着系统需要面临来自内外部环境的风险。社会系统的风险、不确定性使系统保持着应激预警和自我更新的功能，保持着系统纠偏的外部压力。

邓小平在总结历史经验时强调指出："中国长期处于停滞和落后状态的一个重要原因是闭关自守。经验证明，关起门来搞建设是不能成功的，中国的发展离不开世界。"[①]改革开放开创了中国特色社会主义市场经济的发展之路，既坚持社会主义，又为社会生产力注入了燃料和动力，也使中国各方面融入国际社会。新时代中国坚持对外开放的基本国策，将推进更高水平的对外开放，更积极参与推动全球治理体系变革，推动构建人类命运共同体。

国家治理体系的开放性还表现在政治过程的开放性。在中国特色社会主义制度下，有事好商量、众人的事情由众人商量，找到全社会意愿和要求的最大公约数，是人民民主的真谛。[②] 首先，中国共产党是政治系统的核心，是以民主集中制组织起来的统一整体。民主集中制是我们党

---

① 《邓小平文选》第3卷，人民出版社1993年版，第78页。
② 中华人民共和国国务院新闻办公室：《中国新型政党制度》，人民出版社2021年版。

的根本组织原则和领导制度。党中央作为系统决策中枢,以民主集中制为原则来保障决策的科学化和民主化;以新型政党制度和群众路线来实现协商民主、人民监督和民意吸纳。中国共产党领导具有强大的政治权威和组织动员能力。在中国革命、建设和改革的各个历史时期,统一战线和群众路线都是中国共产党的法宝,以此来实现治理过程的有序开放。其次,根据新型政党制度,民主党派作为参政党,主要是通过参加政治协商会议等方式,从政治协商和民主监督两个方面参与国家政策制定。民主党派不仅构成中国国家建设和发展的主体部分,而且也是党联系社会、整合社会的重要的组织和政治路径[1]。最后,中国共产党始终坚持群众路线,接受人民监督。作为系统的中枢,通过与人民群众的联系,始终保持系统与外部信息的交换,同时中国共产党始终保有着对各阶层社会力量的最大化的吸纳能力,最广泛的吸纳社会意见、动员社会资源,凝聚社会不同力量的共识。

4. 社会主体的能动性

钱学森认为社会系统的中心是人,人处于社会系统最重要、最中心的位置,是其中最活跃的因素。区别于自然系统、工程系统,社会系统的最大特点就是作为社会主体的能动性及其给系统运行带来的不确定性。人的能动性是系统控制的核心变量。

从制度的设计和建构过程来看,中国特色社会主义制度和国家治理体系是中国共产党依据科学社会主义理论在革命斗争和国家、社会建设的经验中逐步发展、建构和完善起来的。规则本身是静态的,但是系统运行是要素间的互动性活动,是不断发展的实践。从制度到效能的转化,依赖于社会行动者的实践。制度也不是封闭、机械、一成不变的。制度由人来设计,由人来执行,是一种变动中的秩序。人作为实践的主体,若要将文字的制度转化为社会实在、转化为社会生产力、形成社会关系,只有在人的主体意愿和能动性的发挥之后,制度才能转变为社会系统发展的动能。

中国特色社会主义实践,这一系统工程的能动性来源于中国共产党和中国人民。中国共产党是中国各族人民利益的忠实代表,是中国社会

---

[1] 林尚立:《中国共产党与国家建设》,天津人民出版社2013年版。

主义建设事业的领导核心。办好中国的事情，关键在党。政党不是作为社会"部分"的利益表达组织，而是作为社会整体的代表[①]。中国共产党不仅是国家政治生活的领导核心，而且是社会生活的组织核心[②]。中国共产党的组织优势如同系统中枢和周围神经网络一般，将整个国家各地区各层级的行政单元连接在一起，并且实现高效的信息交换。中国共产党的领导是政治、思想和组织的全面领导，通过政治路线，通过组织优势和纪律性，将党的政治纲领传达到整个社会，引导社会成员在思想上理解、认同党的政策，激发人民的积极性和创造性。

二 以系统观看待国家治理体系的运行机制

中国特色社会主义制度和国家治理体系包含了政治、经济、思想文化、社会治理和生态文明五个子系统（见图5），表现出坚持党的集中统一领导、人民当家作主、集中力量办大事、社会主义制度和市场经济有机结合、走共同富裕道路、共同的理想信念、价值理念、道德观念、善于自我完善、自我发展等13个方面显著优势。新时代，国家治理体系的运行就是将制度优势充分转换为治理效能的过程。从系统运行的角度，推动国家治理体系和治理能力现代化，要关注三方面的重要机制。

（一）子系统的协同与衔接机制

党的十八大以来，党中央提出了全面深化改革的总目标、共富社会建设的重大命题。全面深化改革是新时代我国政治建设、社会建设的系统工程，是百年来马克思主义中国化的系统性发展。"相比过去，新时代改革开放具有许多新的内涵和特点，其中很重要的一点就是制度建设分量更重，改革更多面对的是深层次体制机制问题，对改革顶层设计的要求更高，对改革的系统性、整体性、协同性要求更强，相应地建章立制、

[①] 王浦劬、汤彬：《当代中国治理的党政结构和功能机制分析》，《中国社会科学》2019年第9期。

[②] 林尚立：《集权与分权：党、国家与社会权力关系及其变化》，《复旦政治学评论》2002年第1期。

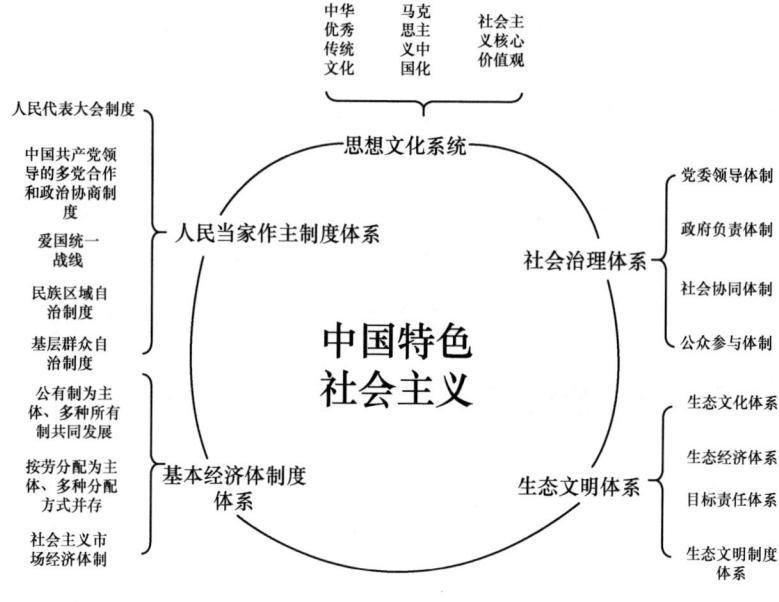

图5　中国特色社会主义制度体系

构建体系的任务更重。"①

　　以系统观念看待国家治理体系的运行，首先就是要为系统配备不同结构、不同功能的子系统，从横向和纵向上建立组织以及组织间的沟通协调机制，通过控制中枢在宏观上进行社会资源的权威配置。其次，要关注子系统之间的相互关系及作用。于改革系统目标而言，各区位内部运行相似且独立，但是随着改革不断深入，各个层面各个领域各个环节改革举措彼此关联，改革总目标的实现不仅要考虑系统分布式的目标，考查子系统调整后的产出，更要考虑改革举措之间关联性的互动对于系统能量的影响。这其中，涉及顶层设计的制度方案与配套性改革的协同性问题。系统不协同、不匹配就会增加摩擦成本，消耗系统的能量。

　　顶层设计与配套性改革的匹配度，涉及时间重叠和部门分割两个方面。顶层设计出台的政策法规涉及全局、涉及组织系统的各部分。全面深化改革以来，中央层面上各部门政策出台和调整的密度增加，改革举

---

① 《习近平谈治国理政》第3卷，外文出版社2020年版，第112页。

措不可避免地在时间上重叠。这就特别应关注改革的配套性政策体系，避免一些改革还没有形成配套性政策体系，又叠加新的改革任务，增加矛盾的复杂性。与此同时，体系化制度建构从国家层面推进的，属于一般性要求。由于政策落实中的部门分割，职能部门只能在自身的权责范围内进行有限度的调整，并从部门利益出发来出台各项举措，这就会导致部门推动改革的不彻底以及部门之间的政策摩擦、断档。因此，从系统角度分析国家治理体系的运行，就需要进一步优化系统的协同机制，着眼于系统中各节点运行畅通，避免出现运行中的堵点和断点，使每一项改革切实可行、落地有效。

（二）系统的信息反馈与调平纠偏机制

系统论的信息反馈律认为，控制离不开信息，信息反馈是系统稳定性的因素。从反馈调节的目的和效应上看，系统信息反馈以正反馈和负反馈为两种基本形式。所谓的负反馈就是使得系统的运动和发展保持向既有目标方向进行的反馈。负反馈是控制系统波动范围保持在既有目标范围内的作用手段。[①]

全面深化改革是系统工程，是系统自身不断迭代总体向好向上发展的过程。系统开放性保证了环境对系统信息输入的路径，并且通过信息交换实现系统运行动态的稳定性。在推动改革的系统工程时，信息反馈通路机制是否畅通，往往决定上层改革路线、政策、举措能否符合基层实际，是否能够在波动中根据实际动态调节、纠偏调平，使系统不断自我更新地稳定发展。

在我国国家治理体系中，信息反馈机制包括纪检监察机关、民主党派、人民群众来信来访、媒体、智库等多个层面。群众路线留存了执政党信息通道的适度开放性，使得基层情况和人民呼声最终能够抵达决策层面。同时，中国特色的政党制度也以民主监督通道将信息输送到决策中枢。整个政策过程就是社会各领域以及基层情况这部分系统的输出信息返回决策中枢，形成对系统参数的调整后再输出，如此不断循环这个过程，实现动态调适和优化。信息通道的速度和质量是系统调节、优化

---

① 魏宏森、曾国屏：《系统论——系统科学哲学》，清华大学出版社1995年版，第8页。

最为重要的因素。

当信息反馈机制受信息的选择性偏差影响，降低信息通路自下而上反馈信息的效率，系统的负反馈作用就在减弱，这实际上抑制了改革系统自我更新、自我纠偏的能力。在整个系统中，正负反馈作用逐渐失衡，长此以往就构成了制度、政策本身的自我复制、强化。辩证来看，这样的情况既可能实现系统创新突破性的发展，也可能带有走向不稳定的风险。

（三）系统能动性的激发机制

就社会系统而言，成文的制度体系是一种确定性的参数，而制度下人的行为则是选择性的、不确定性的因素。与生态系统和工程系统不同，社会系统、制度系统的运行其中最大的变量就是人的作用。同样的制度体系由不同的人来运行效果也是不同的，这是受到行动主体自身主观能动性的影响。社会系统的运行需要充分激发行动主体的能动性，发挥初心使命的精神激励作用。

系统能动性激发最核心的精神动力在于伟大的建党精神。从革命到建设时期，中国共产党一直是一个纪律严明的行动党，是具有伟大的牺牲奉献精神、斗争精神的政党。"坚持真理、坚守理想，践行初心、担当使命，不怕牺牲、英勇斗争，对党忠诚、不负人民的伟大建党精神，这是中国共产党的精神之源。"[①] 中国共产党人所展示出来的精神力量是赢取民心、赢取国际社会尊重的首要因素。

系统能动性激发还要着眼于行动者的自主性和自我效能感，辩证看待制度约束与自主性之间的消长关系。从微观制度执行的角度看，治理效能是由一系列个体化的行动所构成。系统行动者以系统目标为导向，选择为系统运行增加阻力还是减少成本，取决于行动者的态度与精神价值。制度是成文的规定性的文字，并不擅于处理社会主体行为的细微差别。即使制度设计再严密，法律也永远不可能穷尽所有的情况。人的自由裁量空间始终是客观存在，而且也是必要的。在制度未能规定的空间、

[①] 习近平：《在庆祝中国共产党成立100周年大会上的讲话》，人民出版社2021年版，第8页。

在制度规定性范围内如何执行制度和政策，以及选择判例来丰富制度，都取决于个人的能力和主观意愿。自主性是个体自我效能感的本质来源。制度的本质恰恰是针对自主性的约束和抑制。如此，制度的作用要辩证地分析，并不是无限度地越多越好。简单地把制度建设的数量作为政绩标准，是片面的政绩观。将制度泛化以及唯制度论的观点将会抑制执行过程中的自我效能感和责任意识，一旦形成惯性，就会成为形式主义的体制空转、成本空耗、制度僵化。

"政策和策略是党的生命。"[1] 同样的制度下会出现不同的结果，这其中关键在政治力、领导力，就在正确的路线、方针、政策。制度是根本性的，管长远的，制度和方向定下来后，良政善策是赢得先机、拔得头筹的关键。如何将制度转化为现实政策，在制度未能规定的空间、在制度规定性范围内如何执行制度和政策，以及选择判例来丰富制度，从而提高治理能力，这些都取决于制度执行主体的能力和主观意愿，这也提示我们要充分重视系统能动性的激发机制。

---

[1] 《毛泽东选集》第4卷，人民出版社1991年版，第1298页。

理论逻辑篇

基层治理"行为变异"之制度追问

周少来[*]

摘　要：基层治理中的"行为变异"，以基层官僚主义和形式主义最为典型，并不断的花样翻新、屡治屡现，导致大量的体制空转、资源空耗，不但产生极高的治理成本，也严重危害党的执政根基。只有通过顶层设计的根本性制度改革，减少行政管理的权力层级，加强公共权力的民主化运行，赋予基层政府更多的权能，加大对基层组织的民主监督和民主评议，巩固基层组织的自治化力量，才能使基层治理尽快走上法治化和民主化的轨道，这才是基层治理现代化的根本制度之路。

关键词：基层治理；行为变异；制度机制

基层治理，是国家治理之基础，是政策落实之前沿，直接关涉国家治理的效能实现和执政党的执政根基，它在中华民族两个一百年奋斗目标的实现进程中十分重要。然而，在基层治理中，以官僚主义和形式主义为典型的各种"行为变异"屡禁不止、病根难除。2018年，中央媒体报道"直击基层治理十大痛点"，包括督查检查频繁、问责滥用、压力"甩锅"、处处留痕、材料论英雄、慵懒干部、典型速成、政策打架、上升"天花板"、幸福感缺失等种种乱象被揭露出来；[①] 2019年，中共中央下发《关于解决形式主义突出问题为基层减负的通知》，明确提出将2019

---

[*] 周少来，中国社会科学院政治学研究所首席研究员。
[①] 《直击基层治理十大痛点，你对哪个感触最深？》，《半月谈》2018年第24期。

年作为"基层减负年";2020 年,中央媒体报道"整治形式主义:老毛病反弹,新问题冒头",并揭露出种种形式主义的新花样。① 为什么执政党几代领导人反复强调、坚决反对的"行为变异"顽固难除?为什么干部群众深恶痛绝的"行为变异"一再发生?为什么经过"减负年"运动整治的"行为变异"病根仍在?这不是高调的道德谴责、简单的现象罗列,抑或一两次集中式的"运动整治"就能完全解决,而是需要从基层"行为变异"的制度性体制机制、奖惩性激励结构和个体行为的组织逻辑等深层结构加以解剖分析。

其实,基层治理中的"行为变异",不论是官僚主义行为,还是形式主义行为,包括基层干部的庸政懒政,都是在一定的制度体制和组织逻辑中的"组织性行为",也就是说是在一定的制度性激励结构和组织工作安排中表现出来的行为,虽说是体现在特定的"个体干部"身上,但其背后的行为步骤和行为走向是其组织的"组织逻辑",是不以个体干部的"主观意志"为转移的,是他(她)在其组织制度中的"组织行为"。所以,我们对基层官僚主义和形式主义等"行为变异"的分析,就必须在制度体制—激励结构—组织行为的分析逻辑中来加以揭示,只有从其背后的制度逻辑和组织逻辑中,才能深刻揭示"行为变异"的深层规定性。也只有在理解了"行为变异"的深层制度性限定,我们才能通过深层的制度性改革,从"治本"的意义上,对基层治理中的"行为变异"加以逐渐遏制和根除。否则,我们将一再落入"后人哀之而不鉴之"的治理循环。我们对基层治理中典型的"行为变异",将以制度逻辑和组织逻辑的分析加以追问。

一 为什么基层官僚主义病根难除?

官僚主义,其来有自,时有泛滥,中外难免。不论是封建庄园中的官僚主义,帝制专制中的官僚主义,还是现代科层制中的官僚主义,当代中国治理中的官僚主义,虽然其表现形态各式各样,但其基本的行为

---

① 人民网联合报道组:《整治形式主义:老毛病反弹,新问题冒头》,人民网,2020 年 9 月 1 日,vnn. people. cn/GB/nl/2020/0901/c14717 - 31844064. html? ivk_ sa = 1024320u。

特征还是长官意志、高高在上、脱离实际、脱离群众、命令主义等。为什么中央一再坚决反对的各种官僚主义，经过各种整治和教育运动，还能在基层治理中普遍长久地潜滋暗长？这就并非个别腐败官员的思想素质所能完全解释。

从制度性的体制逻辑和组织逻辑来看，第一，基层官僚主义与权力高度集中的体制紧密相关，可以说是权力高度集中体制的伴生物。权力高度集中，是中国体制的制度性优势，可以集中力量办大事，也是举国体制的制度基础。但在基层，不受制约和平衡的权力集中，加之权力运行的制度化法治化薄弱，权力高度集中在某一位"官僚"手中，往往会导致高高在上的权力任性和命令主义。邓小平当年批判官僚主义时，就深刻指出，权力高度集中体制"可以说是目前我们所特有的官僚主义的一个总病根"。[①] 这也是目前基层官僚主义难以根治的总根源。第二，基层官僚主义与压力型体制紧密相关，可以说是压力型体制的副产品。压力型体制是改革开放以来，各项党政任务贯彻执行的基本体制机制，是通过把项目任务层层分解、层层落实和层层检查来保证贯彻执行的方式。[②] 在当前的精准扶贫和乡村振兴的各种工程任务中，由于时间紧、任务重和压力大，各种层层加码、层层督查的命令主义和长官意志，就通过压力型体制沿着权力链条而传导到基层组织。第三，基层官僚主义是其部门职权和职能下传的表现和方式，各个上级职能部门，如县级的组织部、宣传部、农林局、环保局、卫健委、扶贫办、维稳办等几十个职能部门，把本该由其领导和部门负责的各种工程任务，通过压力型体制的"条块管理"，分解下传到各个乡镇政府，同时把其领导的长官意志和部门指标下传下去。这样既可以保证其所管理的任务按期完成，还可以把其负责的责任同时下传下去，以便把其部门权力最大化和责任最小化。第四，基层官僚主义与其权力运行的监督薄弱有关。由于基层官僚主义都是"有权者"的权力任性，下级组织和干部不敢监督也无法监督，更上级的组织有权监督，但由于"鞭长莫及"而监督不到位。如县级职能

[①] 《邓小平文选》第二卷，人民出版社1994年版，第328页。
[②] 荣敬本、崔之元等：《从压力型体制向民主合作体制的转变》，中央编译出版社1998年版，第28—34页。

部门的官僚主义，乡镇政府根本不敢监督，因为各个职能部门都掌握着乡镇政府的资源分配权和考核评比权。第五，基层官僚主义是一种"组织行为"，官僚主义虽然体现在个别领导的意志和行为中，然而是在其领导工作的组织行为中隐藏着，是"领导"为了工作任务的完成而加以体现的，甚至往往把领导的官僚主义体现在各种红头文件和项目责任书中。下级领导反抗上级领导的"官僚主义"，往往会被定性为反抗上级组织的"政治纪律"问题。

二 为什么基层形式主义反复泛滥？

从制度关联上看，官僚主义与形式主义紧密相关，上有官僚主义严重，下有形式主义泛滥，形式主义是应对官僚主义的无奈手段。从形式主义的表现来看，花样繁多、形式翻新，有显性的形式主义、有隐形的形式主义，有会议形式主义、有文件传达形式主义、有填表形式主义、有台账形式主义，有传统形式主义，也有"新马甲"的电子形式主义。对于各种形式主义，上下共愤、官民共怒，为什么在基层还是反复发生？

第一，基层形式主义是压力型体制下的"基层反应"，从中央、省级、市级、县级到基层乡镇政府，上级的每一级政府及其职能部门，都有权力和项目可以下传给基层组织，同时都有权力随时到基层检查监督。基层政府的权小、人少、事多，项目任务不堪其负，检查监督应接不暇。一个中部乡镇，每年要接待150多个检查监督组，要填写几百种数据台账，要在时间紧、任务重的情况下，从形式上"完成"上面交办的各项任务，重压之下的基层形式主义"匆忙应对"，就是基层组织的"正常反应"。第二，基层形式主义（工作）成为基层组织的"工作常态"，一个基层乡镇政府，一年有几百个会议要到县里参加，一年有几百个检查组要接待陪同，一年有几百种数据资料要报送，一年有几十项工程任务要落实，一年有几十个村组要走访调研等。基层干部深陷形式主义工作泥潭而不能自拔，难以积极主动的开展工作和走访群众。第三，基层形式主义工作往往是"组织行为"，个人无力抗拒而必须服从。各种参会要求、文件传达、任务分解、指标量化、资料报送和数据填报等，都是通过组织文件、组织会议和组织通知，下传给基层组织和干部，基层干部得忙于参加会议、传达文件、填表报送等,也是组织安排的工作。一是个别干部无力抗拒,组织安排的工作与个人的职位和工资直接挂钩,抗拒组织安排的工作,就等于抗拒组织,从而断送自己的前程。二是各种基层形式主义"空耗",花费的是公共成本,一个村庄一周打印了3000多页资料,花费的也是"村里的钱",而要抗拒形式主义,个人是要付出自己的时间成本和机会成本,而且根本没有取胜的可能性。所以,对于基层形式主义,人人深恶痛绝,却又无可奈何。那就只有以基层形式主义,不断应对来自上面的形式主义要求和官僚主义指令。这是基层形式主义,人人喊打而人人从之的制度根源,也是基层形式主义反复难治的制度根源。这其实与基层干部的思想素质并没有多大关系,即使把一个从道德上极力谴责形式主义的人,放在乡镇政府工作一年,也不得不学会各种"形式主义应对了"。

三 为什么"层层传递压力和责任"成为基层工作机制?

基层组织为什么"压力山大"?为什么成为官僚主义和形式主义等各种"行为变异"的重灾区?这与基层组织(县乡组织)开展工作的日常机制和权力运行机制相关。

从体制层级来分,可以分为两个层级,一个是上级各种组织与基层组织(县级组织)的权力关系,中央、省、市的各项政策和任务的落实和下传,一般都是布置到县级组织。县级党政组织作为治理一方的基层政权,负有本县域社会稳定和经济发展等各种责任。当然,中央的各位部委、省、市的各种职能部门,也有权力直接深入基层乡镇,检查监督本部门所负责工作的进度和质量,这也是乡镇政府迎接上级各个职能部门检查之多的一个原因。

另一个是基层政权内部的工作机制,也就是县—乡镇—村社的工作机制。县级政府及其各个党政职能部门,把接到的上级政府的各项任务和本级政府的规划安排,再通过召开会议—分解任务—签订责任书这一程序,下传到各个乡镇政府。乡镇政府最终成为了各项项目任务的最后实施者和落实者。通过各种项目任务的责任书签订,其背后隐藏的是权力运转的实现机制：一是通过层层加码的项目责任书，把县级职能部门的项目压力下传给乡镇政府，减少本部门的党政压力和任务压力，并确保其所负责任务的按期完成。二是通过层层加码的项目责任书，把本部门所负责的项目责任，顺着任务下传的同时，"搭便车"式的下传给乡镇政府。一旦项目完成中出现任何问题和责任事故，可以第一时间下查乡镇政府的组织责任。这也是为什么县级各种项目责任书，都是与乡镇政府的书记或乡镇长直接签订的原因。这也造成了乡镇政府为了尽快完成任务，同样沿着权力链条，把乡镇政府的压力和责任，通过与各个村社组织的领导人签订责任书，同样进一步下传到村社自治组织之中。这便是目前全国各地普遍推行村社自治组织行政化管理、行政化考核，并与村社干部的工作奖金直接挂钩的制度性原因。甚至在全国的一些地方，行政村组织还对其下的村民小组长，也进行同样的行政化管理和考核，并与其工资补贴挂钩。

四　为什么对基层的督查考核如此之多？

面向基层组织的督查考核之多之频繁，已经成为基层干部和群众的最大烦恼，并且已经从党政机关扩展到国企单位、事业单位和各级学校。为什么各级组织热衷于对下级组织进行督查考核呢？这是由压力型体制的"工作机制"所决定：上级组织召开会议—分解任务量化指标—签订项目任务责任书—督查考核评比。各级体制内组织都已陷入了这一"工作机制"的忙乱循环之中。无论哪一级组织，都面临着督查考核下级组织，同时又被上级组织督查考核。所以，各级组织都"显得很忙乱"，都在应付上级的督查考核，只不过"匆忙应对"式的形式主义和"行为变异"，在基层组织表现得更加集中和明显而已。

对于上级组织而言，对下级组织布置完任务和签订好责任书之后，其部门自身的主要工作就剩下"督查考核"了。这对督查考核者有以下组织利益：其一，部门权力最大化，每一个组织部门都有其自身的职责和权力，在层层传导压力的体制下，各级组织普遍信奉"有为才有位"的权力逻辑，极力把本部门的权力最大化运用。不断扩张本部门的"管理权限"，制定不断细化的"管理规则"，而这些规则规定的实施都需要不断地督查考核。其二，部门利益最大化，督查考核者也面临着自己上级组织的督查考核，而考核的内容也是"召开了多少会议，出台了多少文件、开展了多少督查（对下级）、有多少数据台账"等，这些考核成绩与本部门的奖金和福利、甚至与部门领导的升迁相挂钩。这也促成了各个职能部门竞相开展"管理竞赛"：规则越来越多，管理越来越细化。其三，把本部门的任务和责任下传到下级组织，如县级的环保局和维稳办，通过"属地化管理"原则，把自身的部门职责，通过签订责任书，分解下传到各个乡镇。一方面，可以表明本部门的政治态度和执行有力，增加自己的考核成绩；另一方面，一旦发生任务问题和事故，都可以追查基层乡镇的责任。

对于下级组织，作为被督查考核者，第一，没有任何抗拒任务和督查的权利，因为无论哪一级的上级政府和其职能部门，都掌握着对基层组织的资源分配权和督查考核权，都直接关系到基层乡镇的政绩和利益，甚至直接与个人的工资福利和晋升前途相关。第二，基层乡镇面对众多的"婆婆"，是众多督查考核的"汇集点"。中央的几十个部委、省级的几十个职能部门、市级的几十个职能部门、县级的几十个职能部门，哪个部门都有直接到基层乡镇督查考核的权利。一个基层乡镇一年接待几百个督查考核组，填报几百项数据台账，出现众多的形式主义"行为变异"，也似乎是"情理之中"的事了。第三，因为任何的督查考核，都直接关系到基层乡镇的组织政绩和干部利益，乡镇政府都必须"圆满完成""百分之百完成"。"没有条件创造条件也要完成"。因此，"表面上完成""数据上完成""材料上完成""注水式完成""造假式完成"等必然出现。同时，也造成了乡镇政府把任务和责任进一步"下卸"到村社自治组织的趋势，形成日益严重的自治组织"行政化倾向"。

五　为什么基层干部最容易出现"行为变异"现象？

外界压力越大，物体越容易变形，人亦如此。基层干部作为任务落实的最前沿、矛盾问题的第一线，处于"上下夹击"的尴尬夹层。近年来所受到的"压力山大"已成为社会共识：任务繁多、迎检频繁、权力有限、资源不足、无奈"背锅"、角色紊乱、前景无望、有怨无声、疲于应付等。但基层干部作为一个最大的"干部群体",其内部各层所受的压力也各有不同,这与其各自的"仕途预期"和"行为激励"有关。

乡镇主要领导,包括乡镇书记、乡镇长、副书记、副乡镇长,由于现任的主要领导,大部分都是由县直机关或本县外乡镇调任过来,如果年轻有为,有很大的晋升空间,则会对乡镇工作拼命努力。同时,这些年轻领导,也会对本乡镇的其他干部施加很大的任务压力,以期本乡镇工作在考核评级中取得最好的成绩(很多基层考核实行"末位淘汰"的惩罚机制)。虽然主要领导也是"压力山大"、负重前行,但为了把本乡镇的各项工作和任务都做到"圆满完成",则往往造成很多"面子工程""政绩工程",甚至出现各种形式主义的"应付造假"。

乡镇的一般干部,特别是年龄偏大、晋升无望的干部,往往是"忙于应付""被动工作",甚至"当一天和尚撞一天钟",只要不出现任何问题和漏洞,自身的工作只是"吃饭的饭碗"。这也是基层干部中普遍存在"庸政懒政"的原因,"激励机制"不足是工作应付被动的制度原因。

乡镇中的新进干部和大学生选调生,如果是本地的年轻干部,发现自己还有很大的晋升前景,则会努力围绕主要领导积极工作。如果是外地来的大学生,在本乡镇无亲无故,也没有多少晋升前景,则更多地把现任工作当作临时性的"跳板",会在短期内通过"考研"或"辞职"离开基层。这是目前基层年轻干部队伍不稳定的根源。

村社(行政村和社区)干部,作为自治组织的成员,本应该代表自治组织的利益和意见。但由于目前不断下延的"行政化"趋势,对村社干部的管理和考评,基本上与对乡镇干部的管理和考评一样的标准,并直接与村社干部的工资福利挂钩。村社干部也都在忙于各种填表、收集资料和报送材料。一个村社自治组织,往往要做几十项台账资料和报送近百项数据统计。①

基层干部出现各种"行为变异",自然是"压力所致",虽然是"深恶痛绝",但也"无可奈何",既无权利也无能力加以改变。同时,由于

---

① 人民网联合报道组:《整治形式主义:老毛病反弹,新问题冒头》,人民网,2020年9月1日,vnn.people.com.cn/GB/nl/2020/0901/c14717-31844064.html?ivk_sa=1024320u。

基层干部都在"忙于应付",更无多少时间和精力,进行积极主动的创新和改革,基层干部创新担当、干事创业的活力和空间处于极大的阻滞状态。

基层治理中的"行为变异",以基层官僚主义和形式主义最为典型,并不断地花样翻新、屡治屡现,导致了大量的体制空转和资源空耗,不但引发极高的治理成本,也严重危害党的执政根基。只有通过顶层设计的根本性制度改革,减少行政管理的权力层级,加强公共权力的民主化运行,赋予基层政府更多的权能,加大对基层组织的民主监督和民主评议,巩固基层组织的自治化力量,开放社会舆论和社会组织的监督渠道,才能使基层治理尽快走上法治化和民主化的轨道,这才是基层治理现代化的根本制度之路。

谨防基层治理中的"管死效应"*

周少来**

摘　要：基层治理中"想为而不敢为"，干部难作为的"管死效应"，虽然并非上级组织和领导的有意为之，但却是基层治理中制度体制和激励机制长期运行的积累效应，是非直接的和不自觉的制度副产品。这就绝非仅仅依靠个别干部的思想素质所能解释和解决，只有推进系统性的制度改革，建构精简高效的政府体制，释放基层治理的自主空间，壮大基层民主自治的组织化力量，用民主法治之力激发基层干部创新担当的内在活力，才是推动基层治理走向现代化的制度之策。

关键词：基层治理；激励机制；"管死效应"

基层治理是国家治理的前沿和基础，在基层治理中大量滋生一种普遍趋势：基层工作的繁忙日甚一日，对工作的高标准和严要求也日甚一日，这特别体现在对基层工作频繁重叠的督查考核中，由此导致了一种也许未曾预料的严重后果：基层治理中的"管理"变成了"管控"，"严管"变成了"严控"，"管好"变成了"管死"；衍生出一些基层干部存在的工作心态："多干多错、少干少错、不干不错"，最终导致基层干部中出现并日益蔓延的"创新担当缺失""管住了坏人（如腐败分子）、也

---

* 本文为中国社会科学院创新工程重大科研规划项目"国家治理体系与治理能力现代化研究"（项目编号：2019ZDGH014）的阶段性成果。

** 周少来，中国社会科学院政治学研究所首席研究员。

管死了好人（干事担当者）"等一系列"管死效应"。

这种也许从"管理"和"管好"的良好愿望出发的"管控"和"严管"，在行为过程的执行和演变中，随着各种"激励扭曲"的延伸和加重，最终导致干部担当的"活力尽失"现象，我们姑且名之曰"管死效应"。这是一种在基层工作匆匆忙忙现象掩盖下的"普遍效应"，会对基层治理带来严重的效能损害。这一"管死效应"有哪些表征和特征？是如何发生的？在今后的工作中如何加以警惕和防范，都值得我们深入地梳理和辨析。

一 "管死效应"是极化管理的"负效应"

党的十八大以来，在党中央层层传导压力的推动下，党风政风得到极大好转，基层治理得以极大加强，基层干部的工作作风也由此极大改善。但同时，另一种现象也在逐渐滋生和蔓延：事事高标准、事事严要求的"极化管理"由此产生并得以普遍推行，如项目管理中各项任务的"百分百达标"，工作流程的"全过程留痕"，考核评估中的"一票否决"等。这种事事高标准、严要求的"极化管理"，对于基层工作的快速高效推进自然有极大的"正效应"，特别是在精准扶贫和乡村振兴中能够得以体现，但随着这种"极化管理"的工作方式，推广和蔓延到基层工作的所有领域和所有层面，随着干部激励机制的"扭曲变异"，在基层干部中逐渐滋生和蔓延开一种日益严重的"管死效应"：即基层干部的自主自治空间被极大压缩，基层干部的创新活力丧失全无。为什么出于良好动机的"管好管严"，随着行为链条的延伸，潜在地变异为"管住管死"？我们以基层乡镇工作为例，从组织行为中行为链条的延伸逻辑，加以逐层分析。

第一个层面，层层下压的任务分解。基层乡镇工作绝大多数都是被动地从"上面"接受的，并没有多少工作自主决定的主动权和拒绝权。县级党政部门接到从中央、省市部门的项目和任务，结合本地的实际，会尽快通过召开会议、签订项目责任书等方式，下传到基层乡镇政府。一个乡镇政府，对应着县级一百多个党政部门，每一个县级党政部门都有权力和机制把自己负责的工作下压到基层乡镇，乡镇干部在每年几十项、甚至几百项的工作压力下，不分昼夜地匆忙应对，根本没有多少时间来考虑自主"创新担当"。

第二个层面，层层下查的责任追究。基层乡镇政府接受的每一项工作和任务，都是通过签订项目责任书的形式接受的，项目责任书在具体规定各项任务的完成指标和进度的同时，也具体规定了未能按期按质完成的责任惩罚。基层党建责任书、综治维稳责任书、精准扶贫责任书、征地拆迁责任书、乡村振兴责任书……，几十项要求"百分百达标"的责任书，连同重大责任的各项"一票否决"。基层干部的绝大多数时间和精力，都是在战战兢兢地对照各种责任书，竭尽全力地完成各项工程和任务，不敢也不想独自开展结合当地实际的"创新担当"。

第三个层面，人人自保的"管死效应"。由于层层下压的各项任务，基层干部并没有多少时间"自主创新"；同时，由于层层下查的责任追究，基层干部也"不敢"有多少"自主创新"，由此形成人人只求完成"本职工作"，不求有功但求无过的"不被追责"。同时，由于各种形式主义的任务和督查，人人都很匆忙，但并不关心工作的实绩和实效，只为自保其职位和利益，形成难以创新担当的"管死效应"。

这里概括的基层治理中的"管死效应"，与人们常说的各种基层干部的"不作为"，还是有本质差别的：一是区别于"能力不足、方法不当的不作为"，这是干部个人的知识不足、能力不够的问题，即使干部自己想干事担当，但由于能力不足，无法也无能于工作责任。二是区别于"有能力、但不想干事的不作为"，一些基层干部，有能力、也有精力胜任一些工作，但由于个人晋升无望、个人利益受损等原因，不想也不愿干事的不作为，表现为各种各样的"懒政怠政"现象。三是基层的"管死效应"，在不同的干部身上，可能体现的程度并不一样，有晋升前景、被上级领导重视的乡镇主要领导，以及一些年轻干部，可能有更多的勇气"创新担当"，但在重重压力和责任下，其活力和创造力也会受到很大的"抑制"，大多处于"想干事但难以干事""想干事但不敢干事"的"难作为"状态。至于大多数晋升无望、工作福利一般的普通干部，大多处于一种"保住工作饭碗"的"自保状态"，其工作的状态仅限于使"责任和风险最小化"，其行为表现的"管死效应"更加明显。

所以，这里所说的"管死效应"，是指在基层干部身上体现的，干部自身有能力、有想法，但由于各种各样的任务压力和追责约束，"能干事而不敢干事"的"难作为"现象。那么，这种在基层普遍发生、并且有蔓延趋势的制度性"负效应"，是如何发生的呢？

二 "管死效应"激励扭曲的生成机制

基层治理中的"管死效应"，是一种隐藏在各式各样繁忙工作之中的现象，甚至是一种人人能感觉到而人人不能"说破"的现象。也就说，"管死效应"并不是哪一个上级领导或部门要有意为之，或直接"人为建构"的，而是在各种良好动机或口号下推动的，是逐渐在下级干部行为的演变中，次第生成和沉淀下来的一种"行为取向"，是一种非直接、非有意的极化管理的"副产品"。这种"有能力想干事而不能干事"的"管死效应"，自然也区别于"工作投入日益增加而边际收益日益递减"的所谓"内卷化"现象。这种"管死效应"，着眼于干部个体的行为取向和行为激励结构，并不完全取决于干部个体的思想状况和个人素质，更多地是与其工作于其中的制度环境和约束机制有关。

（一）极度有限被动的基层自主自治空间

基层乡镇政府，作为中国五级政府体制的最底层，从中央、省级、市级、县级、各级政府及其职能部门，都有权力和资源给乡镇政府下派任务和项目，并随时随地的加以督查监督。基层政府并没有多少法定的执法权和资源调配权，国家法律和法规所赋予的各种执法权，一般都只授予到县级政府及其部门。同时，基层政府对于来自各级上级部门的任务和项目，几乎没有任何讨价还价的权利，更别说加以拒绝的权利，只能无条件地加以接受和执行，即使知道自身并没有多少权力和能力加以完成。由于各种各样的任务的繁多和频繁的检查考核，本来就没有多少自主空间的基层政府，更是处于匆忙应付的工作状态中，其自主担当、创新干事的自治空间更加狭小和受压，几乎完全处于"被动应对"状态。所以，从中央开始的"放管服"改革，对于基层政府的放权赋能进程步履艰难，作为一级政府，其责、权、利处于极度不匹配状况，在失衡状态中运行的基层政府，其自主创新的活力不足，也就不是其自身能够完全决定的。

（二）权责失衡的上下级政府关系

一级政府只有其权责平衡，才能自主决定其运行和工作。但在现行的权力上收、责任下卸的压力型体制下，上下级政府之间的体制性权责关系并不平衡，这在县、乡两级政府之间体现得更加明显。县级政府作为治理一方的县域权力中心，有其自主的项目决策权、执法权和资源调配权，加上对乡镇政府的干部任命权和"乡财县管"财政权，完全处于支配和左右乡镇政府行为的绝对地位。县级党政部门，可以在加强领导和严格管理的口号下，通过各种项目责任书把任务和责任下压到乡镇政府，一是可以显示本部门"严格管理"的政治立场和站位，二是可以给本部门完成任务留有余地，并使本部门的"责任最小化"。而作为下级政府的乡镇干部，其晋升前途和工作福利完全取决于县级党政部门，对来自任何上级部门的任务和项目，只能无条件"照单全收"。上级部门的"权力最大化、责任最小化"，与基层政府的"权力最小化、责任最大化"形成强烈反差。在巨大压力和责任下的基层干部，即使有创新干事的自主活力，也几乎会逐渐熄灭在无限繁忙的任务和压力之下。这也是鼓励基层干部创新担当的容错纠错机制难以落地实施的重要原因，因为创新担当者要承担"责任"，容错纠错者也要承担"责任"。无限的责任压力下，会通过不断的追责链条，逐渐下延到最终行为者身上。

（三）外在激励难以转化内在激励

针对基层干部的激励机制和奖惩措施，除了对有晋升前景的乡镇主要领导和年轻干部有一定的激励效果外，对于大多数基层干部来说，都是某种意义上的"外在激励"，也就是说难以转化为干部行为的"内在激励"。对基层干部的激励机制，不外是晋升提拔、物质奖励和精神鼓励，而这一切的标准制定和奖励等级，都是由上级部门制定和执行的，基层干部对此的参与和意见建议并不多。对于基层干部来说，工作任务是由上而下布置的，责任追究是由上而下追查的，考评奖励也是由上而下确定的，基层干部几乎完全处于被动接受的状态。对于大多数没有多少晋升前途的基层干部来说，外在的激励很难转化为干事担当的内在激励。何况，干的越多，风险越多，越有可能被追责，由此，"多干多错、少干少错、不干不错"的基层工作风气渐成，由上级的"管好"和"管严"，逐渐演变为下级的"管死效应"。

（四）组织激励难以转化为个体激励

由于基层工作绝大多数都是组织布置的"组织工作"，是由基层组织的"团队"完成的，即使是由一个领导或干部独立完成，也是作为"组织人"完成的"组织工作"。所以，上级部门对基层工作的考核评比，都是对下级组织的考核评比，其最终的奖金和奖励，都是打包授予基层组织的，如年终考核中的"先进集体奖"，以及由此获得的"集体奖金"，虽然其后的奖金分配，基层领导和具体工作承担者可能会得到更多的奖金，但大部分奖金还是要在基层组织中"大家平分"的。其一，基层工作大多是由几个干部集体合作完成的，很难分清楚谁的贡献大小。其二，基层工作很多都是具体细微的，如针对贫困户的家访工作，很难具体细化和量化。个人做的工作，只有在最后的总体工作成绩中才能体现，所以，各种荣誉奖励和物质奖励，只能以集体的名义奖励给"组织集体"。但如果工作中出现任何"差错"和"失误"，上级部门责任追查时，板子一定要打到具体责任人（个体干部）的头上。因此，组织激励很难转化为个体激励，加之组织上的晋升和奖励的权力，完全掌握在上级部门和领导手中，造成基层干部"唯上唯权"的风气蔓延，造成大多数干部的"个体激励"不足，几乎"锁定"在"管死效应"的路径习惯上。

由以上分析，可以看出基层"管死效应"的生成路径和转换机制：由最初的"管严"和"管实"，加上层层下压的任务和责任，造成基层干部的忙于应付，基层自主创新干事的活力随之受损；其后，由于不断下查的责任追究，而鼓励创新担当的容错纠错机制难以落实，即使有能力、有想法的干部也会减少自己的创新行为，由此自觉不自觉地导入"管死效应"的路径；最后，除了个别有望晋升的基层领导，大多数基层干部由于"模仿学习"，也会自觉不自觉地导入习惯性的"管死效应"状态。没有多少人希望的基层"管死效应"，就在潜移默化的激励扭曲中，非有意的产生和蔓延开来。这也是多年来基层形式主义和所谓的"不作为"（其实大多都是想为而不敢为"管死效应"）难以治理的根本性制度根源。

三 破除"管死效应"激励扭曲的制度之策

"想干事而不敢干事"的基层"管死效应"，行为取向虽然表现在个体干部身上，但造成其产生演变的激励扭曲，并不是个别干部的个体行为造成的，其背后是制约和规范个体行为的制度体制和工作机制。要破除基层"管死效应"，激励干部创新担当，就不仅仅是个体干部的思想素质培训所能解决的，而要依靠顶层设计性质的制度和体制改革。

（一）赋予基层政府与其责任相匹配的权力和资源

一级组织的创新担当是与其自主自治空间相关联的，是由其权力和资源的自主权所决定的。缩减行政管理层级，深化"省直管县"改革力度，放权赋能基层政府更多的自主空间，减少权力上收、责任下卸的"属地化管理"，赋予基层政府更加平衡的权责体系，划定县、乡两级政府的权力责任清单。这在加快形成乡村振兴进程、基层政府将会承担更多任务的新时期，改革体制、放权赋能将会显得更加紧迫和必要。同时，在科研单位等事业单位中，"管死效应"也普遍存在和蔓延，同样需要改革管理体制，放权赋能基层组织更多的自主权力和活力。

（二）大幅减少各自为战的纷繁多样的重复督查考核

现行的众多督查考核机制，一方面是出于加强基层党建、加强基层管理的"管严管好"的口号，另一方面也隐藏着上级组织和部门下卸其责任和压力的组织动机。由此造成了各个职能部门，都在提升各自的管理标准，加强各自的管理规范，同时开展各自的督查考核。由此造成一个基层单位，对应其上的几十个、甚至上百个部门和组织，每一个上级组织的材料报送、数据填写、台账制作，其中的多头报送和重复填写，都在时刻逼迫基层组织单位忙于各种"形式主义应对"。这种体制内"自转空耗"的督查考核，近几年来更以各种"大数据管理""智能化管理"

"全过程管理"等智慧管理的名义,大行下卸压力和责任的"电子官僚主义"之实。

(三)加强基层民主监督和民主评议,提升内在激励和个体激励的力度

各种自上而下、体制内空转的"督查考核",如果考核过程不公开、考核结果不公布,基层组织的大多数干部和群众,是无法参与考核监督过程的。而基层组织和单位的干部和群众,是直接参与基层治理的现实过程和全部进程的,对基层干部的作为和治理绩效是最有切身感受和发言权的。基层干部群众普遍反映:"千百次的督查考核,不如老百姓的几句大实话"。所以,在大幅缩减体制内督查考核的同时,大力加强自下而上的民主监督和民主评议,特别是在事关重要干部的提拔任用和奖励惩罚时,基层群众的意见和判定是最为准确和重要的。因此,加大基层民主自治力度,用更有针对性的民主评议,推动外在激励转化为内在激励、组织激励转为个体激励,是破解基层"管死效应"的关键制度路径和激励机制。

(四)构建党政统合、多方参与、协同共治的基层治理体系

在全面现代化整体推进和乡村振兴加快提速的新发展时期,基层治理中的工作任务和责任压力会更多更大,也会给基层治理带来更多的挑战和矛盾。在放权赋能基层政府、提升基层党政统合能力的同时,必须改变基层政府"大包大揽"的全能惯性,切实扭转不断下沉的行政化趋势,加强乡村基层社会的民主自治能力,推动乡村社会自治组织的制度化建设。在加强基层民主自治组织化能力建设的同时,用强大的自下而上的民主监督力量,推动和激发基层干部创新担当的活力和动力,这是真正持续有效的基层治理激励机制。同时,推动城乡要素的自由双向流动,吸纳企业事业单位、社会组织、公民个体积极参与基层治理,真正构建多方参与、协调共治的基层治理现代化体系。

基层治理中的"管死效应",虽然并非上级组织和领导的有意为之,但却是基层治理中制度体制和激励机制长期运行的积累效应,是非直接的和不自觉的制度副产品。这绝非仅仅依靠个别干部的思想素质所能解释和解决，只有推进系统性的制度改革，建构精简高效的政府体制，释放基层治理的自主空间，壮大基层民主自治的组织化力量，用民主法治之力激发基层干部创新担当的内在活力，才是推动基层治理走向现代化的制度之策。

互嵌与合作

——"国家—社会"关系视角下的中国之治[*]

樊 鹏[**]

摘 要：改革开放40多年来，中国的国家权力与社会力量得到双向发展。引人瞩目的是，中国在主要发展阶段并没有出现"国家—社会"关系的彻底"脱嵌"和互相对抗，社会权力运行始终相对"内嵌"于国家制度与权力运行，二者在适度分离中持续互动合作，从而保持了政治上的总体稳定。"国家—社会"关系折射出中国发展道路的重要特点，从"共生互嵌""政社合作""分类施治""效能优先"四个角度，清晰揭示出中国在国家社会关系领域所蕴含的丰富治理经验。然而，随着社会再组织化进程的加速，社会形态的多样化变迁及新技术环境下社会权力的复杂运行，中国的国家与社会关系也将面临一些新情况和新局面。

关键词：国家社会关系；国家治理；互嵌发展；中国道路；中国经验

一 前言

"国家—社会"关系是现代政治体系的重要构成要件，也被广泛视为

---

[*] 本文原文发表在《云南社会科学》，2019年第1期，原标题为《互嵌与合作：改革开放以来的"国家—社会"关系》。

[**] 樊鹏，中国社会科学院政治学研究所研究员。

解决国家发展问题不可或缺的动因之一。但是自20世纪五六十年代开始，西方逐渐使用所谓"公民社会"替代"社会"的概念，前者被视为一片不许国家公共权威涉足的私域和空间，也被视作市民或公民参与政治事务的基地或领地。① 自20世纪70年代末期开始，"公民社会"理论作为一种发展范式，被兜售给许多发展中国家，作为后者的改革指南和发展蓝本，但是最终的成效却是良莠不齐，甚至有些经验十分消极、惨痛。

在印度，所谓的"公民社会"成为政治领域高空循环的民主装饰物。② 在拉美，很多国家在20世纪80年代的民主转型之后，对"公民社会"的盲目崇信使得这一地区从国家主义迅速转向无政府主义。③ 在东欧转型中，公民社会建设被牢牢同私有化经济方案捆绑在一起，非但没有促进预期的社会团结，而且使这一地区的社会保障问题出现恶化。④ 在中东、东南亚等地区，某些国家由于国际资助的进入，部分影响了国内公共空间的政治议程，进一步加剧了国家同社会的分裂。有研究认为，包括美国等西方发达国家在内全球范围内的社会组织发展，正在转变成职业化精英的领地，附庸于不同政治运动或"选战"需要，造成公共性和民主性的衰退。⑤

中国在1978年改革开放以来的40多年，国家—社会关系呈现出一个迥然有别的图景。从20世纪80年代农村经济制度改革，到90年代初期提出建立社会主义市场经济体制并逐步扩大市场社会；从90年代中期加强国家能力建设，到21世纪初被称为市场经济和社会建设"双向运动"

---

① 王绍光：《公民社会：新自由主义编造的粗糙神话》，《人民论坛》2013年第22期。
② Partha Chatterjee, "On civil and political society in postcolonial democracies", in Kaviraj, Sudipta and Sunil Khilnani, *Civil Society: History and Possibilities*, Cambridge University Press, 2001, pp. 165 – 178.
③ Luis Castro Leiva and Anthony Pagden, "Civil society and the fate of the modern republics of Latin America", in Kaviraj, Sudipta, and Sunil Khilnani. *Civil Society: History and Possibilities*. Cambridge University Press, 2001, pp. 179 – 203.
④ See Adam B. Seligman, *The Idea of Civil Society*, Princeton University Press, 1995.
⑤ Theda Skocpol, "Advocates without Members: The Recent Transformation of American Civic Life", In Theda Skocpol and Morris P. Fiorina eds. *Civic Engagement in American Democracy*, Washonton, D. C.: Brookings Institute Press, 1999, pp. 461 – 509.

的非凡十年;① 从党的十七大提出"社会管理"概念到十八大提出"社会治理创新",十九大提出以制度化方式实现"社会共治"的理念,二十大报告强调"完善社会治理体系。健全共建共治共享的社会治理制度,提升社会治理效能"。中国的国家和社会关系一直处于动态调整的过程,但是经验显示中国在处理国家社会关系和推动社会建设过程中,在指导思想和实践路径上完全没有陷入西方"公民社会"的理论窠臼。

过去40多年来,中国的国家权能不断增长,同期中国的市场与社会也在蓬勃发展,但在剧烈的社会变革中,以构成"社会"的三大核心变量——社会组织、公共空间以及社会运动——来看,中国的国家社会关系保持了相对平衡,社会形势基本和谐,政治大局总体稳定。

在社会组织方面,改革时期中国经历了广泛而深刻的市场化改革过程,性质定位各异的社会组织规模不断扩大,除个别时期外,总体上没有出现类似苏共体制中社会组织同国家政权严重对抗的情形,占据主导地位的公益类城乡服务组织得到了优先发展,在同政府、社会、市场的广泛互动中形成了国家、市场与社会的协同治理格局。在公共空间方面,过去40年传统单位体制大幅退缩,新型市民社会和公共空间拓展,在保持社会适度自由的同时,没有形成完全独立于国家权力干预的政治"真空",这同过去数十年来全球范围内出现的"弱权能国家"(week state)的情况形成了鲜明对照。相比而言,中国的国家政治权力运行,对领土主权范围内的广泛政治空间实现了全面覆盖和有效管治。在社会运动方面,自20世纪90年代之后,中国没有产生全国范围内的激进社会运动,同引爆地区和国际动荡的"阿拉伯之春"和一系列颜色革命的国家和地区比较,国内政治稳定为长达数十年的不间断发展创造了巨大的制度红利。社会发展领域,中国没有遭受严重社会犯罪和暴力问题的困扰,随着改革的深入,包括人权和环保议题在内的激进社会势能在发展中被逐渐吸纳消散。②

相比而言,改革开放40多年来中国国家—社会关系的变化以及社会

---

① 王绍光:《大转型:1980年代以来中国的双向运动》,《中国社会科学》2008年第1期。
② 樊鹏:《社会转型与国家强制:改革时期中国公安警察研究》,中国社会科学出版社2017年版。

发展的轨迹，呈现出同欧美等西方国家和许多所谓"转型国家"走过的道路和历史经验差异明显，总体来看，改革时期的中国经历了国家与社会关系的深刻变化，中国的国家权力和社会权力得到了双向扩张，今天已经很少有人认为中国是一个"弱社会"国家，国家建设同社会力量进行了一次漫长的"跷跷板"式的运动，但是中国总体保持了国家与社会这两艘"巨轮"的相对平衡。

改革开放 40 多年中，中国的国家社会关系呈现出何种演变特征，同其他发达国家和发展中国家的道路相比，有何自身特点？在急剧变迁的社会结构和快速的市场化、城镇化进程中，中国的国家如何有序发展、壮大社会力量并维系同它的基本平衡，当局通过何种价值理念和政策工具实现它的目标？中国的国家社会关系呈现哪些最新的发展趋势，面临哪些可以预知的管理任务？

二　主要特征与制度经验

同世界上大多数发展中国家一样，中国的国家与社会关系发展是市场经济发展和不断对外开放的产物，是社会力量和社会权力获得相对自由的结果。但是从另一个角度来看，中国的国家社会关系受到了中国共产党领导下强有力的国家权力的塑造和引导，是某种"导向型改革（Directional Reform）"的结果。作为一种发展治理的经验，中国的执政党和政府在培育和对待社会方面的理念，以及在处理国家与社会关系方面的基本原则、政策工具及策略手段，可以较好地解释改革开放 40 多年来中国在国家与社会关系领域的重要成就。

（一）共生互嵌：中国的"国家—社会"观

在西方社会政治理论中，"公民社会"既是一片不许国家公共权威涉足的空间，也是市民或公民参与国家政治事务的公域，公民和国家具有相互排他性的基本假设。从"公民社会"的基本构成来看，在西方政治自由主义所塑造和引导的政治实践中，社会组织被视为社会权力的单一载体，公共空间则被视为有效抗衡国家的社会专属政治空间，社会运动则被视为社会自身所持有的力量在公共空间进行的有组织化表达甚至是极端表达，同西方固有的权利、自由、民主、分权、制衡等意识形态互为表里。

受上述观念的影响，在大多数后发展中国家或"民主转型"国家，社会力量普遍得到增长，但国家权力与社会空间出现了严重"脱嵌"，国家之外逐步发展起来的社会组织、公共空间以及方兴未艾的社会运动，在原有统治结构之外形成了一个全新的但却缺乏有效控制的政治空间，在刚性运行的国家权力之外形成了一个以刚性制约为任务的"社会"，这是国家与社会之间脆弱关系和信任危机的根源。不同的是，在改革开放以来的发展过程中，中国的社会力量和公共空间不断扩展，但是这里所谓的"社会"，无论就其组织特征、空间形态抑或运动形式，都表现出同大多数转型国家不尽相似的特点，一个重要的表现就是中国并没有出现一个类似于西方"公民社会"假说的、国家权力完全不可染指的"公域"，而这一点并不能完全以执政党和国家的强力控制来加以解释。与此同时，中国的的国家权力始终保持着同社会的广泛互动，总体上成功维持了国家与社会关系的平衡，促进了国家与社会的共同发展。

基于历史传统与现实经验，"共生互嵌"一词可以较为准确地形容中国的"社会"成长以及国家社会关系的机理。所谓共生关系，源自中国在特定历史时期内相对独特的国家发展道路和政治形态。过去40年，支撑中国发展的基本政治体制以及"社会"诞生所依赖的政治机会结构（political opportunity structure），源自马克思主义政党领导的新民主主义革命及其所建立的党领导下的社会主义国家体制。现代意思上的"社会"，是在国家权力几乎达到巅峰之后才出现，这同西方资产阶级革命和社会参与创建国家的历史逻辑迥然不同。中国的社会不是社会力量自身勃兴和斗争的产物，而是党和国家力量有意识放权、培育的结晶，是在执政党和国家权力有意识开创的政策空间下成长起来。因此，无论是社会组织，还是公共空间的发展，其产生都不是社会力量单方面组织运行的结果，而是国家把一部分社会权力主动让渡的结果。

"互嵌"（inter-impeded）这个词表示一种事物和另一种事物之间既是两个相互分离的主体，但是又在相互勾连、内嵌在一起，你中有我、我中有你。"互嵌"的关系是相对于国家与社会的对抗性而言的。[①] 不同于西方社会理论的假设，中国早期的社会组织很大程度上脱胎于国家内部的资源和空间，部分公共性源自于既有体制的空间让渡。例如，以中国自由派商业媒体的公共空间，脱胎于原有计划体制内官媒的市场化，在很长一段时间中国的商业媒体也具有"双轨制"特征。[②] 又如，中国社会组织的发展亦不同于西方"公民社会"所遵循的自由自愿结社原则（voluntary associationism），改革开放之前，中国的社会组织实际处于体制内部，由相关行政部门管理，双重管理的体制在改革之后得以延续。自2005年以来，中国社团或协会逐渐与政府行政部门脱钩，其间又坚持以自主性和民间化为方向，陆续探索政社分开，破除双重管理体制，但在当今中国，具有重大影响力的社会组织在人员、资源流动、政治联系等方面同党和政府仍然维持了高度机制化的联系。原有的制度遗产使得当下中国新兴的行业协会和社会组织仍然十分重视人员基础和参与政策的制度通道。

2015年中共中央发布《关于加强社会主义协商民主建设的意见》，明确了社会组织作为社会主义协商民主的七大主体之一。在地方改革实践中，社会组织以各种形式被纳入国家制度化的政治参与和协商民主范畴，处在改革前沿的广东省，除了一般的培育扶持政策外，积极为社会组织创造决策参与条件，提升社会组织地位和扩大社会组织影响。2012年广东省第十二届人民代表大会优化代表结构，将代表按行业分成15个大类32个小类，其中增加社会组织作为一大类，分配全省社会组织类省人大代表名额9个，占全体代表的1.1%。这是社会组织首次正式作为一个类别被列入省级人代会代表类别。广东人大代表向社会组织分配名额的改革实验，从一个侧面佐证了国家有意识将社会机制内嵌到国家制度化的参与机制中。

---

① 按照查尔斯·蒂利（Taylor. Charles）的说法，国家社会对抗模式源自洛克的理论传统，而国家社会相互渗透的模型则源自孟德斯鸠，参见 Charles Taylor, "Modes of civil society", *Public culture*, 1990, vol. 3, no. 1, pp. 95–118. 中文文献中使用"互嵌"一词形容国家—社会关系的研究，参见周庆智《政社互嵌结构与基层社会治理变革》，《南京大学学报》（哲学·人文科学·社会科学）2018年第3期。

② 参见李良荣《论中国新闻媒体的双轨制》，《现代传播》2003年第4期。

（二）政社合作：国家和社会建设的"双桨"驱动

国家与社会之间共生互嵌的关系，决定了中国的社会成长有着自身内在的逻辑与指向。无论是作为观念的社会，还是有着具体形态的社会，它的存在并不仅在于实现并保障公民和社会权利，其成长发展过程本身就包含着国家"嵌入"的目标指向：同国家协同合作解决广泛的社会问题和治理难题。正如中国在市场经济改革中同时发挥了政府和市场两只"手"的功能，相应在社会领域，中国这艘"巨轮"同样很好地发挥了国家与社会两个"螺旋桨"的动力，不但没有把二者变成一种零和游戏或对抗关系，反而在改革中互相包容，各自扩大了自身"领地"，但又不断弥合分歧，构筑共同理念与合作空间，协同推动改革发展。

事实上，无论是回望中国历史，还是审视新中国成立之后政权建设时期的发展经验，政社合作的机制而不是西方意义上的社会联盟，更能解释中国在社会领域的总体特征。许多历史研究已经表明，传统中国在基层社会治理中，擅长于通过官民之间的广泛协作解决小农社会的救济与保障难题。[1] 中国在社会安全稳定方面的治理模式同西欧历史模式迥然不同，后者强调国家对阶级分裂与社会对抗的统治，形成了依赖行政集权与正规暴力机制维护稳定的模式，而中国的历史传统则更加重视通过国家与基层社会的合作解决民生问题来降低社会冲突，形成了依靠官民融合、简约行政与多元化机制维护稳定的模式。[2] 从其他一些领域来看，虽然也存在极端对抗性案例，但在日常社会治理中，中国国家与社会往往共同参与建构所谓的"第三领域"，以司法调解、社会协商等官民融合的方式合作来解决问题，处理国家与社会之间的张力。[3] 而一些汉学家们也曾指出，中国地方的士绅精英一方面接受国家的主导意识形态，是国

---

[1] 参见张仲礼《中国绅士：关于其在19世纪中国社会中作用的研究》，上海社会科学院出版社1991年版；王卫平、黄鸿山《中国古代传统社会保障与慈善事业》，群言出版社2005年版；魏丕信（Pierre-Etienne Will）《十八世纪中国的官僚制度与荒政》，江苏人民出版社2006年版。

[2] 樊鹏：《中国社会结构与社会意识对国家稳定治理的影响》，《政治学研究》2009年第3期。

[3] Huang, Philip C. C. "'Public Sphere' / 'Civil Society' in China?: The Third Realm between State and Society", *Modern China* 19, no. 2 (1993): 216–240.

家治理的地方代理人；另一方面也积极推动地方的公共事务，代表社群的利益与国家开展广泛的议价与协商。①

改革开放以来，配合市场经济改革需要，大量社会治理理论假设，社会治理的转型，是从国家"管制"到政府"管理"再到社会"自治"的过程，是从以强制为手段到以参与合作为手段，再到以自治结社、自我管理为手段的转变过程，言下之意是社会自治将最终完全取代政府管理的过程。但改革时代的中国，国家与社会所经历的并非一次彼消此长的过程，在大量社会治理创新实践中，国家与社会的合作、共赢成为改革的主流。各级党组织和政府始终处于领导与主导地位，形成了以加强社会参与为手段、以扩大服务供给为目标的政社互动模式。在社会治理改革转型中，地方党政主体责任和社会领域的自治参与，成为推动政社互动和社会治理改革创新的"双轮"驱动。党政统筹和社会参与，如鸟之两翼、车之两轮，相辅相成，有力地推动了中国社会治理向前发展。②

周黎安的研究提出，中国在改革时期的中国地方政府治理延续了传统中国的行政发包逻辑，在政府与社会之间存在着广泛的交易与合作。基层行政部门"借道"社会组织和社会力量，通过外包的方式来提供群众真正需要的社会服务，并进一步发现社会服务的需求本身，以及实现这些需求的技术和组织手段。这个过程，不仅有助于社会力量整合资源持续发展，也有助于政府控制治理成本，在提供有效的激励前提下，还可以保持相当的弹性和灵活性。③ 但是，这种政社合作互动的模式，其意义并不仅仅局限于政府的成本收益，它还促使政府一方面加强对社会力量的支持，提高其参与水平和能力，另一方面改善自身管治结构、优化权力运行的流程，例如以加强协商的形式进行政治吸纳，使社会力量有机会参与政策和治理过程。

2013 年，党的十八届三中全会《决定》对"创新社会治理"作出了部署，在城乡服务类社会组织蓬勃发展的过程中，中国各级政府开展了

---

① Rowe, William T., *Hankow: Conflict and Community in a Chinese City*, 1796–1895, Stanford University Press, 1992.
② 樊鹏：《政社互动领跑社会治理创新》，《光明日报》2016 年 2 月 22 日。
③ 周黎安：《转型中的地方政府：官员激励与治理》，格致出版社 2008 年版。

社会治理创新的广泛实验。据统计，在"中国地方政府创新"评选活动中，每年均有数百个地方社会治理创新项目参评，中国已然成为社会治理创新的改革试验场。各地丰富的社会治理实践，最主要的一个特点就是政社互动、协同合作。大量基层政社互动、合作治理的案例，体现了当今中国国家与社会关系的制度变革意义，国家与社会的"双强运动"以及由此基础上开展的"政社互动"，则成为引领社会治理改革创新和中国新时期国家社会关系的重要驱动，成为贯穿全面深化改革全局的重要特点。

正如有研究所指出的，中国处理国家社会关系的模式和机制，最重要的特点不在于强调抽象的共有权力和共同利益，而是在权力的接触和互动中改变了进入者最初的动机和行为模式，通过对话和竞争寻找多元主体间的分歧，通过妥协与合作达成共识，并采取集体行动；共治的结果无法瓜分，它是所有主体共同拥有的，与所有主体的利益相联系，辐射所有的主体。[1] 中国历史上以及改革开放以来实践的合作主义模式，可以为西方世界之外的许多后发国家提供借鉴，中国在市场经济改革过程中，围绕社会治理建立了一套国家同社会有效合作的机制，为国家基础权力薄弱的基层提供了替代性的政治资源。

（三）分类施治：有序组织社会与高效政治链接

中国在社会领域的另外一项重要经验，在于针对不断壮大的社会力量，在政社合作基础上采取一种分类施治的手段。西方"公民社会"理论假设社会是一个高度同质化的整体，各种团体在完全平等的基础上自由竞争，社会空间被视为完全独立于国家的自主领地，但是现实中的公民社会或社会力量并非一个同质性的实体，各类空间也往往相互交织。即使不考虑不同阶级的影响，不同性质、不同类别的社会组织掌握的资源水平、组织和动员能力也存在极大的差异。如何在广泛的政社合作中真正激活社会力量的参与，有效发挥不同社会组织和社会力量的相对比较优势，这一问题在中国的社会发展变迁与社会治理中始终是一个绕不

---

[1] 王名、蔡志鸿、王春婷：《社会共治：多元主体共同治理的实践探索与制度创新》，《中国行政管理》2014年第12期。

开的问题。

　　改革时代，各层级党政决策者肩负着地方经济社会发展的重任，面对社会治理的挑战和难题，既需要加强自身制度和能力建设，更需要有效调动广泛的社会资源，共同完成地方经济社会发展与公共服务供给的目标。围绕这一目标，关键难题在于不仅要在一般意义上扩大多元主体的参与，还要使基层党组织、政府与群众自治组织、各类社会组织有效衔接起来，优化参与。如果任由社会主体和社会自由发展，缺乏必要的引导、支持、整合与监管，就会形成有多元而无秩序、有自由而无权威、有参与而无实效的局面。

　　在这个过程中，显然是以国家为主体发挥着统筹、牵引、支持的作用，但更为重要的一个治理机制是中国对不同类别、不同性质的社会力量进行了有效的分类治理，形成了一个适宜于不同层次、不同性质的社会力量协同参与的制度框架与合作治理的结构。2013年，党的十八届三中全会《关于全面深化改革若干重大问题的决定》在"改进社会治理方式"部分，提出了"坚持系统治理"的思路。按照系统治理的要求，实现政府治理和社会自我调节、居民自治良性互动，除了要坚持党的政府主导这个主轴、发挥核心引领作用外，最重要的是要善于把握党政主导与社会参与的界限，形成一种有序参与、有效参与的局面。

　　从逐渐发展成熟的社会治理体系来看，中国建立了一个国家主导、社会辅助的治理系统，这种系统既不是西方"公民社会"理论所预期的"强社会—弱国家"模式，也不是中国在计划经济时代的"强国家—弱社会"模式，而是一种体系相互支撑、权责配置有序的治理结构。有学者概括中国的基层社会治理体系包含了作为权力核心的党政系统、发挥政治链接作用的派生系统（例如基层党组织和居委会），以及以社会组织和社区为主的社会治理系统，形成了一种中国特有的基层利益凝聚机制和民意表达机制。[①] 也有学者按照政府参与及发挥作用大小，将中国在改革时代所形成的社会概括为"金字塔"型的治理结构和独特类型。这四层治理形态分别是：发挥社会自我管理作用的社会自治，社会为主政府协

[①] 周庆智：《政社互嵌结构与基层社会治理变革》，《南京大学学报》（哲学·人文科学·社会科学）2018年第3期。

助的民办公助模式、政府主导社会协助的公办民助或公办民营模式、政府直接管理社会的政府管治模式。① 中国的重要经验并不完全在于政府的统筹引领，而是在激活社会中间色和社会整合功能的同时，在国家与社会之间寻求一种更为高效的政治链接方式，使不同性质和不同类型的社会量能够被有序组织起来，共享制度化渠道和公共资源，共担社会治理的风险。

（四）效能优先：注重参与质量强化服务能力

作为中国国家与社会关系领域的最后一项经验，是中国在社会领域注重社会参与的质量，坚持社会参与的实效。在主导性的社会发展理念中，往往一味强调社会组织的独立性和自主性，而忽略其实际参与的能力、参与的质量以及对社会发展的实际效能。中国所要实现的社会共治的目标不仅在于实现公民参与的权利，还要提高公民参与的质量；不是把目的放在社会权力运行本身，而是积极引导社会力量参与国家设定的发展目标与各项公共事业。

在西方"公民社会"理论中，社会力量的源泉来自成员之间以及不同的社会细胞之间的横向联系，同以纵向官僚体系为结构特征的国家体系形成鲜明对照。以美国为例，大量社会组织日益成为少数政治派别和社会运动精英控制的组织，社会组织之间以及他们与不同捐助人等"政治玩家"的联系，主要是通过横向纽带建立起来，主要工作是获取捐款、服务于特定细分议题的推广和游说，以及经营社区、拉拢选票。例如，以左翼立场著称的索罗斯基金会，每年资助大量社会组织和草根社团支持、传播左翼政治理念，在社区和所谓的"公共空间"承担监测甚至"抹黑"极右翼的角色，为左翼政治力量摇旗呐喊。又如，在复制了美国模式的印度，NGO 成为一小部分有国际联系、受过高等教育并赞同西方现代性理念的精英运作的组织。显然，过分重视横向关系，不仅会加速社会同国家公共事业的"脱嵌"，而且社会力量内部也会加速组织分层的

---

① 蔡礼强：《社会治理体系建设中的政府与社会：逻辑基础、社会结构与角色定位》，中国社会科学院大学（研究生院）与韩国启明大学联合举办第十二届学术会议论文，2018 年 9 月 13 日，北京民族饭店。

现象，带来精英与大众的区隔。

相比较于公民社会的假设以及在上述一些国家的模式，中国的社会力量之所以能够形成同国家的广泛互动，并且能够有效引导社会力量投入公共事业，并非仅仅源自横向的联系和利益整合，而是更多受益于中国构建了一套以纵向和横向联系并重的国家—社会的链接机制，这是相比较于以美国为代表的横向社会联盟模式而言的。这一模式可能受惠于党的群众路线以及中国共产党建立"全覆盖"的管理体系——广泛存在于各系统各层级党组织的政治问责，使基层政权更加重视地方社会组织化工作。在纵向关系中，主要社会群体、不同类型的组织都可以和国家建立联系；社会组织在某种程度上发挥了"传送带"的角色，有效动员社会力量，反映社会利益，有利于形成一个包括一般公众在内的相对系统完备、广泛参与、高效协同的社会共治系统。

在国家与社会之间建立起来的横向和纵向交织的政治链接的网络，有助于建立国家同社会之间更为紧密而具体的联系，有助于吸纳社会力量的参与，使之同国家发展目标和公共利益粘合，从而强化国家—社会的高效链接而非彼此分裂。这种独特的机制，在中国社会运动的发展形态中可见一斑。改革时代的大量有组织化社会运动，虽然被冠之以"社会抗争"的标签，但是实际上在中国的国家社会关系框架内，同其他横向和纵向的制度化参与机制相互交融，或最终被国家的制度化吸纳，或通过其他参与机制的协作促进了中国的制度化建设。[①] 例如，在中国方兴未艾的环保运动中，许多案例表明，中国的环境保护团体并没有出现许多后发展中国家普遍存在的激进化、政治化的现象，而是在环境保护组织和有关监管部门之间的广泛互动中，国家同社会运动主体达成了某种形式的合作，从而创造了一定的空间和政策策略来监督地方政府的行为，维护"科学发展观"和"新发展理念"。与之相关的是，很多社会运动的组织和不同层级的国家内部主体建立了非正式的联系，从

---

① 戴舛利：《社会抗争与政治参与的交融——理解中国公民行动的一个新视角》，《华南师范大学学报》（社会科学版）2014年第1期。

而实现了信息的交换、资源流动和合法性层面的相互支持。① 在今天的中国，环保团体已经成为解决环境等社会问题中"不可替代的力量"，发展成为中国特色协商不可缺少的重要主体。

三 结论

国家—社会关系是展现一个国家发展道路的重要维度。改革开放40多年来，中国在剧烈的社会转型和发展市场经济过程中成功维系了一个强有力的国家，但与此同时也孕育出一个不断壮大的社会。总体上看，国家权力和社会权力得到了双向扩张，但二者进行了一次漫长的共生运动，在动态平衡中保持了中国社会的持久稳定。但正如本文所言，中国在过去40多年中的国家社会关系，其发展形态迥然不同于西方"公民社会"理论的一系列假设，中国在社会领域的成就亦非建立在社会同国家的"脱嵌"和对抗的基础上，后者曾经被广泛视为社会进步的必要条件。相反，中国的国家社会关系并未像大多数转型国家那样经历复杂严峻的零和博弈，而是在共生共长、相互合作中完成了转型治理和发展的艰巨任务。

中国在国家社会领域的成就，并不完全源自中国政府对社会相对严苛的监管，而是隐藏着更为具体的经验和机制。中国的社会力量部分脱胎于计划经济体制和全能型政府，因此从历史制度主义视角来看，中国的社会力量相比较于其他转型国家而言，同国家建制体系之间有更多制度化的渠道和机制。但是同这一因素相比，它更多受益于改革时期执政党和政府在国家社会关系领域坚持了正确的发展理念，培育了国家与社会良性互动的空间和机制。中国善于通过放开与监管两只手，一方面，发展作为一个总体性的工程，不仅需要国家的设计和推动，也需要社会的广泛参与和有效动员。另一方面，政府对社会力量发展的空间、结构以及他们同国家体制之间的纽带关系等，进行了诸多积极的干预，综合使用了行政规范、财政手段、协商等多重手段，积极创造条件，维系国

---

① Peter Ho and Richard Louis. Edmonds, *China's Embedded Activism: Opportunities and Constraints of a Social Movement*, New York: Routledge, 2008.

家与社会共生互嵌的关系，积极推动政社合作、分类施治，在治理中间坚持效能优先的理念等。当然，新时代中国的制度运行进行了重大调整，国家社会关系发生新的变化，在持续的社会"再组织化"背景下，中国的社会形态和社会空间也将出现更为深刻复杂的变化，受到第四次工业革命和新技术因素的影响，中国的社会力量也会得以自我强化赋权，在新的政治环境、社会环境和技术环境下，中国的国家社会如何维系好合和共生的关系，是一项值得持续关注、持续研究的重要课题。

中国国家治理结构的逻辑演进、特征及其评价

徐海燕[*]

摘　要：国家制度是国家治理的根本依据和内核，国家治理的目标是最大化地保障和发挥社会主义的制度优势。中国建立社会主义制度后，形成了权力本位下的全能型治理结构、权力与权利对冲下的绩效型治理结构、一核多元的协同型治理结构，具有党政主导、系统集成、内生型、效能型四大治理特征。当前，基层还存在"超负荷运转"与"空转"并存，"公共供给"与民众的"需求期待""两张皮"现象。中国特色的社会主义治理体系的构建不能"毕其功于一役"，而应不断创新和完善。

关键词：治理结构；逻辑；特征；评价

一　治理体系与政治制度优越性

在国家治理体系的诸多要素中，制度发挥着根本性、全局性、长远性的作用，国家治理的一切工作都需依照制度展开。国家治理体系首先要靠制度建设来提高国家治理的科学化规范化程序化的水平。但是，国家治理并不只是局限于单向度的自上而下的一系列制度、规定、条例，

---

[*] 徐海燕，法学博士，中国社会科学院政治学研究所研究员，研究方向为中国政治、比较政治。中国社会科学院政治学研究所研究员。

更是一系列制度之间的运行机制的和谐运转。根据联合国全球治理委员会（CGG）将治理手段看作"个人和机构管理共同事务的诸多方法的总和"，"既包括正式机构和制度，又包括运行的非正式安排"①。也就是说，使用治理手段完成对国家的治理，可以"使相互冲突的或不同利益得以调和，并维持行动的持续性"。这恰当地说明了治理机制对弥补国家制度治理缺陷的重要性。2019年10月召开的党的十九届四中全会审议通过了《中共中央关于坚持和完善中国特色社会主义制度、推进国家治理体系和治理能力现代化若干重大问题的决定》（以下简称《决议》）恰恰从这个角度说明了两者之间的逻辑关系，即"中国国家治理的一切工作和活动都依照中国特色社会主义制度展开"，国家治理体系和国家治理能力是"中国特色社会主义制度及其执行能力的集中体现"②。

总体来说，中国特色社会主义制度、推进国家治理体系和治理能力现代化之间的关系，不外乎四种，即必要关系、充分关系、充分必要关系及不充分且不必要关系。现代逻辑学中的不充分的必要关系，可以恰当地说明两者的关系。如果我们把制度优势比作情况A，把国家治理体系和治理能力看做是情况B，两者关系可以解读为，现代化的国家制度是国家治理能力的前提和内核，现代化的国家治理体系的建构是随着制度建设不断发展、完善的，是植根于本国历史传统和政治现实的产物。历史上，由于西方资本主义国家率先完成了从传统到现代化制度的转型，其政治制度及其治理体系因此具有某种"现代性"的特征，对后发国家提供了可供借鉴的经验。但西方意识形态的偏见和西方中心主义的傲慢却将这种带有典型的西方特色的"现代性"变成了"普适的"政治价值观，向全世界推广。在第三波"民主化"浪潮中，通过"制度模仿"构建的独联体、东欧各国，以及西亚、北非、拉美国家，在其后政治实践过程中出现了"政治乱象"。据此，中国正处于全面深化改革和系统整体设计推进改革的新时代，坚持社会主义制度的守正十分重要。

---

① 联合国全球治理委员会：《我们的全球邻居》，http://www.gdrc.org/u-gov/global-neighbourhood/。

② 《中共中央关于坚持和完善中国特色社会主义制度、推进国家治理体系和治理能力现代化若干重大问题的决定》，《人民日报》2019年11月6日。

二 三大治理结构及其内涵

中国特色社会主义制度体系是经过检验的、科学的制度体系。自新中国成立以来，中国特色社会主义治理体系形成了三大结构。

（一）权力本位下的全能型治理结构

中国社会主义制度建立初期，在特殊的国内外环境下，中国探索建立了权力本位下的全能型治理结构。

1956年，毛泽东在探索社会主义发展道路的"开篇之作"《论十大关系》中提出，为建设一个强大的社会主义国家，必须"有中央强有力的统一领导"，必须有"全国的统一计划和统一纪律"。① 在此方针指导下，国家以"秩序"为取向，建立单中心的科层制的管控体制实现对市场和社会的控制和支配。

具体来说，在计划经济体制下，国家以管制为手段，在城市实行公有制、农村实行集体所有制下，实现整个社会的"组织化"。经济单一结构和城乡二元化的划分，使政府有效地深入社会的微观个体中进行直接管理，以运动式的动员方式展开国家建设，充分发挥了社会主义"集中力量办大事"的优势。

应该看到，这种治理范式在当时特定的社会历史条件下有其合理性，集中发挥国家、市场、社会的作用，加快实现中国现代化建设之路。但在实施过程中，全能型的治理范式也显露了固有的缺陷，如因权力过于集中、管得过多、统得过死的问题，从而抑制国家、地方、企业、社会的积极性、创造性。

（二）权力与权利对冲下的绩效型治理结构

经济体制改革和对外开放，市场成为资源配置的基础性力量。经济结构的多样化导致了社会利益主体的多元化，传统的自上而下的"管控"

---

① 毛泽东：《论十大关系》，《毛泽东著作选读》（下册），人民出版社1986年版，第730—731页。

已经不能够有效地使社会主义制度的优势发挥作用。政府通过加强各个领域的"管理"对市场和社会进行规范。为充分发挥市场和社会两个积极性，党政机构承担制度的设计者与建构者的责任，一方面"集中"了国民经济和经济体制的重大权力，为市场和社会提供基础设施和公共服务，运用规范化、组织化的管理手段创造有序的社会环境，以实现战略性的发展。另一方面，国家对社会主义的本质有了新的认识，以"解放和发展"生产力，"实现共同富裕"为目标，提出社会主义"优越性"在于"调动广大人民的积极性"①。政府以"赋权""让利"为导向，对国家、市场、社会之间的关系进行重塑②。即向基层政府赋权让利，激活地方政府谋求自我发展的能动性；放松对市场的管制，让市场更好地发挥作用；培育和孵化社会组织，建立以发展绩效为导向的活力型社会。最终形成了集中"权力"和放开"权利"的"对冲"。

与此同时，放权让利与属地化管理使基层政府财政决策权和地方规划的权重增加，资源和集权化程度高度集中，基层政府在企业动员、土地征购、城市化项目中的主体性地位和决策性作用不断增大，地方主义、部门主义、行业主义、寡头主义、特权主义现象滋生，官商勾结、权力寻租消极现象出现。同时，将政府的实际"谋利"能力作为考核，客观形成了基层政府治理过程中的利益导向，引发政府重经济轻民生、重当前轻长远、以及为部门为谋求自身利益而发生的"行政扩权"现象。

（三）一核多元的协同型治理结构

2012年党的十八大后，中国社会主义建设从站起来、富起来逐步走向"强起来"的新时代。市场开始在资源配置中发挥"决定性"的作用，社会结构、利益格局和思想理念都发生了广泛而深刻的变化。国家在管理能力经验不断积累的基础上，对各领域的工作进行"统筹考虑""科学配置"，实现国家组织机构和管理体制系统性重构，形成了新时代一核多元的协同型治理结构。

中国共产党在治理结构中发挥"领导一切"的"核心作用"，以维护

---

① 《邓小平文选》第3卷，人民出版社1993年版，第63页。
② 《邓小平文选》第2卷，人民出版社1994年版，第320—321页。

国家利益和国家安全为目标，担负着维护秩序、提供服务、增进利益的责任；同时又将全面从严治党贯穿到治国理政全部活动中。以全面"从严治党"为重点，打造"合格的""强有力的""善于领导的"执政党。2015年、2018年两次修订的《中国共产党纪律处分条例》，无论在体系架构上，还是在内容上，都更为科学化、更具有可操作性[①]。党的十八届三中全会提出了建设法治中国的命题后[②]，党的十九大将所有公职人员纳入国家监察范围；2018年3月出台的《深化党和国家机构改革方案》提出建立国家监察委员会后，如今已经实现"巡视""监督"全覆盖。党的一系列举措推动行政机构的依法治理迈出重大步伐。

政府是推进社会协同的主导力量。为了提高政府的治理能力和水平，充分发挥政府的主导优势，2013—2018年，中央政府以建构服务型政府为目标进行两次大部制改革，将涉及民族、宗教、意识形态等重要部门纳入党的部门进行强化管理、归口管理，把更多行政资源从事前审批转到加强事中事后监管和提供公共服务上来。在打造强有力核心基础上，国家为维护国家主权安全，解决威胁国内安全的急难险重问题，成立以"国家"和"中央"牵头成立的各类"领导小组"和"委员会"。2017年，设立中央军民融合发展委员会办公室；加强党中央对涉及党和国家事业全局的重大工作的集中统一领导，强化决策和统筹协调职责，促进对相关领域重大工作的顶层设计、总体布局、统筹协调、整体推进、督促落实。

治理的"协同"还体现在社会领域。继党的十六大提出建构"社会协同"与"公众参与"的"社会管理"新格局后，国家提出了"治理"理念，并将治理的重点放在基层城乡区域，孵化、赋权体制外社团的发展，对接全球化和数字化，以"共建共治共享"为目标，通过与社会各组织对话、博弈、妥协达到凝聚共识，找到全社会意愿和要求的最大化，实现"最大公约数"的治理。党的十九届四中全会提出的"城乡基层治

---

① 徐海燕：《全面从严治党制度化新的伟大实践——〈中国共产党纪律处分条例〉四次修订的法治逻辑与时代意义》，《人民论坛·学术前沿》2019年第4期。

② 《十八届三中全会闭幕 审议通过〈中共中央关于全面深化改革若干重大问题的决定〉》，2013年11月12日，新华网，http://www.xinhuanet.com/politics/2013-11/12/c_118112746.htm。

理体系"和"社会治理共同体"、"社会治理体系"的提法中,突出了"协同"理念。党的十九届四中全会又将"民主协商""科技支撑"纳入社会治理体系内容,充分体现"组织核心＋社群参与"的新型治理思想。党的二十大又进一步提出"健全共建共治共享的社会治理制度,提升社会治理效能"的新要求,进一步深化了国家治理结构的内涵。

三 国家治理特征及其述评

新中国成立70多年来,中华民族之所以能迎来从站起来、富起来到强起来的伟大飞跃,最根本的是因为在党领导下,建立了一套符合国情的制度体系。从社会主义制度建立至今,在不同时期,政府着重解决在治理过程中存在的"错位"和"缺位"问题,不断推进从全能型政府、效能型政府,再到服务型政府的角色转换,实现从"统治"到"治理"的转变,其特征主要为以下四个特点。

(一)党政主导型治理

中国共产党是国家治理体系和治理能力现代化的顶层设计者、统筹推进者、法治引领者。从社会主义建设初期的党政一体制,到改革开放时期党政分开的改革,再到全面深化改革,系统整体设计推进改革的新时代,党的集中统一的领导在不同时期都居于核心地位。

社会主义建设初期,中国共产党的纲领政策通过国家权力机关直接贯彻到全社会,充分发挥党的理论、政治、组织、思想优势,集中力量办大事,加快建设社会主义的步伐;改革开放后,中国政治体制改革中先后提出"党政分工""党政分开",通过改变领导方式和工作方法,有所为有所不为,调动全社会、全体人民建设社会主义的积极性;新时代,在"五位一体"的社会主义建设中,党发挥着"核心的""领导一切"的作用,以维护国家安全和利益为首要目标,以"新型举国体制"方式协同攻关,积极应对急难险重问题。与此同时,也将刀刃向内,实施全面从严治党,把依法治国与依规治党结合起来,充分发挥党的活力和战斗力。由于中国共产党局本身具有强大的执政能力、动员能力、应急能力、纠错能力,从而取得了社会主义建设的巨大成就。当前,在逆全球化、环境污染、阶层分化、恐怖主义日趋严峻的形势下，保持党全面而强大的领导力，尤具特殊意义。

（二）系统集成型治理

中国地大物博，自古以来就形成"大一统"的格局，这意味着中国这样一个庞大的国家是一个非常复杂的系统，治理中国不应忽视国家体系内部存在的诸多相互关联的要素。为此，中国自古就建立了中央集权的行政管理体制，形成了"系统集成"的治理理念。中国社会主义制度建立后，也积极遵循这一国情和历史规律进行治理。

第一阶段治理的"集成性"是党和政府在新中国成立初期，以维护国家利益为目标，集中国家的人力物力财力保障实现关系国家生存和发展的重大项目的举国体制和运行机制。"系统性"体现在，将政府—市场—社会全部纳入国家治理规划的视野，在"全国一盘棋"原则下进行顶层设计，以行政计划作为配置资源方式，构建全覆盖的、国家化、层级化的制度体系展开国家治理，充分体现"集中力量办大事"的特点。

第二阶段是改革开放时期形成的"权力集中与权利开放的对冲结构"。社会主义市场经济体制理念的建立，使政府、市场和社会关系有了重大突破，市场和社会的自主性开始增强。为了充分发挥市场和社会两个方面的积极作用，国家采用"收放结合"的治理策略，在"集中"关系国计民生的重大事项权力的前提下，把配置资源手段让渡给市场，使其发挥"基础性"作用。通过"权利开放"，充分调动、激发社会全体建设现代化国家的积极性。这一制度安排充分展示了社会主义"解放和发展生产力"的优势。

第三阶段是新时代形成的"一核多元的协同治理结构"，是在市场配置资源起决定性作用的前提下，对国家、市场、社会关系的再次优化。党和政府以实现发展和维护安全为最高目标，将基层治理与中华民族伟大复兴的中国梦相结合，通过打造权力关系明确、等级层次有序的组织结构，运用多种政策工具，科学统筹、协同攻关，在基层实现系统治理、依法治理，综合治理和源头治理，整体推进国家治理体系的现代化。

（三）内生型治理

"内生型"治理模式是在中国国情、历史，文化传统的基础上形成的，而不是盲目照抄外国经验。中国共产党领导的多党合作和政治协商制度作为中国一项基本政治制度，其顺利运行既有效避免了一党缺乏监督，又避免多党轮流执政、恶性竞争的弊端。

在"为了谁"和"依靠谁"问题上，中国的国家治理既有"为了人民"的价值指向，又有依靠"人民团体"的深厚动力。党的二十大报告指出："江山就是人民，人民就是江山。中国共产党领导人民打江山、守江山，守的是人民的心。"[1]中国共产党在革命、建设、改革的不同时期都遵循这一宗旨，从而将最广大人民的智慧和力量凝聚到改革上来，最大程度地激发了人民投身到社会主义现代化建设进程之中，才取得了社会主义的不断胜利。党的十九大以来，为了让人民有更多的"获得感、幸福感、安全感"，中央政府从提高保障和改善民生水平、加强和创新社会治理两个方面进行部署，"让改革发展成果更多更公平惠及全体人民"[2]。在基层提高为民服务的效率与速度，着重解决与中央政府的"职责同构"与"上下一般粗"的设置模式，对涉及行政许可、行政确认、行政给付等政务服务部门进行跨机关整合；推广行政审批服务中心为特征的"一站式"模式，为普通民众提供便利、高效的服务。当前，中国共产党仍将"满足人民对美好生活新期待必备的制度"[3]作为中国社会主义重要制度体系完善的重点。

"内生型"治理还体现在：在国家编制管理中，对干部人事的考核坚持"两个维护"和树立"四个意识"的标准，不搞西方的"价值中立"；注重继承和发扬中华传统中的"道德"在国家治理中的积极作用，以人性之善论为出发点，提出"德才兼备，以德为先"的干部选拔标准，在

---

[1] 习近平：《高举中国特色社会主义伟大旗帜　为全面建设社会主义现代化国家而团结奋斗——在中国共产党第二十次全国代表大会上的报告》，人民出版社2022年版，第46页。

[2] 习近平：《决胜全面建成小康社会 夺取新时代中国特色社会主义伟大胜利——在中国共产党第十九次全国代表大会上的报告》，人民出版社2017年版。

[3] 《中共中央关于坚持和完善中国特色社会主义制度　推进国家治理体系和治理能力现代化若干重大问题的决定》，《人民日报》2019年11月6日。

基层进行"道德模范评议"的创新实践,显示了对历史传承中崇德向善的价值观念和道德规范的"扬弃",有别于他国基于"人性之恶"为起点的治理理念,将治理的思想深深根植于传统,实现内生型的治理。

(四)效能型治理

《中共中央关于坚持和完善中国特色社会主义制度 推进国家治理体系和治理能力现代化若干重大问题的决定》明确指出,"把我国制度优势更好转化为国家治理效能",显示出效能是社会主义治理的题中之意。

治理高效首先是与治理主体能力相关。尽管在不同时期内,政府对经济社会的管理重点和策略有所差异,政府职能的精简、调整和规范却是一脉相承的过程。一方面表现为横向部门的跨界整合,推动扁平化管理,防止政出多门;另一方面表现为实施纵向赋权,理顺权责关系,优化配置权力,形成垂直管理的联动机制。当前,在基层广泛实施的党支部书记和村委会主任一肩挑的制度,改变了村两委因意见不同出现互相推诿责任的现象,使权责关系更为明晰。在市场作为配置资源的主体作用下,提倡建立"亲"与"清"的政商关系[①],保证了治理主体的强大稳定和战斗力。

当前,互联网、云计算、大数据等信息技术正深刻改变现代国家的治理方式,将政府的服务寓于数据化的服务流程中,利用大数据管理平台实现归口管理、统一指挥和日常监督;通过移动互联网信息技术,使政府从"线下的"、窗口式管理,转向"线上的"、自助式的全天候管理;依据大数据构建的管理平台,通过持续的数字流的方式来动态感知民众诉求,有效应对结构日益分化的社会,及时应对利益诉求多元化的民众,可以根据事态的属性、解决的难度和解决策略做出更精细的分析,真正达到决策科学、对策精准的目的。最终实现各项管理服务的全天候、全方位和全覆盖。

此外,在深度融入信息革命的同时,我国还将科技创新、科学普及

---

① 《全国政协十二届四次会议在京开幕》,《人民日报》2016年3月4日。

作为实现创新发展的两翼①，提出了建设"创新型国家"，将"科技支撑"纳入社会治理体系内容，加强"移动通信、大数据、智能机器人"等关键核心技术研发。

四　问题与展望

应该看到，国家治理基本体现了上述四个方面的特征，但在不同地区因资源禀赋、经济样貌和人文传统存在差异，基层治理模式也有一定的差异。有的地区，如山西梧桐、四川南江地区经济社会发展较为缓慢的地区，政府将注重民生与社会公平作为重点，对内维护公共秩序和提供服务、对外承担横向协同、引进资金和项目的责任。经济社会发展较为成熟的地区，如广州南海、浙江温岭等，当地政府进行赋权参与，发挥群众性组织和非政府组织力量，还通过引导、拓宽参与渠道，让市场主体、经济实体、国有企业在资源配置中发挥基础性作用。此外，基层治理还存在较多的形式主义问题。

（一）"超负荷运转"与"空转"并存

"超负荷运转"是随着全面深化改革的任务日趋加大，大量事务性工作下沉到基层而出现的现象。与此同时，基层政府解决与上级政府的"职责同构"与"上下一般粗"的改革尚处于进程之中，在政策执行层面还存在着职责不清、权责不明的问题。加之基层几年来执行的"顶格"评价、监管和惩戒机制，各部门之间在涉及担当与责任问题上或者相互推诿，让亟待解决的问题在互相推诿扯皮中"空转"；或者在执行过程中缺乏实际行动和有力措施，让中央精神在"上传下达"中"空转"，加大了人力物力的虚耗，最终成为拖累地方发展的"中梗阻"。

（二）"公共供给"与民众的"需求期待""两张皮"现象

"公共供给"与民众的"需求期待""两张皮"现象，是基层存在的

---

① 《全国科技创新大会两院院士大会中国科协第九次全国代表大会在京召开》，《人民日报》2016年5月31日。

另一种形式主义的现象。表现为：因追求政绩，基层政府为公众提供了一些中看不中用的、"去功能化"的公共基础设施，这些"只建不用"，"看上去很美好"的"公共供给"设施，与民众自身的"需求期待"相悖离，既无法满足服务于基层民众的需要，又造成了公共资源的浪费。"两张皮"现象最终造成公共服务的需求与供给之间的脱节，公共服务需求表达机制与公共服务决策体系的脱节，公共服务决策者与民众参与的脱节。

为此，中央已经将解决"形式主义"看作困扰基层的亟待解决的问题，进一步落实"供给侧"改革，重视和完善公共服务中的需求表达机制，最终为民众提供精准化、配适性和有效性的公共服务。

国家治理建构的特点及其存在问题表明，中国发展的不平衡、不充分性决定了中国特色的社会主义治理体系的构建不能"毕其功于一役"，而应在坚持和完善根本制度和基本制度前提下不断创新和完善。

乡村治理现代化:理论要义、社会基础与治理体制

陈 明[*]

摘 要:党的十九大以来,乡村治理现代化正式提上中国政治议程。当前面临的主要问题是乡村治理现代化的系列部署难以直接导入分化和多元的乡村社会。对此,本文重点讨论中国快速转型背景下乡村治理现代化的理论要义、社会基础与治理体制。研究表明:改革开放以来人口布局、农民形态和产权制度等一系列变迁为乡村治理现代化奠定了重要的社会基础。当前,特殊的土地制度不但阻滞和过滤了社会基础变动所带来的导向效应,并且型塑了独特的土地产权秩序,成为乡村治理的一个特定参数。实现乡村治理现代化,需要顺应乡村社会基础结构之变,塑造开放性的土地产权秩序,并重点在城乡布局、县镇关系、村庄体制方面作出适应性调整。

关键词:乡村治理;社会基础;产权秩序;治理体制

一 问题的提出

乡村治理是国家治理的重要环节,乡村治理现代化是国家治理现代化的题中之义。如果说2017年是乡村振兴元年,那么2019年则是乡村治理元年。这一年,中央关于实施乡村振兴战略的安排主要围绕乡村治理

---

[*] 陈明,中国社会科学院政治学研究所副研究员。

展开，这些部署的核心指向可以归结为一条——"乡村治理正规化。"[①] 根据笔者归纳，正规化的具体意涵，大体包括党的领导、县乡功能、村庄组织、集体经济等 10 个方面（见表 1）。

表 1　　　　　　　2019 年中央关于乡村治理的重要部署

时间	文件名称	重要部署
2019.1.3	《中共中央 国务院关于坚持农业农村优先发展做好"三农"工作的若干意见》	（1）党的领导一元化 （2）县乡功能集成化
2019.1.10	《中国共产党农村基层组织工作条例》	（3）村庄组织行政化 （4）制度规范体系化
2019.4.15	《中共中央 国务院关于建立健全城乡融合发展体制机制和政策体系的意见》	（5）村级工作规范化 （6）民主协商日常化
2019.6.23	《关于加强和改进乡村治理的指导意见》	（7）集体经济统筹化 （8）民生事务兜底化
2019.9.1	《中国共产党农村工作条例》	（9）治安防控立体化 （10）财政保障预算化

资料来源：中国政府网（http://www.gov.cn/zhengce/wenjian/zhongyang.htm）

当前，中国村庄大致可以分为三类：一是城中村、城郊村和经济发达村；二是典型农区村庄；三是生态脆弱区村庄。大体上讲，全国的 50 多万个行政村中，第一类、第三类村庄各占 15% 左右，第二类村庄占比 70% 左右。在这三类村庄中，直接导入正规化的治理体系后，都存在一系列的特定矛盾和约束：一是绝大多数村庄并不具备承接乡村治理正规化任务的能力。三类村庄中，能够完整承接乡村治理正规化任务的主要是经济发达村和典型农区村庄的一小部分，加起来占比不超过 30%。剩余的 70% 村庄人口大量外流，很多村庄遴选出合格的村干部都十分困难，更遑论建设一套完整的治理体系了。二是已经城市化的村庄实际需要导

[①] 一些学者用村庄行政化、体系化等概念来描述这一现象，与笔者采用的乡村治理正规化在内涵上是一致的。参见周庆智《改革与转型：中国基层治理四十年》，《政治学研究》2019 年第 1 期；景跃进《中国农村基层治理的逻辑转换——国家与乡村社会关系的再思考》，《治理研究》2018 年第 1 期。

入的是城市治理体系。在30%能够承接乡村治理正规化任务的村庄中，很大一部分已经完成了城市化。这些村庄虽然还叫"村"，但其实已经是一个城市形态的居民点了。这时候再去导入一套乡村治理体系，无论其多么"正规"，都与它的实际治理需要不相符。三是专业农户群体分散居住的需求缺少相应的政策回应。从全世界经验看，专门从事商品性农业生产的专业农户一般要靠近地头分散居住，在发育充分的地区这个趋势已经十分明显。上述乡村治理正规化的要求并没有针对这一趋势作出针对性的政策安排。

乡村治理现代化当然意味着治理体系的正规化，但正规化是现代化的必要条件却非充分条件。也就是说，治理体系正规化并不必然导向治理现代化。从全局看，当前乡村治理面临的"真问题"是：当国家意图通过建构一套正式的制度体系，将乡村治理吸纳为国家治理现代化的有机组成部分时，却面临着一个公共权威的"供给—承接"的困境。

本文拟针对上述问题作论纲性的分析，并提出可操作的政策建议。除第一部分外，文章还有三个部分：第二部分明确关于乡村治理现代化的若干基础性认识；第三部分从人口布局、农民形态、产权秩序等角度论述乡村治理现代化的社会基础；第四部分从城乡布局、县镇关系和村庄体制等角度讨论乡村治理现代化的治理体制。第三、四部分的讨论中，同时蕴含了乡村治理现代化的若干政策含义。

二 乡村治理现代化的理论要义

（一）乡村治理：一个概念的正式化过程

乡村治理作为一个学术概念流行已经有近20年时间，但正式进入官方话语的时间并不长。党的十八届三中全会提出"国家治理体系和治理能力现代化"，党的十九大将"治理有效"纳入了乡村振兴的总目标，随后中央又密集进行了若干重要部署。短短几年间，乡村治理就完成了从学术概念到政治话语再到政策议程的"三级跳"。看似波澜不惊的过程背后，实际经过了复杂的话语博弈。在新自由主义理论中，治理通常被看作是一种多元性、分权化、多中心的管理方式，且特别强调政府与其他治理主体是平行合作关系,而非上下的科层关系。① 一种比较极端的认识甚至认为"Governing without Government"——"治理即是无需政府的管理"。② 显然,这既不能反映中国政治话语中治理概念的内涵,也与西方正典意义上的治理概念相去甚远。

"治理"概念中国古已有之。中国历代典籍中,先后出现过"所居治理""京师治理""治理有声""治理民事""治理之绩"等表述。③ 从这一演化可以看出,汉语中的"治理",早期通常是指国家处于一种按规则行事、井然有序的状态,后来演变为一种治国理政方式的统称。在《牛津英语词典》中,治理对应的英文 Governance 作为动词时具有控制、统治、掌握以及直接或间接的影响等含义,作为名词时则是指实施控制、管理的行为或方式。④ 可见,从本源上讲,中西方的治理概念之间并无本质区别。在一般意义上,治理泛指管理、控制、统治某个事物或某个实体(包括国家)的行为和方式,而非特指管理、控制、统治某个事物或某个实体(包括国家)的某类行为和方式。⑤ 对治理概念的运用,要把握两个关键点:第一,不同领域的治理内涵差异很大。比如,全球治理通常强调规则协商,主权国家的治理强调政府能力和治理效果,而公司治理则更关注内部组织流程的改善。第二,治理概念在运用与发展中,一定会与特定的时代问题相结合,从而形成不同的治理话语。但任何的话语指向都不具有无可置疑的规定性,每个国家都可以依据自己面临的实际赋予治理以特定的内涵和指向。

"治理现代化"是中国特色社会主义进入新时代政治话语的一次重要革新。2014 年,习近平总书记专门撰文强调,国家治理体系和治理能力是一个国家制度和制度执行能力的集中体现。国家治理体系是在党领导下管理国家的制度体系,国家治理能力则是运用国家制度管理社会各方

---

① 俞可平:《引论:治理和善治》,载俞可平主编《治理与善治》,社会科学文献出版社 2000 年版,第 5—7 页。

② R. A. W. Rhodes, "The New Governance: Governing without Government", *Political Studies*, Vol. 44, No. 4 (September 1996), pp. 652-667.

③ 卜宪群:《中国古代"治理"探义》,《政治学研究》2018 年第 3 期。

④ The Oxford English Dictionary, Volume Ⅳ, Oxford University Press, 1978, p.319.

⑤ 王绍光:《治理研究:正本清源》,《开放时代》2018 年第 2 期。

面事务的能力。① 党的十九届四种全会再次申明了这一点，强调"把党的领导落实到国家治理各领域各方面各环节"②。杨光斌进一步分析认为，在马克思主义国家理论话语中，"治理"是社会主义国家政治统治与政治管理的有机结合。③ 可见，当下中国政治话语中的"治理"，是经由官方重新定义过的正式概念，不再是流行市肆的、未经批判的、可以随意阐释的概念，与西方新自由主义的治理具有本质区别。与之相应，"乡村治理""治理有效""乡村善治"等都是中国特色社会主义治理体系的组成部分，在内涵上理所当然与国家治理现代化的总体意蕴保持一致。

（三）乡村治理现代化的核心命题

乡村治理，可以理解为合理配置各种公共资源以建构乡村秩序的过程。乡村治理的现代化包含两个维度，一是资源配置方式的现代化，二是乡村社会本身的现代性。乡村社会的现代性来源于工业化、城镇化进程，长期看可能与资源配置方式互相内生，但在一个特定的阶段里，可以将资源配置方式看作乡村社会现代性的外生变量，二者共同决定了乡村社会的秩序类型。如资源配置方式与乡村社会现代性水平相适应，则表现为乡村社会的和谐有序；如资源配置方式超越或滞后于乡村社会现代性水平，则表现为乡村社会的冲突失序。

在实践中，乡村公共资源配置方式可以归结为治理体制，而乡村社会现代性可以归结为社会基础。从这个意义上理解，党的十九大提出的治理有效，本质上是实现治理体制与社会基础的合理适配；而自治、法治、德治相结合的治理体系，则是为了实现这种适配性，从中央层面给出的一套指导性的政策组合。

（三）乡村治理与关联概念的辨析

不少学者对国家治理、政府治理、社会治理、基层治理等概念作过

---

① 习近平：《切实把思想统一到党的十八届三中全会精神上来》，《求是》2014 年第 1 期。
② 《中国共产党第十九届中央委员会第四次全体会议公报》，人民出版社 2019 年版，第 8 页。
③ 杨光斌：《以中国为方法的政治学》，《中国社会科学》2019 年第 10 期。

辨析，却很少有人就乡村治理与上述概念的关系作专门讨论。笔者尝试辨析乡村治理与国家治理、社会治理、村庄治理等概念的关系。

1. 乡村治理与国家治理

官方话语中，乡村治理包含了乡村社会治理体制和乡村治理体系两层含义。① 作为治理体制理解时，乡村治理是国家治理总体框架和正式制度的一部分；而作为治理体系理解时，乡村治理是指依据国家治理总体框架确定的针对乡村的治理方式和工作体系。我们平时所说的乡村治理，主要指后者。当乡村治理与国家治理作为相对性概念出现时，前者主要是指乡村社会公共资源的配置过程，而后者通常指国家的总体性治理和跨区域公共资源的统筹配置。②

2. 乡村治理与社会治理

社会治理是国家治理的重要方面，通常可以理解为国家和社会协同实施的对基层社会各领域的管理。从城乡差异的角度，又可以将社会治理区分为城市治理和乡村治理。但基于这一区分进行讨论的时候，人们通常会忽视一个根本性问题：乡村治理的最终归宿在哪里？乡村治理概念具有永恒的正当性吗？实际上，乡村治理是一个历史范畴，在相当长的历史时段将具有特定含义和特殊指向。乡村治理现代化的终极归宿是城乡社会治理一体化，这时候一个国家的社会治理不必再区分乡村和城市，乡村治理概念也就走到了尽头。这或许是主要发达国家很少使用乡村治理概念的原因。③

3. 乡村治理与村庄治理

近些年，村庄个案研究以及不同类型村庄的比较研究在学术界十分流行。这类研究着眼的多是村庄内部的政治关系和治理活动，往往不太关注全局性的乡村发展规律和乡村社会演化趋势。其中当然不乏精品之

---

① 2017 年中央农村工作会议提出，建立健全党委领导、政府负责、社会协同、公众参与、法治保障的现代乡村社会治理体制，健全自治、法治、德治相结合的乡村治理体系。参见《中央农村工作会议在北京举行》，《人民日报》2017 年 12 月 30 日。

② 郁建兴：《辨析国家治理、地方治理、基层治理与社会治理》，《光明日报》2019 年 8 月 30 日。

③ 在主要的学术平台上使用"rural governance"检索，美国、欧洲等主要发达国家的相关文献很少，即便出现类似关键词其内涵也与我们通常说的"乡村治理"关系不大。

作，但存在的关键问题是村庄治理研究难以为全局性的乡村治理研究提供充分的理论资源。因为，尽管乡村是由一个个村庄构成的，但全局性的乡村治理理论并非由村庄治理理论拼装而成。村庄治理研究或许具有典型意义，也能提供一定的知识增量，但其很难代替对乡村治理这一宏观对象本身的认识，也就难以转化为具体的政策调整方案。

三　乡村治理现代化的社会基础

乡村治理社会基础包含的因素十分庞杂，其中，人口布局是一切社会治理的基础，在人口布局的宏观数据背后是农民形态的演进，而产权秩序又塑造和规制了人的行为逻辑。

（一）人口布局

在较强的自然演化条件下，特定的人地关系和生产条件会形成特定的居住形态，政府再据此选择适当的治理方式。古代社会，人口相对土地而言是稀缺品。如《墨子》所载："齐、晋、楚、越，若使此四国者得意于天下，此皆十倍其国之众而未能食其地也。是人不足而地有余也。"[①]这种情况下，土地边际效用低而劳动力的边际效用高，于统治者而言占有人口比占有土地更重要。这时社会治理呈现出两个特点：一方面，人口相对稀疏，户均土地占有可以达到耕作能力上限，社会剩余较多，农民生活比较富足（当然是一种低水平富足）；另一方面，农民在与政府的博弈中处于相对优势地位，政府出于周边竞争和维护统治的需要，大概率会采取休养生息政策。在地广人稀的情况下，"五口百亩之家"成为古代个体农户的经典形态，这类个体农户的空间展布为人口增长和社会绵延奠定基础。[②]

魏晋之际，中国历史走入了战争最为频仍的中古时期。此后一直到唐代以前，人口波动十分剧烈，常常因战乱导致流民遍野、人口锐减、土地荒芜。因应这一局面，这一时期国家治理层面实行的是"土地还授"

[①] 《墨子间诂·非攻》。

[②] 孙达人：《中国农民变迁论》，中央编译出版社1996年版，第71—88页。

制度，确保人地匹配；乡村治理层面，则呈现出"坞堡""庄园"等自卫形态。唐宋之际，中国地理空间固化与农业技术变革扩张同步出现，人地关系开始发生逆转，"五口百亩之家"的个体农户形态走到了尽头，小自耕农和佃耕农的聚居形态成为乡村社会的主体。明朝初年，通常意义上讲的传统小农社会基本形成。① 此后，国家治理层面，仅在县级以上设立正式的政府组织，而在农村社会保留自治性的政治结构；乡村治理层面，以村庄作为基本的聚居单位和治理单元，并赋予地方精英以一定的治理权限作为政府的补充。可以说直到20世纪末，小农聚居的居住形态和以此为基础的治理形态都没有大的变动。传统社会中，农业生产方式、户均土地数量、余粮率等因素大致可决定国家的治理形态。

最近十几年，中国进入快速城镇化阶段，人口布局发生重大调整。根据官方统计，目前城镇化率达到59.58%，与1978年相比提高了41.66%；乡村人口5.6亿人，其中农业劳动力有2亿人，占全国劳动力比重的26.1%。② 上述数据存在的问题是：城市化率被低估，农业劳动力比重被高估。造成前一问题的原因是很多居民点本质上已经是城市，但由于城乡区划不合理导致统计时仍被纳入乡村范畴。后一问题的出现则主要与传统统计方式无法恰当区分实际务农时间有关。③ 按照比较可信的估计，当前真实的城镇化率大约为63%，实际的农业劳动力比重约为16%。④ 如果假定人口和劳动力总量不变，据此可推算，当前乡村人口规模约为5.2亿人，农业劳动力总量为1.2亿人，后者约为前者1/4。从这个数据看，乡村人口比改革之初的1978年减少了2.7亿人，比1995年乡村人口达到峰值时减少了3.4亿人。更重要的是，农业劳动力总量比达到峰值的1991年减少了2.7亿人，仅相当于峰值的30%。预计在2035年前

---

① 宫嶋博史：《东亚小农社会的形成》，《开放时代》2018年第4期。据日本学者考证，华北地区现存村庄中80—90%始建于明代初年，为这一认识提供了较可靠的证据。山縣千樹：《華北に於ける現存諸部落（自然村）の發生》，"国立北京大学"农村经济研究所编《国立北京大学农村经济研究所研究资料》，1941年，第1页。
② 国家统计局编：《中国统计年鉴2019》，中国统计出版社2019年版。
③ 蔡昉：《如何进一步转移农村剩余劳动力？》，《中共中央党校学报》2012年第1期。
④ 城镇化率数据来自党国英的测算，他在一个内部研讨中提出，尚未见发表。农业劳动力数据来自蔡昉的分析，他综合多方面测算认为最近多年官方统计数据大致高出真实水平10个百分点。蔡昉：《改革时期农业劳动力转移与重新配置》，《中国农村经济》2017年第10期。

后，人口将达到 14.5 亿人的峰值，假设城镇化率为 75%，乡村人口为 3.6 亿人，如果仍按农业劳动力占乡村人口 1/4 的比例估算，农业劳动力数量将不超过 1 亿人。从这一趋势来看，用小农社会来描述当代中国已经不再合适，城乡中国形态趋于成熟，一个城市中国也已呼之欲出。

人口布局变动的政策含义主要包括：一是乡村人口特别是农业人口大幅减少的条件下，原有的城乡区划体制、村庄治理方式、农业组织制度都已经不适应新的情况，而需要作出适应性调整。二是假设不采用强力干预，乡村人地比例比较低的情况下，从事非农活动者倾向于集中居住，而真正务农者将趋于分散居住，农业和村庄将趋于分离。

（二）农民形态

我们通常把传统中国乡村社会称为"小农社会"，将其对应的经济形态称作"小农经济"，这些判断都与"小农"这一农民形态有关。理解当代中国乡村社会的性质，仍然要从这一关节入手。

何谓小农？小农对应的英语是 Peasant，该词的本意是指种田人，但通常带有身份低下的意味；今天英语中提到农民的时候一般用 Farmer 这个词，可以理解为农业工作者。① 英国的身份农民消失较早，后来欧陆的此类农民多用法语描述。② 法语中的 Paysan（小农）同样带有身份色彩，现在提到农民时通常用 Agriculteur 或 Fernier 来表示。③ "小农"的"小"，只是在翻译过程中为了传递词汇内涵而作的一种语言处理。从学理上讲，决定小农本质的主要不是其经营规模大小，而是其经济社会形态。小农的核心特征有两点：一是维持家计，二是依附性。恩格斯的"最低限度"论、恰亚诺夫的"家庭周期"论强调的都是小农维持家计生存的特征。小农的依附性既包括其对外部社会集团的依附，又包括农民社会甚至社区内部的差异所带来的依附关系。④ 正如 Mintz 所言，农民看上去全都是

---

① ［英］弗兰克·艾利思：《农民经济学：农民家庭农业和农业发展》（第二版），胡景北译，格致出版社、上海人民出版社 2019 年版，第 287 页（译后记）。

② ［英］威廉斯：《关键词：文化与社会的词汇》，刘建基译，生活·读书·新知三联书店 2016 年版，第 392 页。

③ 李培林：《从"农民的终结"到"村落的终结"》，《传承》2012 年第 15 期。

④ Eric R. Wolf, *Peasants*, Englewood Cliffs, New Jersey: Prentice-Hall, 1966, p. 13.

牺牲者，可事实上也有农民跻身掠夺者之列。① 小农并非是一成不变的，小农的终结是不可逆转的历史潮流。在恩格斯写作《法德农民问题》的时代，欧洲小农就已经脱离了其古典形态，只是他们还占有着小块土地，这是一种过了时的生产方式的残余。② 人类学的研究发现，城市化时代的农民早已从那种固守土地的、厌恶风险的小农逐步转变为寻求上升机会的人，要求低的希望扩大生产、增加收入，要求高的则希望进入城市、分享发展。③

目前，大量农民进入城市，留在村庄的主要是两类群体：一是小农户、二是专业农户。党的十九大提出"实现小农户和现代农业发展有机衔接"之后，不少人援引小农理论来论述这一问题。实际上，小农户是与小农有着本质区别的历史范畴：一是小农户只强调经营规模小、务农收入低，并不包括传统小农理论所强调的维持家计和依附性特征，更与身份等级等因素无关。十九大报告的官方翻译中，将小农户译作 Small household farmers，从这个翻译已经可以看出小农户与小农有着本质区别。二是现在所谓的小农户并不是一个独立的"户"。小农户大多是老弱妇幼等留守成员，他们本身不是一个独立的家庭，而是某个家庭的一部分。这个家庭的主要劳动力和主要收入都在城市，留守成员的生活主要依靠城市汇回工资。那种主要劳动力身体健全、举家留村，靠小规模土地经营获取低水平务农收入的家庭，已经很难见到。三是就其主体而言，大多所谓的小农户不是真正的务农者。一些农户没有将承包地流转出去，看上去是在自己耕种。但实际上，他们的耕作主要依靠的是社会化服务体系，留守成员主要发挥简单的看护和核算功能。现在所谓的小农户本质上是城市化的滞留人群和后备部队。传统的小农理论已经完全不能套用到小农户身上。

未来的农业，从生产方式上说是商品性家庭农业生产，承载生产的组织形态是家庭农场，从事生产的农民形态是专业农户。三者是三位一

---

① Sidney W. Mintz, A note on the definition of peasantries, *The Journal of Peasant Studies*, 1973, Vol. 1, No. 1.

② 《马克思恩格斯选集》第4卷，人民出版社1995年版，第487页。

③ [美] 芮德菲尔德：《农民社会与文化：人类学对文明的一种诠释》，王莹译，中国社会科学出版社2013年版，第171—172页。

体的关系，专业农户是家庭农场等经营单位背后的人格化代表。专业农户是指专业化程度高、技术水平高、经营收入高的商品化家庭农业生产者。其中既包括直接从事农林牧渔业规模化、集约化生产的专业户，也包括从事农业生产性服务业的专业户。根据粗略统计，当前约有专业农户500万户，小农户2亿户，小农户从数量上看还具有绝对优势。但从土地经营角度上来看，直接由专业农户经营的土地大约有5亿亩，享受专业农户生产托管的土地面积达到13.84亿亩，也就是说绝大部分耕地实际是由专业农户直接或者主导经营的。换言之，当前小农户的外在形式虽然还保留着，但其内在的生产经营形态已经发生根本性转变。未来，随着老年人自然生命的终结和儿童成年进入城市，小农户数量势必出现断崖式下降；而在非农就业机会和相对收入等市场信号的引导下，专业农户数量还会大幅度上升。可以预计，二三十年后中国农业生产将主要由专业农户承担，他们是乡村振兴的中坚力量。

专业农户崛起的政策含义是：传统的小农社会趋于解体，在较为充分的市场竞争条件下，专业农户逐步替代小农户是一个不可避免的趋势。小农户对国家秩序建构具有基础性意义，专业农户对中国农业发展具有长远性意义。过渡阶段必须处理好农民政策中效率、公平与稳定的关系，针对专业农户宜效率优先、针对小农户宜公平兜底，但不宜过分强调对某一类农户的特殊保护，避免农民议题"政治化"。

（三）产权秩序

治理活动与产权制度关系密切，土地产权制度是乡村社会治理的基础性规则。产权制度会影响人的行为、资源配置和经济绩效，还会影响国家在产权保护和实施中的手段和成本，从而形成特定的产权秩序。在产权封闭条件下，尽管乡村社会也具有某种"秩序"，但由于组织和成员间激励不能相容，这注定是一种维护成本极其高昂的"紧张型秩序"。

改革开放以来，中国实现了从"产权封闭秩序"向"产权开放秩序"的转变，这为乡村治理现代化提供了重要的基础。一是给农民松绑，为城市化大幕的开启创造条件；二是给土地松绑，为土地资源高效配置奠定基础；三是给秩序松绑，建立了激励相容的社会稳定系统。可以说，土地产权秩序的开放是中国乡村发展的"门阶条件"。如果没有这个前提，乡村社会的效率、平等、稳定都无从谈起。然而开放的过程还远远没有完成，土地制度中存在的痼疾和人们的思想束缚都还没有完全解除，由此形成了一种限制性的"产权开放秩序"。由于土地产权秩序的过滤和屏蔽，社会基础变动所引发的治理需求变动难以顺畅传导到治理体制上面，形成了乡村治理现代化的"瓶颈"和"梗阻"。

第一，集体成员"退出权"缺失，城镇化进程本应带来的人口布局调整受到限制。现在的集体经济组织，既不能自由进入，也不能自由退出。相比于改革之前，城镇化率上升了40多个百分点，城乡人口布局发生了重大变化。但进城农民即便已经登记为城市户籍，仍然难以有偿退出在农村的集体成员权益，这就给进城农民在农村留下了一个尾巴。虽然多部法律都规定了进城农民可以"依法自愿有偿"退出各项集体成员权益，但长期以来这项制度只停留在文本层面，缺少真正的操作空间。由于这个尾巴的存在，一方面，进城农民不能将原有权益变现，迟滞了其融入城市的步伐；另一方面，留乡农民也不能扩大集体权益的份额，既不利专业农户崛起，也不利集体经济真正壮大。

第二，"政社合一"体制保留了产权秩序的政治解决机制，给乡村社会稳定留下隐患。改革开放后，虽然取消了乡镇层面的"政社合一"体制，但是村庄一级的"政社合一"体制传递至今。在一个成熟的经济体中，产权问题通常归入私人事务范畴，产权调整一般通过市场交易解决。但在"政社合一"体制下，公共事务和私人事务没有明确边界，特别是集体土地制度与村民自治制度搅和在一起，土地问题不仅不是一个经济问题，也不是一个法律问题，而是成了一个政治问题。在经济发达村庄，什么人可以获得股东资格，又可以享受多少分红，向来不是依据投入和贡献确定，而是由政治角力解决。在典型农区村庄里，一部分人依据《农村土地承包法》主张承包期内不调整，另一部分人则主张将人口增减带来的土地不均认定为法律规定的"特殊情形"，需要依据《村民委员会组织法》通过"民主"讨论解决。无论哪种情况，都无确定的规则，全凭政治博弈角逐胜负。村庄政治的背后往往是各种势力的对抗，无论何种力量占据优势，政治稳定都有被破坏之虞。

第三，产权制度调整相对于社会基础变动的滞后，已经引发了关于土地问题的新的意识形态冲突。诺斯指出：当产权实施与一个社会中的主导性的产权意识形态相一致时，维护这种秩序的成本是比较低的；如果人们经验与意识形态的矛盾积累到足够量级，会引发意识形态的改变。① 当前乡村社会中专业农户和小农户的关系一定程度上即服从这一逻辑。改革初期人们大多认为土地是集体的，自己只是拿来用，因此对于土地权利的认识普遍比较模糊。随着专业农户崛起，他们逐渐发现租期过短、地块频繁变动都不利于土地长期投资，于是对于强化土地产权强度有了明确的期望。特别是农地"三权分置"改革之后，他们的意愿愈发强烈。而与之对照，绝大多数小农户的认识还停留在过去。两者事实上已经服从不同的土地产权意识形态。一些专业农户流转土地后（特别是跨村镇流转）常常受到当地小农户的滋扰即与此有很大关系。② 长远来看，如果采用消极等待而不下决心深化改革，二者之间冲突的扩大恐怕难以避免。

土地产权制度变革的政策含义在于：一是实质性启动集体成员权益的一揽子退出改革；二是加快推进政经分开，避免土地问题"政治化"；三是开放集体经济组织，逐步赋予集体经济组织成员退出、重组与再联合的权利。通过这些改革，建立起更加开放的土地产权秩序，减少产权制度对社会基础变动的过滤和阻滞，从而让乡村治理体制的调整更加灵活。

四　乡村治理现代化的治理体制

本部分基于前述分析，对乡村治理体制所涉的若干实际问题进行讨论，并明确其政策含义。一个核心关切是回应文章开篇提出的问题——现代化治理体系如何真正导入中国的乡村社会。

（一）城乡布局

新中国成立之初的城乡划分采用了人口总量和产业特征的混合标准，

---

① ［美］道格拉斯·C. 诺思：《经济史上的结构和变革》，厉以平译，商务印书馆1992年版，第58—63页。

② 陈明：《新中国70年的农民形态演进与乡村治理变革——兼论中国乡村现代化的未来图景》，《理论月刊》2019年第9期。

在当时是比较先进的，也适应中国国情。但多年下来，城乡划分标准只进行了小幅调整，行政区划调整的节奏远远跟不上城乡关系演化的速度。最早意识到这一问题的是统计部门。他们发现完全按照行政区划进行统计难以反映中国真实的城镇化率，于是国家统计局1999年以行政区划为基础出台了统计上的城乡划分标准。但时至今日，仅调整统计口径已经不够了。很多地方虽然还叫"乡"和"村"，但从经济形态和居住形态上讲已经是城镇了。这时候如果仍然按照行政区划将乡村振兴政策资金投入这些地方，不但造成财政资金浪费，而且错置了政策靶星。主要发达国家有两条经验值得重视：一是将聚落特征和人口稠密度作为城乡划分的基准。如果一个居民点人口密度和人口总量达到一定标准，且与其他居民点之间具有旷野分隔，则这个居民点可以被看作一个独立的城镇。二是构建多尺度、多类型的城乡空间划分体系。不同部门依据自身政策目标确定不同的城乡划分标准，这个标准只与特定政策瞄准有关，与城市的法人属性和行政层级无关。如果能够借鉴这两条经验对中国的城乡划分体系作出适当调整，那么城镇化水平被低估、乡村振兴政策资金投放错位等问题都可以迎刃而解。

日本学者研究发现，能够在30分钟之内到达中小城市中心部的农村地域，农业的各项活力指标都比较高。[1] 中国胡焕庸线以东面积约为400万平方千米，参照上述指标，如果希望乡村发展具有较强的活力，那么每1200千米要有一座城市，这样估计下来中国东部至少要有3000多座城市。[2] 再考虑到西部一部分地区也要适度开发，这里至少要有500座城市。综合东西部情况，中国预计要有大小4000座城市才能支撑起广袤乡村的发展。目前，中国县级（含县城）以上的城市总共2480多座，距离4000座还有较大缺口。要弥补这个缺口，目前的20000多个镇中至少要再发育出1500座小城市。由于东中西部发展不平衡，东部地区城市密度已经很高，因此要有效支撑全局发展，实际需要建设的小城市要比上述

---

[1] [日]根岸健夫：《地域农业振兴与城市化的相关关系》，《近畿圈城乡关系的新展开》1993年第3期。转引自[日]祖田修《农学原论》，张玉林等译，中国人民大学出版社2003年版，第213页。

[2] 党国英、吴文媛：《城乡一体化发展要义》，浙江大学出版社2016年版，自序第3—4页。

数字还要多。据此，建设（转置）1000座小城市这个目标已经有必要提上政策日程。

在城镇化大潮中，原有的乡村居民点朝着两个方向发展：一方面，一部分乡镇和城郊村、城中村、经济发达村吸纳了大量外来人口，如果按照人口密度划分，已经达到了小城市标准；另一方面，典型农区和生态脆弱区的村庄人口大量流出，村庄规模快速收缩甚至走向消亡。这意味着，以现有村庄为基本单元的乡村治理格局已不具有无可置疑的正当性。未来，达到小城市规模的居民点要及时引入城市治理模式，大量不大不小的村庄合理归并为具有规模效应的大型居民点，而人口流出较多的村庄需要收缩为专业农庄等小型居民点。

村庄"空心化"问题也要有正确认识。村庄"空心化"本质上是高素质劳动力向高劳动生产率部门集聚的过程，这是经济发展的一个客观结果。城镇化过程中必然要有一部分村庄消失，这本是一个自然历史过程，大可不必过度紧张。在不改变空间布局的情况下，要去治理"空心村"几乎是不可能的。一个个具体村庄的"空心化"实际是无解的问题。所谓"空心村"治理，主要是处理好城乡人口布局的调整和过渡问题，确保城镇化快速推进过程中乡村社会总体稳定。

（二）县镇关系

从国际通行经验来看，处于城乡之际的乡镇在乡村发展中具有重要的带动作用。乡镇不但能够为乡村居民提供教育、医疗、购物等基本公共服务，还能够为他们提供非农就业机会和创新活力。[①] 中办、国办印发的《关于加强和改进乡村治理的指导意见》明确提出，"构建县乡联动、功能集成、反应灵敏、扁平高效的综合指挥体系，着力增强乡镇统筹协调能力，发挥好乡镇服务、带动乡村作用"。然而，由于各地县镇能力的不平衡性突出，落实这一要求要依据不同的县镇能力结构分类施策。

[①] Eveline S. van Leeuwen. *Urban-Rural Interactions: Towns as Focus Points in Rural Development*, Springer-Verlag Berlin Heidelberg, 2010, p. 157.

表 2　　　　　　　　　　　县镇能力结构矩阵

	乡镇综合能力强	乡镇综合能力弱
县城综合能力强	Ⅰ	Ⅱ
县城综合能力弱	Ⅲ	Ⅳ

按照县镇能力矩阵（见表2），可以把全国县镇关系分为四种情形。

第Ⅰ类是县镇双强型，这种情况在东南沿海发达地区比较常见，典型的如广东、苏南等地。第Ⅱ类是强县弱镇型，这种情况多出现在北方沿海发达地区，典型的如山东、苏北等地。第Ⅲ类是弱县强镇型，这种情况多出现在较发达地区的特殊区域，全国200多个特大镇有不少处于这一县镇结构当中。第Ⅳ类是县镇双弱型，中西部欠发达地区多半属于这种情况，典型如西北干旱区、东北高寒区等。

第Ⅰ类和第Ⅲ类地区，城市化水平比较高，乡镇通常可以不靠县城给养独立发展。这时可以根据财力和人力水平适度强化乡镇建设，发挥其区域中心作用，有条件的乡镇可以往小城市方向发展。第Ⅱ类地区，乡镇依附于县城生存，自身不具备独立的带动和服务能力。这种情况下宜收缩乡镇一级的组织机构和财政支出，由县城发挥统筹协调、统一服务、集中建设的功能，必要时可将若干乡镇合并为一个片区统一管理，以提升行政效率和公共服务效率。第Ⅳ类地区由于自然因素和经济趋势的影响，应预见到大部分县城、乡镇都可能会走向衰落。这种情况下，宜将资源上收到地级市或者某一个县城进行统筹协调，调整区域内部的区划格局，以最大限度减少资源耗散。

（三）村庄体制

长期以来，"两委"关系是困扰中国乡村治理的一个难题。近几年，大部分的村庄又建立了村务监督委员会和集体经济组织，再加上各式各样的理事会、议事会、监事会，小小村庄叠床架屋，本已纠缠不清的"两委"关系更趋复杂。2019年以来，中央多次要求村党组织书记通过法定程序担任村民委员会主任和村级集体经济组织、合作经济组织负责人（以下简称"一肩挑"）。实现村级组织主要负责人"一肩挑"，将原来的所谓"两委"关系化解于无形，解决了困扰乡村治理多年的弊病，好处不可估量。

党的领导是一种总体性的制度安排，各类村级组织的负责人由同一人兼任，并不否定组织间的职能分工。特别是村民委员会事务和集体经济事务分离，也就是"政经分开"，是中央明确提出过的。在推行"一肩挑"过程中，要切忌退回到"政经不分""政社合一"旧体制中去。当前村级治理的目标是党组织全面领导村庄各项工作，并分别通过领导村民自治组织和集体经济组织管理社会和经济事务。但按照目前法律，村民自治组织的功能几乎覆盖了全部村级事务，既制约了党的全面领导作用，也挤压了集体经济组织自主经营的空间。如果要实现乡村治理正规化的目标，必须对村民自治制度进行系统性变革，当然这是一个长期工作。

村民自治是一个历史范畴，认识本质必须回到本源。人民公社解体之后，生产大队和生产队功能失效，出现了"治理真空"。面对这一问题，一些地方组建了村民"自组织"处理部分公共事务，这是村民自治组织的雏形。为缓解基层组织财政供养压力，国家很快将村民自治加以制度化并在全国推广，这实际是古已有之的"大国末梢定理"再次启用。[①] 村民自治组织最初的任务其实是维护社会治安，但随着制度演化，今天村民自治的功能已经远远超过了初创时期。村民委员会的本质属性是"基层群众性自治组织"，从组织性质而言其并不必然是"政治自治"。虽然法律规定村民委员会实行"民主选举"，但作为一种自治的实现机制这并非不能讨论的。传统乡村普遍实行自治，但这种自治与民主毫无关系；现代社会中自治未必要依靠选举实现，选举也并不必然意味着民主。从这个意义上讲，村民自治制度的变革不应拘泥现行体制，而应该回到乡村治理的需要去思考。

考虑到乡村的分化，村民自治制度的改革可以有以下几种思路：第一，如果一个村庄规模已经扩张到小城镇标准，完全可以转置为城市并建立城市治理体系，原有的村民自治将转型为城市居民自治。第二，如果一个村庄已经收缩为只有几户专业农户的小型居民点，那么这个时候

---

① 周其仁：《城乡中国》（下），中信出版社2014年版，第4页。

完全可以将其归并到周边城镇或村庄进行管理，而不必为这几户人家建立单独的自治体，更没有必要让少数人去搞选举。第三，除过以上两类村庄，占当前乡村社会主体的是居于中间的不大不小的村庄。现代社会治理条件下这些村庄面临的情形是：大量的公共事务已经由政府承担，党组织在村庄管理中发挥领导核心作用，村庄经济活动交由集体经济组织承担。再考虑到市场化条件下农村居民普遍去政治化的特征，村民自治的最佳选择恐怕不是强化所谓的"民主"（特别是"选举民主"），而是突出加强"自治"（特别是"生活自治"）。

分工深化、去依附与乡村政经分开改革

陈 明[*]

摘　要：人类社会进步的根本动力来自分工的产生与拓展。传统乡村的现代转型是大规模分工渗透进乡村社会，带来依附性关系解体的过程。由于每个国家有着不同的"体制存量"，使得传统乡村的现代转型成为一个特定的政治经济问题。近年来，随着分工深化和专业农户崛起，中国乡村社会现代化进程正在逐步推进。这一背景下，对当前乡村社会中公共领域与私人领域、产权单元与治理单元、社区自治与社区民主等三个问题的分析，都指向政经分开这一改革目标。推行乡村政经分开改革，需要在治理体制、产权制度和自治制度等方面深入探索。

关键词：广义分工；依附性；乡村治理；政经分开

现代化的本质是人的现代化，人的现代化离不开能力的提升，这既包括个人能力也包括共同体（社会）的整体能力。而促进人类能力发生质的提升的，则是分工的出现与拓展。因此，在定义和讨论现代化有关的问题时，首先要扣住分工这个线索。一个现代化乡村的基本特征是：农业劳动生产率达到较高水平，城乡要素得以自由流动，农业产业政策与农村社会政策相对分离，乡村经济活动和社会治理实现专门化、专业

---

[*] 陈明，中国社会科学院政治学研究所副研究员。

化。① 表面上看，乡村治理水平与经济发展水平具有明显的相关性。其内在逻辑是：经济发展水平高意味着该地区经济活动的专业化、市场化程度高，其背后是经济分工的深化与拓展；这种情况下，人被卷入市场的程度加深，原有社会结构对人的束缚变弱，社会治理必然更为顺畅。从这个意义上讲，乡村治理现代化的一个重要前提是乡村经济社会分工的深化与拓展。本文的主旨即在于讨论分工深化、乡村依附性关系解体与乡村经济社会活动专业化之间的内在逻辑。

文章分为四个部分：第一部分，阐述经济分工之于社会进步的若干理论问题；第二部分，从传统乡村、农民形态、现代乡村三个维度讨论乡村社会去依附过程中蕴含的政治经济问题；第三部分，在分工深化和乡村去依附的背景下，通过乡村公共性、产权、自治等问题的讨论，提出乡村治理中的政经分开问题；最后一部分明确乡村政经分开改革的若干政策含义。

一 经济分工、扩展秩序与现代化的起点

长期以来，人们比较重视劳动分工的经济效应，但对分工的社会效应及其扩展秩序认识不够。不理解分工的政治社会意义，就难以把握人类社会现代化进程的本质，也就难以理解乡村现代化的真实意涵。

（一）经济分工及其扩展秩序

亚当·斯密在《国富论》的开篇即提出：劳动生产力的进步是分工的结果；人性中互通有无、物物交换和互相交易的倾向，是分工产生的根本原因；分工的兴起和深化，往往为市场规模所局限。② 这是理解经济分工的三条基本认识。斯密在提出分工理论时，主要关注的是分工在提升劳动生产率方面的作用，至多拓展到分工深化与市场规模的相互

---

① 党国英：《论城乡社会治理一体化的必要性与实现路径——关于实现"市域社会治理现代化"的思考》，《中国农村经济》2020年第2期。
② [英]亚当·斯密：《国富论》，郭大力、王亚南译，上海三联书店2009年版，第3—14页。

促进。而时至今日，分工的无限深化已经被视作现代经济增长的根本原因。

古典经济学理论认为，商品交换和远距离贸易促进了专业化和分工的产生。专业化是个体（组织）在已知的约束条件下作出经济决策的结果，专业化抉择的网络化则带来了分工的深化。专业化直接增强了个体（组织）的生产能力，分工的无限深化则带来全局性的报酬递增。二者互为表里共同促进了共同体（社会）总体能力的提升。这种能力，一方面表现为社会物质财富的极大涌流，财富积累的速度以几何级数增长；另一方面，又表现为财富"普及于社会一切不同的阶级"[①]，人与人在经济方面的平等大大增进了。

大规模分工的社会，财富积累和经济平等水平显著提升，进一步催生了社会其他方面的进步，这也就是哈耶克所说的"扩展秩序"，或者称为"广义分工"。如果要对这一演进过程作一简化分析，大体可以将其概括为：交换、分工、财富、产权、竞争、道德、法治、自由等。在这个过程中，分工具有超边际特征，不仅局限于经济领域中的超边际，而且从经济分工跨越到社会各领域的分工，即促进了政治、经济、法律等不同领域的专门化、专业化。这已经超越交换或者交易的本能行为，而是财富扩大到一定程度后为维护财富和竞争秩序而演化出的制度安排。

（二）分工扩展秩序的社会历史意义

马克思也认同分工所带来的扩展秩序。他认为，分工除了扩展到经济领域以外，还扩展到社会的其他一切领域，到处为专门化、专业化的发展，为人的细分奠定基础。[②] 不仅如此，马克思还对分工扩展秩序的社会历史意义进行了详细阐述，其内在逻辑大体包含以下机制：

一是劳动分工扩展为社会分工。"自然的差别，在共同体互相接触时引起了产品的互相交换，从而使这些产品逐渐转化为商品。交换没有造成生产领域之间的差别，而是使不同的生产领域发生关系，从而使它们

[①] ［英］亚当·斯密：《国富论》，郭大力、王亚南译，上海三联书店 2009 年版，第 7—8 页。

[②] 《资本论》第 1 卷，人民出版社 2004 年版，第 410 页。

转化为社会总生产的多少互相依赖的部门。在这里，社会分工是由原来不同而又互不依赖的生产领域之间的交换产生的。"① 二是分工预示着共同体的终结。"商品交换是在共同体的尽头，在它们与别的共同体或其成员接触的地方开始的。但是物一旦对外成为商品，由于反作用，它们在共同体内部生活中也成为商品。"② 这种趋势一旦展开，共同体也就离解体不远了。三是分工带来了个人的独立。"我们越往前追溯历史，从事生产的个人就越不独立，越从属于比较大的整体"，他本人就是"共同体的财产"。而分工将个人力量转化为物的力量，分工的进一步扩大则带来了生产和交往的分离，分工由此带来了社会关系的必然独立化。③ 这为现代社会秩序奠定了基础。

马克思进一步讨论了高度工业化条件下分工所带来的人的异化与复归。在他看来，分工只能靠分工不断深化加以消除。然而，分工和专业化水平也并非越高越好，因为分工深化会带来交易成本的上升，最优的分工水平应该能够在专业化所带来的报酬递增与交易成本之间达成某种平衡。但在发展中的一个重大悖论是，一个社会的专业化和分工程度越高，与交易有关的衡量成本便越大，发明有效伦理道德准则的成本也就越大。诺斯认为这一自相矛盾的难题，乃是发源于第二次经济革命的近代社会中许多问题的根本原因。④ 专业化和分工意味着社会复杂程度的加深，如何在一个高度复杂的社会中建立公正的社会秩序，是人类面临的时代命题。本文讨论的乡村社会分工和治理问题，很大程度上即寓于这一悖论当中。

（三）低度分工水平下的社会形态

人类借助于专业化和社会分工实现财富大幅增值，走出马尔萨斯陷阱，满打满算也不过二三百年时间。在此之前长达数千年的时间里，人类社会普遍处于低度分工水平状态。要认识分工及现代化的真实含义，

---

① 《资本论》第1卷，人民出版社2004年版，第407—408页。
② 《资本论》第1卷，人民出版社2004年版，第107页。
③ 《马克思恩格斯选集》第1卷，人民出版社1995年版，第107、118—119页。
④ [美] 道格拉斯·诺斯：《经济史上的结构和变迁》，商务印书馆1992年版，第65页。

有必要对传统社会的生存状态作一个描述,同时这也可以为乡村社会转型分析提供一个参照框架。

传统社会具有以下特征:一是生产特征。社会分工水平很低,导致生产效率低下、物质匮乏,用今天眼光看传统世界几乎是一个没有积累的社会。二是阶级特征。极少数特权者垄断绝大部分资源,社会等级秩序比较固定,社会流动性差,穷人的生存状况不易改善。三是交易特征。市场不发达且货币化程度很低,农民只是部分参与不完全的市场,契约关系约束下的交易活动无法大规模展开。四是治理特征。解决资源稀缺性问题依靠的是强制、惯例和权威,公共领域泛化与公共生活狭窄并存,人无隐私和自由可言,处于支配地位的是人与人、人与共同体之间的依附性关系及统治—服从关系。五是变迁特征。传统社会的变迁是通过"简单再生产"完成的——不断瓦解、不断重建、经常改朝换代,但是社会形态并无变化。①

传统社会里,市场化程度低、资源总量小、宗法力量强大,权势人物往往与有限资源相结合而产生贪欲和控制欲。他们为了更好的生存,就必须奴役和剥夺别人。由此不难看出的一个道理是,低分工、低效率人群凑在一起,必然形成一个压迫性、依附性的社会。传统社会,实际没有独立的城市经济,可以认为整个社会都是低度分工水平的社会,当然乡村尤甚。工业革命和大航海时代以来,城市率先进入现代社会分工体系,实现了现代化;而乡村特别是欠发达地区的乡村长期游离于社会分工体系之外,成为落后的代名词。乡村社会现代化的问题,实际上也就转换为如何使大规模分工渗透进乡村社会,促进乡村依附性社会关系解体的问题。

二 去依附:传统乡村转型的政治经济学

在发展经济学的框架中,传统乡村的转型实际就是一个经济结构变迁问题,分工问题的讨论也主要聚焦于其带来的效率提升上。现在我们认识到,乡村依附性关系的解体同样也是乡村社会卷入社会分工体系的

---

① 《资本论》第1卷,人民出版社2004年版,第415页。

结果。但这个过程的展开在任何国家都不是一个纯粹的经济问题,而是一个政治经济问题。因为每个国家都有自己独特的"体制存量"。

(一)传统乡村:分工介入和秩序扩散的最后堡垒

在全球化条件下,贸易互联、信息互通早已打破了传统的国界,国际分工体系在动态中不断深化。然而即便是在这样的条件下,全世界仍然有数十亿乡村居民处于封闭和半封闭状态,未能充分进入社会分工体系。揆度历史,可以发现无论是在发达国家还是欠发达国家,乡村从来都是分工深化最后的堡垒。这一方面受到社会分工演化规律的影响,另一方面又受到社会上下层结构之间关系的制约。

就社会分工本身的规律而言,乡村很难独立启动分工进程。斯密从人性中互通有无的交易倾向出发演绎出局部市场的必然性,进而认为分工的兴起与扩展受到市场规模的局限。① 波兰尼则认为,分工真正的起点是远途贸易,而非近距离交换。② 穆勒持有同样的认识:"在文明的早期阶段,当每一地区的需求肯定都很小时,产业只是在这样一些人当中蓬勃发展,这些人控制着海岸或通航河流,能把全世界或所有沿海地区或通航地区当作其产品的市场。"③ "如果他们(乡村)离最近的非农产业太远,以致不能把其作为吸收剩余产品的市场,从而不能靠其使他们的其他需要得到满足,那么一般说来,就不会生产出这种剩余产品或与其相等的东西。"④ 综上可见,传统时代乡村几乎占据全局,城市尚未得到有效的发展,近距离的城乡之间抑或乡村内部难以形成必要的商品市场,只有通过远距离贸易才有可能真正启动大规模分工。

分工与城市,实际上是互为表里的;分工一旦启动之后,必然带来城市的崛起。正如马克思所说:"一切发达的、以商品交换为中介的分工

---

① [英]亚当·斯密:《国富论》,郭大力、王亚南译,上海三联书店2009年版,第10—14页。
② [英]卡尔·波兰尼:《巨变:当代政治与经济的起源》,黄树民译,社会科学文献出版社2017年版,第112页。
③ [英]约翰·穆勒:《政治经济学原理及其在社会哲学上的若干应用》,赵荣潜等译,胡企林等校,商务印书馆1991年版,第153页。
④ [英]约翰·穆勒:《政治经济学原理及其在社会哲学上的若干应用》,赵荣潜等译,胡企林等校,商务印书馆1991年版,第144页。

的基础，都是城乡的分离。"① 城市大规模出现之后，分工深化的进程大大加快了。但这一进程却带有将乡村排挤到分工体系之外的技术性格。分工深化、贸易网络都先是在全球工商业系统中进行整合，同一地区的城乡之间虽然在地理空间上更加接近，但全球依存度却带有分工联系上的优先性。世界市场兴起之后，分工主要在全球工商业也就是城市之间展开，全球化实际成为城市的全球化。这个过程中，农业产业当然会介入全球分工链条，但其是作为城市经济依附者的形象出现的。更为重要的是，农业产业介入全球分工，甚至实现了农业经济向工业经济的转变，并不意味着乡村社会卷入了社会分工体系，更不意味着乡村现代化的实现。②

　　城乡分离之后一定会有一个再融合的过程，但这个过程是极其缓慢的。从现代社会兴起的大历史观来看，社会上层结构与下层结构的互动是影响这个过程的关键。黄仁宇对此作过深刻分析：现代化过程中，每个国家既要改组上层结构，适应新的法制；又要翻转下层结构，以便促进社会交换；此后还要重建或改组当中制度性的联系，实现上层结构和下层结构的适配。③ 纵观近代以来大国崛起的历史，因为经济社会条件的差异，不同国家的上下层结构调整通常遵循不同顺序。历史发展的事实是：英、美等国因为缺少严密的一元化控制体系，一旦条件成熟，上下层结构变化起来都很快；德、日等国历史上缺少统一的中央政府，上层的政治集权与下层的社会重组成了一个合二为一的过程；中国历史上私人产权比较发达，社会交换和分工的自由度要远远超过西方，但由于中央集权的政治文化性格不断绵延和递进，限制了下层结构的持续演化。

　　下层结构变化，归纳起来并不复杂。其实就是土地产权受到法律保护，社会领域各要素能够公平自由交换，资金融通、人才流动、技术扩散能够有效展开，使原来的农业社会逐步与商业社会习惯相适应。但在

---

　　① 《资本论》第 1 卷，人民出版社 2004 年版，第 408 页。
　　② 刘守英、龙婷玉：《城乡转型的政治经济学》，《政治经济学评论》2020 年第 1 期。
　　③ [美] 黄仁宇：《资本主义与二十一世纪》，生活·读书·新知三联书店 2015 年版，第 35、230 页。

改革开放之前的体制中,上层对下层的禁锢和压力不能放松,指令经济联通上下,分工体系难以嵌入,现代化的社会基础始终难以形成。改革开放后,上层放松了对下层的控制,社会分工体系才得以卷入乡村的经济社会进程,现代化逐渐具备了实现的条件。

(二)农民形态:分工深化与农民分化

改革开放以来,中国乡村先后经历了三波分工深化的浪潮。第一波是乡镇企业的兴起,第二波是民工潮的出现,第三波是专业农户的崛起。20世纪80年代,工业化开始大步前进,乡镇企业兴起给当时的中国乡村乃至整个中国带来了极大的冲击,但短短十多年间大多数的乡镇企业便销声匿迹,少量存活下来的也转制或转场。可以说,乡镇企业虽然短暂地将工业分工体系引入了乡村,但并没有在乡村生根发芽,也没有能够实质性改变乡村社会。20世纪90年代,城市化的大幕拉开,大量农民工涌入城市,这个过程一直持续到今天还没有结束。这个过程中,乡村充当的角色是为城市经济体系源源不断地提供劳动力供给,进城农民卷入了社会化大分工,但乡村社会亦未发生本质变化。总的来说,前面两波分工浪潮并没有直接触发乡村的分工深化和社会进步,但毋庸置疑的是这为乡村社会分工的启动奠定了基础。因为,如果没有全局性的工业化、城市化进程,农业商品化则无从谈起;如果没有上述进程带来的乡村人口减少和人地关系重组,农业商品化也只会带来过密的劳动投入,难以转化为乡村的现代化。

近十年来,第三波分工浪潮大规模启动,专业农户崛起成为中国乡村最典型的特征。农业的分工和专业化进程是积微成著、润物无声的,这个进程容易感知,但要总体概括则颇为不易。我们用三个替代性的指标来反映其中的变化。一是农林牧渔业总产值与第一产业增加值的比值,自1978年以来呈总体上升态势,体现出农业产业链的延长和迂回交易的增加;二是租赁作业费占直接费用的比例超过40%,已经比1978年时翻了一番,体现出农业生产内部环节分工的深化;三是特定区域内规模化种植的农作物品种在减少,各种作物的优势区域渐趋显现,体现出农业生产区域分工的逐步深化。① 这一波分工浪潮是实实在在归于农业、落在乡村的,其直接结果就是带来了农民的分化。当前,就典型农区而言,乡村中主要有三类农户:一类是专业农户,一类是小农户,还有一部分处于二者之间的过渡状态。

专业农户,是专业化程度高、技术水平高、经营收入高的商品化农业生产者。当前作为中国农业主导形态的是商品化家庭农业生产,其直接的组织单元是家庭农场,专业农户实际是家庭农场的人格化主体。还有一部分从事农业社会化服务的专业户,也可以归入专业农户范畴。根据大致的估算,农场主直接耕种的土地超过 5 亿亩,专业户通过社会化服务进行管理的土地达到 13.84 亿亩。这意味着,专业农户已经成为乡村振兴的中坚力量。

小农户的情况则要复杂一些。正确理解小农户的境况和内涵,需要把握两个关键问题。首先,小农户不同于传统社会的小农。在农民研究的传统中,小农是有着严格定义的。沃尔夫指出,理解小农的一个重要前提是整个社会以小农的租税和利润作为社会结构的基础,社会其他群体依赖小农供应的粮食和收入维系生存。小农这个概念,仅仅是反映了剩余生产者和统治者之间的一种不平等的结构性关系。② 显然,今天的小农户是不符合这一基础条件的。其次,绝大多数所谓小农户不是真正意义的农民。现在作为小农户主体的是老弱妇幼等留守人群,这部分人的主要收入不是务农,而是城市家人汇回工资;他们中的一部分已经将土地流转出去,剩余部分或许也干一点农活,但主要的农业生产是依靠社会化服务组织完成的。从这个意义上讲,绝大多数所谓小农户已经不是通常意义上的农民,他们是城市化的留守者或者说后备梯队。

无论专业农户还是小农户,都是分工深化的结果。专业农户是第三波分工的直接成果,而小农户实际是第二波分工的"家庭剩余",以家庭为单位看实际也已经纳入了社会分工体系。目前的乡村社会中,无论是专业农户还是小农户,都具有独立对接市场的权利和能力,只是具有不

---

① 陈明:《专业农户崛起与典型农区乡村振兴的政策选择》,《经济体制改革》2019 年第 5 期。

② Eric R. Wolf, *Peasants*, New Jersey: Prentice-Hall, 1966, pp. 10–12.

同的核算方式；二者都已经超越了传统时代低度分工水平下的农民的特征，成为具有独立行动能力和价值取向的行为主体。

（三）现代乡村：专业农户崛起与依附性的衰落

关于个人和共同体的进化问题，马克思提出了"人的依附关系"——"人的独立"——"自由个性"三个阶段的演进图式。① 今天的中国乡村，历经坎坷终于走到了人的独立性这一步，站在了现代化的门槛上。其核心逻辑无外乎列宁早已说过的"独立地和市场发生关系，同时造成人格的提高"②。

一些保守主义者认为，农民在现代化的过程中，遭遇了"强制商品化"被迫卷入资本主义的商品关系当中，从而丧失了自我维持再生产的自由。③ 这种认识很大程度上来自一些论者的想象，在理论上是肤浅的。100多年前，孟德拉斯在法国农民身上看到的景象是：在传统世界中得到塑造的农民可以悠然自得地在现代世界中活动。一旦那些"经济动机"并入严密的和有意义的经济规则，就会立刻被农民所接受。当这些缺乏文化的庄稼汉走出农场时，会以惊人的可靠直觉去创立一些全新的和非常适合现代要求的机构（如农业技术研究中心、农业集体利益协会、家庭乡村培训所等）。最终，现代农业核算方法导入了法国，这正是在他们的推动和要求下所获得的结果。④ 这个描述如果移植到今天的中国乡村，一点都不显得违和。专业农户规模升级和技术迭代的速度令人震惊。农业农村部监测的家庭农场平均规模达到400亩，农场跨越村庄乃至乡镇渐成常态；专门从事作物育种、花卉培育、水产养殖的农户与科研机构组成创新联盟，催生了推动科技进步的新型组织；山东的菜农、湖北的小龙虾养殖户已经超越一般性的生产者角色，开始在全国乃至世界各地开展技术指导，成为技术扩散的重要力量。

---

① 秦晖：《传统十论》，复旦大学出版社2003年版，第337页。
② 《列宁全集》第1卷，人民出版社1984年版，第376页。
③ ［英］亨利·伯恩斯坦：《农政变迁的政治经济学》，载叶敬忠主编《农政与发展当代思潮》第1卷，社会科学文献出版社2016年版，第17、28—29页。
④ ［法］孟德拉斯：《农民的终结》，李培林译，社会科学文献出版社2010年版，第12页。

专业农户深度卷入市场分工体系，生产效率和经营收入普遍提升。在广泛的市场契约协作网络的支持下，专业农户直接参与产业链上下游乃至全球市场的竞争与合作。这个格局下，他们的收入主要依赖自主经营和市场竞争，不需要借助宗法力量来维持生存和寻求庇护。他们的目光在更广大的市场上，小共同体中的超经济强制和依附性关系失去了作用空间。此外，无论是家庭农场还是社会化服务组织都是独立的生产经营单元，专业农户经营过程中必须独立面对市场风险并作出决策。这意味着，专业农户"人格的普遍提高"速度将远远快于普通农民，从而成为乡村现代化的引领力量。近年来，在专业农户支撑起的乡村中，小农户已经以各种方式实现了与现代农业发展的有机衔接。大部分的小农户具有独立核算意识和行动能力，而且其背后通常还有若干已经完成城市化的家庭成员支援。在相对收入和经济机会的引导下，小农户还在不断向城市迁移。即便是最底层的贫弱农户，在脱贫攻坚工作的带动下，也在经济上脱离了绝对贫困，并且进入了人格进步提升的轨道。各类农户以不同方式共同卷入市场分工体系，全面促进了传统乡村关系的解体和一个专业化社会的生成。

总之，商品化程度越高，依附性关系被社会分工和自由交易排挤得越多，乡村作为一个传统共同体的地位就越是风雨飘摇。作为乡村振兴的中坚力量，专业农户的独立和进步将成为整个乡村社会现代化的支撑，同时必然带动乡村社会关系登上一个新的平台。

三　政经分开：一个乡村治理现代化的制度基础

乡村人口减少条件下，经济分工扩大到乡村社会，带动农民能力提升和依附性关系解体，为乡村治理体制的调整开辟了新的空间。在这一背景下，乡村治理的若干现实问题，有了重新认识的必要。限于篇幅，只讨论最关键的三个问题：即公共领域与私人领域、产权单元与治理单元、社区自治与社区民主。这三个问题讨论的结果最终都指向同一个改革目标——政经分开，即实现乡村政治和经济事务的专门化、专业化。

（一）公共领域与私人领域

治理，本质上是国家对公共领域经济社会秩序的构造和调节行动。乡村治理是合理配置各种公共资源以构造乡村秩序的过程。因此，讨论乡村治理问题就必然涉及对公共性的认识。

近年来，一种关于乡村公共性认识的舛误流行市肆，影响甚广。这一认识大致由以下几个命题组成：一是税费改革之前，乡镇政府虽然强制征税，但是深刻理解农民诉求，会尽可能为农民提供公共品；取消农业税后，乡镇再也不关心农民的生产生活秩序，分散的农户难以通过合作解决公共品供给问题。二是在土地确权颁证、集体产权制度改革的背景下，资源资产量化到人，就会将社会还原为个体，从而让社会失去公共性。三是乡村治理中，村庄内部必须保持一定程度的政治性，通过调整土地能够激活村庄政治，从而带来乡村善治。[1]

这套逻辑在理论和实践上都禁不住推敲，其错误的根源在于对公共性概念的误读。一般来说，如果某项事务无法克服私人活动的外部性，就会认为这一事务具有公共性特征；公共品供给的行动空间通常被视作公共领域。从经济学上讲，一项事务如果能由私人活动完成并且不会给他人带来损害，那么就不应被归入公共领域，因为一旦纳入公共领域势必带来附加的交易费用。从政治学上讲，公共领域导源于个人利益与个人意识的社会实现。二者表述方式不同，但实际都指向同一个逻辑：即公共领域是以私人领域的边界来界定的，如果没有"私"就不会有"公"，这是现代公共性的核心要义。在传统中国，"公"表达的是一种内含共同性的先行于私的概念，这种共同性中不包含平民百姓的"私"（个人利益），其核心伦理是"均分"和"反利己"。[2] 显然，这种"公"的概念恰恰是对低度分工水平下依附性共同体状态的理论抽象。

正是由于混淆了传统和现代公共性概念的差异，上述认识把政府和

---

[1] 贺雪峰：《乡村治理与农业发展》，华中科技大学出版社2017年版，第62—63、153—156、230页；贺雪峰：《治村》，北京大学出版社2017年版，第111、245页。

[2] ［日］沟口雄三：《中国的公与私·公私》，郑静译，生活·读书·新知三联书店2011年版，第239、289页。

村庄组织视作乡村公共品供给的唯一来源,把产权改革明确的公私边界当成是公共性的最大敌人,把地权纠纷激活的政治性当成公共性的活力源泉。这是显而易见的三个反事实判断。首先,公共品供给的方式是一个时代范畴。纠纷调解、宗族祭祀等事务随着人口的疏解而迅速收缩;安全防卫、扶危济困正成为政府的一般性公共管理活动;一些人反复强调的共同生产,则通过专业农户的自主合作得到了很好的解决。其次,土地产权制度改革是改进乡村公共治理的基础。传统社会中所谓的公共领域实际是一种无限扩大了的"公共领域",其中的公共性实际是一种过分牺牲私人权利的"伪公共性"。乡村治理中大量问题,比如干部贿选、小官巨贪、乡痞横行等,都与"公私不分"有关。土地产权制度改革重建私人领域,非但不会造成公共性的丧失,反而是公共性的前提。最后,乡村的去政治化是乡村治理现代化的关键要义。新中国成立之际,我们靠激活农民的政治性来推进民主革命进程,但这也造成了农政问题始终与政治问题密切相连,带来不少麻烦。特别是在"政产不分"的条件下,往往导致土地问题的政治化,特殊的产权秩序成为乡村治理现代化的阻滞。

为破解乡村社会中公共权力与集体产权纠缠难解的复杂局面,中央对"政经分开"改革进行了专门部署。2015年中办、国办印发的《深化农村改革综合性实施方案》首倡"政经分开";2016年《中共中央国务院关于稳步推进农村集体产权制度改革的意见》再次要求有条件的地方"实行村民委员会事务和集体经济事务分离"。这一改革的逻辑实质是"公私分开":将土地等集体资产量化到人、确权到户,将产权问题交由专门的集体经济组织管理,社会治理聚焦到真正的公共领域,乡村治理现代化便具备了制度基础。

(二)产权单元与治理单元

还有一种观点,认为乡村的产权单元要与治理单元一致起来,这样二者就有了对称性,可以实现配置高效和治理有效。[①] 这种认识与上述公

---

① 邓大才:《产权单位与治理单位的关联性研究——基于中国农村治理的逻辑》,《中国社会科学》2015年第7期。

共性认识的舛误具有相似性，一定程度上可以视作上述认识的翻版。这个谬误可以用简单的反证法予以证伪。在城市中，产权单元是法人财产和个人房产，治理单元是街道、社区等基层网格，没有任何一个城市的产权单元和治理单元是重合的。难道能以此否认城市中产权配置和社会治理的有效性吗？不过，提出产权单元和治理单元的关系这一命题却并非毫无意义的，因为这与当前分工深化和去依附条件下的中国乡村变革密切相关。

产权单元与治理单元重叠，不是中华文明的传统。中国传统社会实行的是大一统下的编户齐民制度，国家直接向小自耕农抽税。为了防范地主豪强坐大，国家非但不会要求将产权与治权合二为一，还会通过分家析产、防范兼并等制度来限制产权单位的扩大。宋代以后，土地产权多数时期处于一种准私有状态，为扶弱济贫、祖先祭祀等需要而设立的公共产权比例很低。这种情况下，产权单元通常是家户，治理单元通常是村庄，二者长期处于分离状态。产权单元与治理单元的重叠曾经出现于人民公社时期，实际也就是"政社合一"体制。这一制度的典型特征是以规模替代效率，不求活力增强但求数量优势，即便不考虑公正性问题，也难以长期持续。一旦开放人口流动和产权交易，这种体制很快就会在实质上被打破，并演化为制度层面的变革。

将产权单元与治理单元一致起来的观点，仍然是从控制和汲取、而非从公共服务和社会活力的角度出发来思考社会治理问题的。但乡村社会基础结构已经发生重大变化，在分工深化和去依附的背景下，旧的体制已经失去了存续的空间。首先，随着改革深化土地产权逐步固化到家户，村庄集体的所有权权能已经十分有限；而在开放性的产权秩序下，产权流动早已打破了社区的边界。其次，村庄集体经济组织全面组建，村级治理体系则逐步成为国家正式治理体系的一个组成部分；前者朝着市场前行，后者被行政吸纳，二者已经渐行渐远。最后，作为乡村经济主体的专业农户深度卷入市场分工，其生产活动不但跨越社区，甚至跨越国界；乡村经济活动早已纳入市场调节的轨道，农民的经济空间与政治空间日益深刻地分离了。

现代社会中，产权和治理是以国家为后盾、由国家直接通达公民个人或法人的两类不同的制度安排。从制度单元的角度看，产权单元和治理单元本质上没有什么必然联系,更没有取得一致的必要。从公民个体的角度看,经济组织成员权和社区成员权是两种不同意义的成员权,两种成员权服从不同的制度逻辑。经济组织的成员权资格,一般来说通过经济投入或者股份合作制改革取得,其服从的是依据投入获得回报的经济逻辑;而社区成员权资格,通常依据居民的常住地获得,其服从的是公共服务均等化的政治逻辑。因此,要构建一个现代化的治理体系,必须把产权制度和治理制度、把经济组织成员权和社区成员权区分开来。这同样也是政经分开改革的核心要义之一,也是分工深化和去依附条件下乡村居民的普遍诉求。

在现代化的治理体系中,真正影响治理单元的不是产权单元,而是治理半径。治理活动要分出层级,基层治理事务琐碎繁杂,治理半径过大或者过小,都会对治理效率造成影响。因此城市中的街道社区,通常会随着人口规模的变动进行重划,以确保工作效率。但在乡村治理中人们却往往会忽视这个常识,一些地方组建了很多不大不小的居民点,公共服务低效问题长期得不到解决。乡村治理体系改革,很重要的一点就是依据乡村人口布局变动的趋势,重新划定治理单元,并通过适度引导使乡村人口朝着规模效率的方向迁移。这本质上是一个技术问题,具有政治中性的性质,可以大胆推进。

(三) 社区自治与社区民主

社区自治与社区民主实际是两个范畴,社区自治是针对社区与政府的关系而言的,社区民主则是针对社区成员间的关系而言的,二者不应混为一谈。自治是共同体成员自主管理共同体内公共事务的活动。自治与民主之间有交集,但不可能完全一致。在小共同体中,自治是民主的必要条件但非充分条件。传统中国乡村社会具有一定的自治色彩,但这种自治来自人对共同体及其领袖的依附,这种自治与民主毫无关系。至于选举,则只是民主和自治的一种操作方式,小共同体的自治与民主都不必然依赖选举实现。作为中国基本政治制度之一的基层群众自治制度,其制度的内核首先是自治,也就是解决群众日常生活中的自我管理问题;其次才是民主,解决自治体成员间的利益协调问题。

基层群众自治制度来自对村民自治实践的理论总结。然而,这一制度经过30多年的发展，却出现了一个尴尬局面——作为基层群众自治内核的"内生性自治"实际上被消解了。其中内含有两个问题：一是选举替代自治。二是行政吸纳自治。具体来说，一方面，原本是作为自治实现手段的"民主选举"在制度演化中替代自治成为了村民自治制度内核；另一方面，村民自治组织事实上已经成为国家政权的末梢，并且在被逐步的正规化。由此带来的一系列问题是：首先，一个既非熟人共同体亦非一级行政区划的行政村，既要承担行政功能，又要承担自治功能和民主价值，事实上是无论如何也做不好的。① 其次，随着乡村社会演化，村庄常住人口变化非常大，同样是村，少的只有几十人，大的逾万人，采用同样的治理体制显然已经不符合实际了。再次，较大规模的行政村实际是一个陌生人社会，在这样的社会中开展投票选举，这种做法带有相当强的扩散性，与国家治理的整体制度存在摩擦。最后，在分工水平比较低，社会依附性关系占据主导力量的乡村社会，人们对自治和民主的需求是比较低的；而在分工深化和乡村社会依附性关系解体之后，人们自治与民主的需求上来了，可村民自治制度却事实上被行政化的治理体系所吸纳了，这时基层群众自治以什么样的形式实现，又成为一个新的问题。

针对这些问题，需要对当前乡村治理体制进行调整。一是重建社区自治。村民自治之所以难以为继，根本原因是列入自治的内容太多，而且把大小事务交由"民主投票"处理。很多事项事关全局性治理，使得政府不得不出手；还有很多事项关乎村民私人领域，村民也不断伸张权利。以至于有人说民主程序最难的地方，是在于确定哪些事务不是由民主投票决定的。② 从这个意义上讲，基层自治的未来首先是要缩小自治范围，关乎全局性的治理问题和关乎私人性的产权问题都应该退出自治领域，基层自治回归日常生活领域公共事务的自主管理。二是调整治理单元。社区自治中最好不要形成派系纷争，因为基层自治的价值就在于养成公民集思广益以谋公共福利的习惯，维持邻里间的友好关系。如果派系纷争、利益竞争成为人们行为的动机，人们就会互相猜疑，上述自治

---

① 秦晖：《农民中国：历史反思与现实选择》，河南人民出版社2003年版，第29页。
② 周其仁：《城乡中国》（下册），中信出版社2014年版，第16页。

的价值和意义也就不存在了。[①] 如果在规模较大的村庄中实行投票选举，这一问题就难以避免。因此要实现这个目标，调整乡村治理单元就成为一个必然举措。核心思想是：正式治理的单元要调大，建立正式的政治与行政机构；基层自治单元要调小，不再设立专门的权威机构。三是改进自治方式。过去我们一直认为自治就一定要建立一个公共权威，而最符合现代治理理念的方式似乎就是选举，这就使得基层自治带有了政治意味。实际上，自治完全可以从政治范畴之外的意义来理解，如果共同体成员能够一起制定公共事务的目标，则可以认为实现了自治，同时也实现了民主。[②] 在乡村去依附的背景下，乡村居民的独立性、自主性都大大增强，在一个小规模的共同体中，开展直接协商的条件是具备的。通过上述调整，可以全面建立社区自治制度，至于社区内部哪些公共事务需要选举或投票由自治体依据自身条件确定，政府只管法治底线。

四　乡村政经分开改革的政策含义

基于前述若干理论和现实问题的讨论，最后提出支撑乡村政经分开改革的若干政策建议。

第一，治理体制。推行政经分开改革，核心是实现乡村经济活动和社会治理的专门化、专业化。一是农业产业政策和农村社会政策功能分开，产业政策直接瞄准专业农户，社会政策直接瞄准农村居民，减少村庄组织的政策承接任务。二是土地产权管理与乡村治理体系功能分开，土地产权及集体经济事务交由集体经济组织负责，完善从集体经济收入中提取乡村治理经费的相关财务制度。三是生产性合作与村民自治活动功能分开，能够由专业农户通过自主联合完成的生产性合作一般不再通过自治组织进行动员，村民自治的重点聚焦到村庄日常生活领域的自主管理。

[①] ［英］詹姆斯·布赖斯：《现代民治政体》（下册），张慰慈等译，吉林人民出版社2001年版，第940页。

[②] ［美］卡尔·科恩：《论民主》，聂崇信、朱秀贤译，商务印书馆1988年版，第8—9页。

第二，产权制度。产权与治权分开后，还要依据村庄类型继续深化土地产权制度改革。一是城中村、城郊村和经济发达村在集体产权制度改革基础上，逐步建立适度开放的股权交易流动机制。二是典型农区村庄逐步赋予成员农村权益退出权，允许通过空间重组和专业农户再联合建立现代公有制体系。三是"超级村庄"推行村企分开，推进村办企业（集团）股权结构改革，建立现代企业制度。

第三，自治制度。一是修改《村民委员会组织法》《城市居民委员会组织法》，减少自治事务内容。二是缩小自治单元，打破以土地所有制为基准的集体经济组织所框定的范围，依据熟人社会的规模和聚居方式灵活设置自治体。三是在若干自治体之上设立党组织和行政组织，上级党政组织指导和规范自治体运作，可以考虑不必将党组织、自治组织、集体经济组织嵌套在一起。

制度、体制与机制：立足中国政治话语体系的概念辨析

涂 锋[*]

摘 要：在学术理论以及政治论述的语境中，制度、体制和机制是三个适用极广的概念。这三者之间内涵接近却又存在关键差异。本文试图立足当前中国的政治话语体系，对这三个概念的内涵加以辨析。本文认为，这三者同属于针对行动主体的规则约束，但是在结构化程度上存在本质区别。其中，机制处于最微观层面，影响直接同时易于调适。体制属于更中观层面，同时在政治话语中也侧重其可调整、可改革的特征。而制度这一概念则应分为两个不同维度，即局部意义上的功能性制度与整体意义上的政治性制度。后者的制度范畴包含了党的十九届四中全会中提出的各项重要制度。在中国的政治话语体系中，这一"制度"概念是构成中国特色社会主义制度的主体内容，也是我们所要坚持和完善的制度对象。

关键词：制度；体制；机制；政治话语体系

党的十九届四中全会提出了"坚持和完善中国特色社会主义制度，推进国家治理体系和治理能力现代化"这一重大命题。党的二十大也提出"不断彰显中国特色社会主义制度优势"，并将之更好转化为国家治理效能。当代中国乃至世界各国的实践均表明，制度优势是一个国家的最

---

[*] 涂锋，中国社科院政治学所助理研究员。

大优势，制度层面的竞争也是国家间最为根本的竞争。归根溯源的说，是中国制度成就了"中国之治"。①因此在当代中国政治的话语体系中，"制度"这一概念的重要性也就越发凸显。实际上围绕"制度"这一主概念，正在形成一个日渐丰富完整的概念集群，包括根本制度、基本制度、重要制度、治理体系、体制与机制等。这些概念之间彼此关联协调，正成为一个全面系统的理论表述，在构建中国特色的话语体系、阐述"中国之治"的深刻内涵方面发挥了关键作用。

在上述概念集群中，有些概念比如说根本制度、基本制度等已经在理论层面上有了比较明确的阐述。与此同时，仍有部分概念由于其理论内涵接近，相互关系交叠等原因，还需要在学术研究层面进行更进一步的辨析。这其中，最为突出的就是"制度、体制和机制"这三个概念。在当前的政治话语、学术话语体系中，制度、体制和机制都属于高频词。但是，这三个词的各自内涵却具有相当程度的模糊性，彼此之间易于形成混淆。作为重要的学术概念，许多涉及这三个词的使用场景中也缺乏更为清晰明确的界定和依据。为此，本文以中国话语体系为语境基础，尝试结合政治与学术话语体系对这三个概念加以考察辨析。

一 "机制"概念的辨析

从学术研究的角度来说，制度、体制和机制这三个概念具有较强的理论共性。在社会科学研究领域，"结构/主体"二分框架可以追溯到学科形成的早期，这一经典的二分框架也构成了整个社会理论的基本问题之一。② 就制度、体制和机制这三个概念而言，它们都属于规范行为主体的客观条件，因此也就同处于结构这一端。就概念内涵而言，三者都包含着规则安排与程序约束的内容，其对应面则是主体与行为。

---

① 《求是》编辑部：《中国制度成就中国之治》，《求是》2020年第1期。
② 这一"结构/主体"（structure/agency）的框架构成了整个社会理论领域中的经典二分对立。这一对立意味着行动实践与结构约束，微观研究与宏观研究之间的张力与矛盾。参见［英］布莱恩·特纳编《Blackwell社会理论指南》（第2版），李康译，上海人民出版社2003年版，第10页。关于该二分框架的具体理论，参见该书的第二篇"行动、行动者、系统"。

在这一概念内涵的共性之下，制度、体制和机制的本质区分体现为规则约束的结构化程度差异。这其中，"机制"是相对最容易厘清的一个概念。简要而言，机制就是指最直接作用于主体或影响行为的表层规则。机制的内涵涉及两个基本特征。其一，机制是一种围绕更具体行为的规则安排。相比制度和体制，机制作为一种规则约束，其结构化程度最低，同时也最为贴近主体行为。因此在政治话语体系中，机制的指向通常都是偏微观具体的，比如说有"代表联络机制""基础货币投放机制""科技成果转化机制"等表述。其二，机制的另一个指向是偏向于动态变化，因此是一种更具灵活性同时也更易于调适的规则。机制的变化最直接地触及主体的利益偏好，也最容易经由机制调整来引发行为改变。也就是说，机制对于主体行为有着较为直接、稳定而明确的影响。就此而言，机制的确属于"可以被解释的有着固定互动规律的因果关系"，而在环境条件限定的前提下，其引发的因果关联也与定律接近。[①]正是因为这一缘故，如果试图经由规则调适来快速、直接地改变主体行为，那么在实践中也大都是从机制层面来入手的。机制的以上这两个特征，就使得在政治及学术话语中都很容易形成诸如"激励机制""机制创新""运行机制"等表述。这些表述的总体含义就是指，机制这一概念直接指向了动态过程，同时也最明确直接地影响到主体行为及相应结果。而且，"机制"概念在英文中对应 mechanism 一词，其含义即是"作某事的方式（a way of doing something）"。[②]从这一词语的解释来看，也是强调行为及过程这两个关注点。

与此同时，正是因为机制影响更为直接和更具明确性，这一概念的适用范围是有局限的。相比制度与体制，机制属于一种微观层面的规则安排。在结构和主体的二分框架中，机制也始终位于离主体最为贴近的结构化领域。机制只能表现为直接作用于主体、结构化程度也较低的表层规则，而不像制度和体制那样能够适用于更大范围。因此就对于主体

[①] 参见赵鼎新《社会科学研究的困境：从与自然科学的区别谈起》，《社会学评论》2015 年第 4 期，第 3—18 页。

[②] 参见剑桥英文在线词典，https：//dictionary.cambridge.org/us/dictionary/english/mechanism，查阅时间 2023 年 4 月 6 日。

的影响效果来说，机制的长处是效果直接和易于调适。相反，机制的弱点则是影响范围相对有限，尤其是难以提升和扩展到宏观层面。

二 "制度"概念的辨析

相比机制而言，制度和体制这两个概念就更具模糊性。尤其是制度一词，在政治话语中被大量运用，被指代各种层级、性质都具有明显差异的规则安排。因此，制度的含义最容易引发混淆，也最需要进行一番深入地辨析。在政治学的学科范畴之内，制度的概念是相对清晰的，其对应的英文也比较明确，就是 institution。比如说，在牛津版的《政治科学新手册》及罗斯金的《政治科学导论》中，都是使用 political institution 这一表述。[1]

但是在中国政治的话语体系中，"制度"却有着不同的内涵与指向。其一，制度可以分别指代一般描述性的制度规则，或者是更为明确的制度对象。在相关政策文献的英文翻译中，这两种指代也是对应于 institution 和 system 这两种不同表述。比如说在党的十九大报告的官方英文译本中，对于"制度建设"就采取 institution building 的表述。同样的，对于"把权力关进制度的笼子""健全民主制度"等也是采用 institution 一词。显然，这里的"制度"都是指一般意义上的非特指的制度规则。而对于"中国特色社会主义制度""人民代表大会制度""基层群众自治制度"等，则都是采用 system 一词。这些表述中的"制度"都是特指对象，而且都属于重要制度的范畴。[2]

其二，制度的含义还有另一个区分，就是可以指代较为微观维度上的功能性制度，或者是更为宏观维度上的政治性制度。当然，这里的微观和宏观区分是在国家制度体系的尺度上来比较的。就前者而言，"制度"的含义是泛指的，包括所有功能性的制度规则，比如说"社会保险

---

[1] 参见 Robert E. Goodin and Hans-Dieter, klingemanned., *A new handbook of political science*. New York：Oxford University Press, 1996, 以及 Michael G. Roskin, Robert L. Cord, James A. Medeiros and Walter S. Jones, *Political science：An introduction*, New Jersey：Prentice Hall, 2017。

[2] 关于党的十九大报告的中英对照，参见《中国日报》网：http：//www.chinadaily.com.cn/interface/flipboard/1142846/2017－11－06/cd_34188086.html。

制度""住房制度""人事制度"等。相比而言，后者就属于范围限定的政治性的"大制度"范畴，尤其是特指目前已经形成相对完整序列与表述，在整个制度体系中起到"四梁八柱"作用的"根本制度、基本制度、重要制度"。[①]比如说在政治范畴领域中，就有"党的领导制度""人民代表大会制度""马克思主义在意识形态领域指导地位"这三项根本制度。[②]实际上，前者的功能性制度更具有行政或者政策领域的特征，与之相比的则是后者鲜明的政治性特征。因此从这第二种区分中，我们可以看出不同制度表述的另一个要点，即前者的功能性制度大都仍然处于持续的改革变化之中，典型如社会保险制度的改革、人事制度的改革等。而后者则归属于中国特色社会主义制度这一严密完整的科学制度体系。对于这一类整体性的政治性制度，则必然属于我们要去坚持和完善的对象。

综合以上分析可以得出一个基本判断，中国政治话语体系中的"制度"概念并不完全对应于纯粹的学术化语境。这尤其表现为"制度"一词在政治论述中存在不同维度上的含义区分。"制度"一词可以指代宏观维度上政治性的制度规则；也可以用来描述微观维度上功能性的规则安排。就后者而言，它实际上更符合制度的一般学术性含义，即可以包含任何具体的制度性规则。而前者在政治话语中却是具有特定指向的。比如说如下表述，"中国特色社会主义制度，坚持把根本政治制度、基本政治制度同基本经济制度以及各方面体制机制等具体制度有机结合起来"。[③]这一表述中，前三个"制度"都是指第一种整体宏观维度上的政治性的制度概念，而最后一个"制度"则是指第二种具体微观意义上的功能性的制度概念。而在当前的政治话语体系及现实实践中，这两种制度的表述在其内涵、重要性及政治地位方面都是存在明确

---

① 《党的十九届四中全会回答了重大政治问题——坚持和巩固什么、完善和发展什么》，《人民日报海外版》2019年11月13日。

② 这其中，后两项是在党的十九届四中全会《决定》中有明确提及，第一项则是出自习近平总书记在党的十九届四中全会第二次全体会议上的讲话。

③ 习近平：《紧紧围绕坚持和发展中国特色社会主义学习宣传贯彻党的十八大精神》（在十八届政治局第一次集体学习上的讲话，2012年11月17日），载《十八大以来重要文献选编》（上），中央文献出版社2014年版，第75页。

区分的。

在中国政治话语体系,功能性制度的含义是一直存在的,而政治性制度的含义则仍然处在形成建构的过程之中。党的十九届四中全会上对于"制度"的高度重视使得这一建构过程得以加速进行。实际上正是在这次全会的《决定》中,正向列举出了十三个方面超过五十项重要制度。通过这一方式,在制度体系层面,中国特色社会主义制度的整体架构得到了进一步地构建发展。同时在话语体系层面,政治性的制度范畴也得以更加完善成型。

三 "体制"概念的辨析

在学术话语体系中,体制比机制更综合化,对于主体而言也是一种更具复杂性的规则约束。"体制"概念在英文中一般对应 system 一词,其涵义是指由上文所述之局部的功能性制度所组成的一套规则系统。因此,体制通常都具有体系特征,或者说具有更强的综合性。比如说,政治体制(political system)这一概念就是指由各类具体的法定制度所组成的一个集合体,也就是一般所讨论的国家及政府。[①]然而在政治话语体系中,体制这一概念虽然也是表述规则,但是其结构化程度和稳定性地位则处于宏观政治性的"制度"与"机制"之间。而且在政治重要性方面,体制与机制更为接近,同时二者又都要低于宏观制度。因此在政治话语中,经常会采取"制度与体制机制"的表述方式,其含义就是将体制与机制并列,而与制度相区分。

除了重要性程度之外,体制与机制更大的一个类同点在于,体制概念往往是侧重于可调适变化的规则。与之相对比的,则是整体宏观性的"大制度"所具有的持续稳定状态。实际上,这一点也构成了体制概念之于宏观制度概念的关键性区分。制度一词侧重于稳定性,体制一词则蕴含其变化性。因此,在政治话语体系中采用"体制"概念,通常都是为了强调相应规则安排具有进一步调整或改革的空间。与之相区别的,自

[①] 参见不列颠百科在线,https://www.britannica.com/topic/political-system,查阅时间 2023 年 4 月 6 日。

然是需要去坚持和完善的宏观"制度"概念。实际上，这也是改革开放以来多采用"体制改革""体制机制改革"之类政治表述的一个基本原因。而在学术研究中，则多采用"体制变迁""体制创新"这样的表述。①

再引申一步来说，"体制"概念还可以代指更具包容性、更体现多样性的规则形式。这一点与体制所具有的改革特征一脉相承，而且在政治话语体系中也有着充分的历史渊源。比如说，毛泽东在革命战争时期就采用过"国家体制"的概念来论述世界上不同政权的三种阶级性质与划分形式。②邓小平也采用"政治体制"的概念来引出对国家政治的三条评价标准。③在这两个用法中，都是采用体制概念来凸显一种多样性含义，即体制是指包含了不同形式和类型的规则。此外，邓小平在涉及改革的论述时，就更是经常性地使用"体制"概念，比如说"体制搞得合理，就可以调动积极性"④；又如"现在中国的经济管理体制权力过于集中，应该有计划地大胆下放"。⑤在这些改革论述中所使用的体制概念，明显是强调相关规则安排是可以变化的，同时也是应该予以改革的。

四 概念相互关系及延伸讨论

综合上述对制度、体制与机制的概念辨析，我们将可以对这三者之间的相互关系形成一个相对清晰的理解，并形成如下几点认识。

首先，概念之间的层次递进关系。制度、体制和机制这三个概念都是相对于主体的、客观性的规则安排。同时，这三者在内涵范围及结构

---

① 王绍光：《学习机制与适应能力：中国农村合作医疗体制变迁的启示》，《中国社会科学》2008年第6期。以及，贾康、白景明《县乡财政解困与财政体制创新》，《经济研究》2002年第2期。

② 《新民主主义论》（1940年1月），载《毛泽东选集》第2卷，第675页。

③ 《怎样评价一个国家的政治体制》（1987年3月27日），《邓小平文选》第3卷，第213页。

④ 《关于科学和教育工作的几点意见》（1977年8月8日），《邓小平文选》第2卷，第54页。

⑤ 《解放思想，实事求是，团结一致向前看》（1978年12月13日），《邓小平文选》第2卷，第145页。

化程度上具有层次递进的关系。其一，机制是内涵最窄、结构化程度最低的一个概念，是针对具体行为和运行的表层规则。机制的适用范围最小，也最容易进行变动和调适。其二，体制是内涵更广的一个概念，指代结构化程度更高、更具复杂性的的规则安排。体制也更具综合性，其中往往包含一组相互关联的具体规则，并形成一个整体性的规则系统。其三，制度是内涵最大的一个概念，兼有局部与整体两个维度。制度在局部维度是泛指任何功能性的规则安排，实际上也就是学术话语中的一般性制度概念。而在整体维度，制度则特指政治性的规则架构。在当代中国的政治话语体系中，尤其是自党的十九届四中全会之后，这些宏观"大制度"就包括了中国特色社会主义制度体系中的各项根本制度、基本制度及重要制度。

如果可以用"制度（1）"来指代一般学理意义上的功能性制度范畴，用"制度（2）"来指代特定的政治性制度范畴，那么制度（2）可以视作是制度（1）中的一个特别类型或子集。而且实际上就内涵范围来说，由于制度（1）是泛指各种类型的规则安排，体制与机制也都属于制度（1）的子集。同时，体制和机制又是制度（2）的构成要素。因此在政治话语体系中，这一组概念在内涵方面就是符合如下关系：

$$\{机制\} \subset \{体制\} \subset \{制度（2）\} \subset \{制度（1）\}$$

与此同时，就政治话语体系中的重要程度而言，这一组概念符合如下关系：

$$制度（2）＞体制＞机制＞制度（1）$$

其次，概念之间的权变关系。在内涵关系之外，这一组概念的另一个重要区分是在规则安排的稳定性方面。在政治话语体系中，当"制度和体制机制"被一并使用的时候，这其中的"制度"一般都是指政治性的制度（2）。而在这种情况下，三个概念的关键区分则在于：制度概念强调其稳定不变的特质，体制与机制概念则更加凸显其灵活调整的特质。所以在政治话语的表述中，对于制度都是采取"坚持与完善"，而对于体制和机制就更多是采取"改革"或"创新"的表述。

实际上，这一稳定与灵活的关系也可以类比中国传统哲学中的经权论。具体来说，就是制度概念是表示恒常的一面，而体制机制概念则意味着权变的一面。而经权的基本关系属于常道与变通的关系，比如说经权合道、执经达权等，在本质上则是原则性与灵活性的辩证关系。因此在整个中国特色社会主义制度体系中，制度概念实际上代表着初心使命的一个维度，而体制机制则代表着与时俱进、改革创新的另一个维度。在理论学说及实践中，这种经权关系也就体现为守正创新，在坚持制度自信的同时不断进行开拓创新。这样，制度和体制机制之间就必然构建成为一种相互契合且互为支撑的辩证统一关系。

再次，概念之间的系统化关系。制度、体制和机制虽然在结构化程度与权变关系上存在区分，但是这三者却同时具有规则系统意义的紧密联系。在理论以及实践层面上，当代中国的政治制度都是一个严密完整的规则系统，即中国特色社会主义制度体系。在这一制度体系中，各类具体国家制度的基本关系必然是紧密相连、相互协调的，决不能处于各自疏离的局面。由此，各项制度不仅要应用于各自领域解决具体问题，更要能相互协调聚成合力，服务于治国理政的大目标。

在这一规则系统中，最关键的就是党领导下管理国家的制度体系。在这一制度体系中，包括了"经济、政治、文化、社会、生态文明和党的建设等各领域体制机制、法律法规安排"，实际上也就是作为国家制度集中体现的国家治理体系。[①]因此就治国理政的角度而言，各类规则安排就更加系统化。而实现国家治理体系现代化，就意味着制度、体制和机制必须形成一个有机整体。一方面，要实现各项根本制度、基本制度和重要制度之间的功能性协调与制度性衔接，以更好地坚持与完善中国特色社会主义制度体系。另一方面，还要在相关体制与机制领域不断改革创新，以切实提升国家的整体治理能力。总而言之，只有将制度、体制与机制视作一个系统化整体，强调三者之间的辩证统一关系，才能夯实"中国之治"的制度根基，实现国家治理现代化的目标。

[①] 习近平：《切实把思想统一到党的十八届三中全会精神上来》，《求是》2014年第1期。

国际视野中的中国治理

毛 盾*

摘 要：改革开放40多年来，中国的发展取得了令人瞩目的成就。经济快速发展和社会长期稳定的"中国奇迹"，引发了国际社会的广泛关注。越来越多的海外学者开始从治理实践中发掘"中国之治"的成功密码。他们肯定了中国治理取得的巨大成功，分析了中国治理蕴含的制度特色，总结了中国治理的成功经验。系统梳理海外相关研究成果，有助于我们及时把握国际社会对中国治理的认知和评价，厘清"中国之治"背后的力量源泉与改革难点，同时为世界贡献中国智慧和中国方案。

关键词：治理；中国之治；海外中国研究

过去40年，中国作为世界上最大的发展中国家，在国家治理能力和治理效能上取得了突出成就，创造了经济持续高速增长和社会长期稳定的"中国奇迹"。许多海外学者对中国之治给予了高度评价。容凯尔（Guy De Jonquières）等学者认为中国的经济崛起让整个世界为之震惊[1]，随之而来的是贫困人口急剧减少与民众生活水平的飞速提高，中国人均

---

* 毛盾，中国社会科学院政治学所博士后。

[1] Guy De Jonquières, "Who's Afraid of China's High-Tech Challenge?" ECIPE Policy Briefs, July 2013, ECIPE, 2021, https://ecipe.org/publications/whos-afraid-Chinas-high-tech-challenge/.

预期寿命已从 1961 年的 44 岁[1]提升至 2019 年的 77 岁[2]，增长近 75%。社保领域尽管仍存在区域差异，但已取得显著进步[3]，例如，城镇职工基本医疗保险、新型农村合作医疗保险等覆盖面稳定在 95% 以上[4]。基于执政表现，中国民众对政府信任度与日俱增。亚洲民主动态调查（Asian Barometer）指出，中国民众对政府的信任比例达 93.1%[5]，而国际民调机构益普索（Ipsos）最新民调显示，高达 99% 的中国公民认为中国政府正行进在正确的方向上；反观同期法、美两国数据，这一比例仅为 26% 和 41%[6]。

中国所展示的发展潜力与西方发达国家在不同层次不同方面所面临的治理困境形成了强烈对比。近年发生的法国"黄马甲"运动（Les Gilets Jaunes）、西班牙加泰罗尼亚独立运动（Llibertat）与美国"黑人的命也是命"运动（Black Lives Matters），显示西方主要经济体普遍面临的社会撕裂问题[7]，而周期性金融危机则鲸吞着西方经济支柱——中产阶级的财富[8]。在西方治理模式面临失能之际，中国治理模式的突出特点如持续推动经济发展的同时保障社会安宁，让亟待解决发展和贫困问题的第三世界国家看到了新的希望。这使布朗（Kerry Brown）和贝纳（Thorsten Benner）等部分西方中国观察者产生了危机感，认为中国模式"为全世

---

[1] Soeren Mattke et al. , "The Role of Health Care Transformation for the Chinese Dream: Powering Economic Growth, Promoting a Harmonious Society. ", RAND Corporation, 2014, http://www.jstor.org/stable/10.7249/j.ctt6wq8fd.

[2] 王琳琳：《人均预期寿命77.3岁：我国主要健康指标居中高收入国家前列》，2020 年 10 月 14 日，http://www.gov.cn/xinwen/2020 - 10/14/content_ 5551288. htm。

[3] Xian Huang, "Four Worlds of Welfare: Understanding Subnational Variation in Chinese Social Health Insurance", *The China Quarterly*, pp. 449 – 474.

[4] 李红梅：《我国基本医保参保覆盖面稳定在95%以上》，《人民日报》2021 年 3 月 10 日。

[5] "Date Release", Hu Fu Centeer for East Asia Democratic stuelies, http://www.asianbarometer.org/data/data – release

[6] "what worries the world", IPSOS, April, 2020, https://www.ipsos.com/sites/default/files/ct/news/documents/2020 – 04/what-worries-the-world-april-2020-ipsos. pdf.

[7] Guth, J. L. , & Nelsen, B. F. , "Party choice in Europe: Social cleavages and the rise of populist parties," *Party Politics*, June 2019.

[8] Sawhill, I. V. , "The middle class faces its greatest threat since the 1930s", The Brookings Institution, March 20, 2021, https://www.brookings.edu/opinions/the-middle-class-faces-its-greatest-threat-since-the-1930s/.

界树立了一个成功替代美国民主制度的榜样,而后者已被经济不平等、种族动荡和暴乱所玷污"[1],是"西方国家迄今为止所遇到的最大挑战"[2]。西方学术界也对中国模式的治理效能与其产生的根本原因产生了辩论。

本文通过梳理海外学者对党的十八大以来中国治理研究的进展,并与同期国内学界相关研究进行比较,从国际视野出发针对中国模式的治理展开讨论,力图从海外中国研究视角对中国模式的治理效能、所涉合法性问题、关键困境进行探讨,剖析西方学界如何看待中国之治,厘清中国之治背后的力量源泉与改革难点。

一 中国模式的治理效能

近年来,因决策过程中缺乏周全考虑,以美英为首的西方国家正面临治理失能的危机[3]。经济增长放缓、贫富差距拉大、社会撕裂加剧和政治陷入极化僵局是西方国家治理失能的表征,而"政治衰败、三权分立横向阻滞和联邦制纵向杠隔的矛盾与自由魅化催生的不可治理性问题等是为明证"[4]。此外,一些照搬西方治理模式的发展中国家也落入了"治理混乱和政治泥潭"[5]。反观中国,得益于中国治理模式即"在党领导下管理国家的制度体系"[6],中国在经济增长、社会稳定、科技发展和环境

---

[1] Stockman, F., "Rising to the Challenge of China", The New York Times, March 18, 2021, https://www.nytimes.com/2021/03/18/opinion/biden-china.html?_ga = 2.42189548.8745309 32.1616377135 – 544278187.1609922066.

[2] Benner, T., "China Is the Most Difficult Strategic Challenge the West Has Faced to Date", SPIEGEL ONLINE, March 15, 2021, https://www.gppi.net/2018/03/15/china-is-the-most-difficult-strategic-challenge-the-west-has-faced-to-date.

[3] Hager, C., "Revisiting the Ungovernability Debate: Regional Governance and Spawl in the USA and UK," *International Journal of Urban and Regional Research*, Vol. 36, No. 4, 2012, pp. 817 – 830.

[4] 杨志军、徐琳航:《现代化富足的矛盾:西方国家治理体系失灵与政治衰败分析》,《浙江社会科学》2021年第3期。

[5] 张树华:《党和国家机构改革提升政治效能》,《中国社会科学报》2018年3月23日。

[6] 姜晓萍:《国家治理现代化进程中的社会治理体制创新》,《中国行政管理》2014年第2期。

保护等方面都取得了令人侧目的成绩。

（一）经济持续繁荣

作为世界上最大的发展中国家，中国在 2010 年超越日本成为世界第二大经济体后，经济增长速度在全球主要经济体中首屈一指（见表1）。近年来，中国经济发展进入强结构、稳增长的新常态，这是"中国经济的总体质量、效益、生态及可持续性向中高端水平迈进"的结构性减速时期[①]。虽然不少海外学者认为中国经济已经"硬着陆"并开始评估其对世界的影响[②]。然而在参考了中国历年国内生产总值（GDP）增长率、最终消费支出对经济增长的贡献率、工业生产增长率和人均可支配收入增长率等数据后，西班牙中国问题专家胡利奥·里奥斯（Julio Rios）认为，中国政府在发展模式转型的大背景下所进行的经济结构的调整方向是正确的，而且技术和环境也因纳入生产过程考核而得到了明显改善[③]。在此背景下，尽管中国自 2018 年以来被迫卷入美国挑起的贸易摩擦、科技打压，中国的经济增长速度仍保持在美国的 2 倍以上（见表1）。2020 年，在新冠肺炎疫情蔓延全球，国内国际市场因疫情封锁而陷入萎缩的庞大压力下，中国依然成为世界主要经济体中唯一实现经济正增长的国家[④]。进入 2021 年，中国第一季度 GDP 增长率更是高达 18.3%[⑤]，表明中国经济率先回归发展轨道并有新的提升。

中国经济交出的成绩单离不开中国治理模式推动，其根本是中国共

[①] 李扬：《中国经济新常态与改革创新》，中国人大网，2015 年 7 月 10 日，http：//www. npc. gov. cn/zgrdw/npc/xinwen/2015 - 07/10/content_ 1941431. htm。

[②] Ahmed, S. et al., "Global spillovers of a China hard landing", International Finance Discussion Papers 1260, 2019, https：//www. federalreserve. gov/econres/ifdp/files/ifdp1260. pdf.

[③] ［西］胡利奥·里奥斯：《解码中国经济数据》，《西班牙中国政策观察网》2019 年 7 月 17 日。

[④] Cheng, J., "China Is the Only Major Economy to Report Economic Growth for 2020", The Wallstreet Journal, January 18, 2021, https：//www. wsj. com/articles/china - is - the - only - major - economy - to - report - economic - growth - for - 2020 - 11610936187.

[⑤] He, L., "China's economy grows by a record 18.3% in the first quarter", CNN, April 15, 2021, https：//edition. cnn. com/2021/04/15/economy/china - q1 - gdp - record - intl - hnk/index. html.

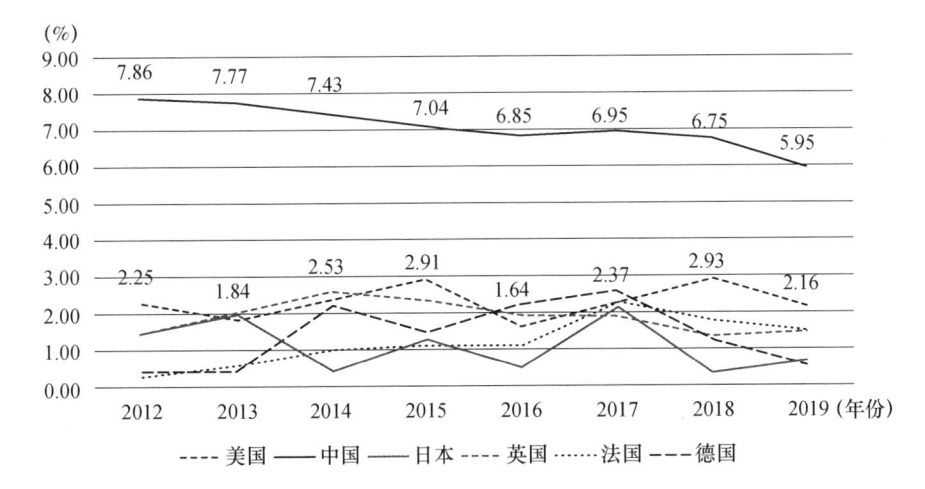

表1 世界主要经济体国内生产总值（GDP）增长速度

数据来源：世界银行数据库 https：//data.worldbank.org/indicator/NY.GDP.MKTP.KD.ZG?end=2019&start=2012&view=chart。

产党的领导[1]。虽然一些海外研究者对一党专政的中国政党制度颇有微词，认为其不符合西方民主政治价值和理念。但"西式民主模式并不必然带来国家的良治和善政"，也不一定能"巩固国家职能、提高政治效能"[2]。以海地，加纳和缅甸等国为例，过早的"民主化"既不会促进GDP的增长，也不会促进自由[3]，反而可能在缺乏健全法律和制度的国家引发激烈的权力斗争撕裂社会。

然而经济增长恰恰要求"政府的领导层勇于承担、可信且强干"[4]。因此，中国改革模式是"政府鲜明地展示自身强有力的领导能力，其通过实施各种长期的经济改革计划，将中国从一个落后贫困的国家改变为一个繁荣的国家"。这反映了中国共产党集中统一领导的政党和政府体系

---

[1] Grinin, L., Tsirel, S., & Korotayev, A., "Will the explosive growth of China continue?" *Technological Forecasting and Social Change*, 95, pp. 294–308.

[2] 张树华：《党和国家机构改革提升政治效能》，《中国社会科学报》2018年3月23日。

[3] Leftwich, A., "Governance, democracy and development in the Third World", *Third World Quarterly*, Vol.14, No.3, 1993, pp. 605–624.

[4] Dutta, D., "China's miracle economic growth: its policy implication for socioeconomic inclusiveness & beyond," 2014, http：//sydney.edu.au/china_studies_centre/images/content/ccpublications/policy_paper_series/2014/dilip_dutta_chinas-miracle-economicgrowth.pdf.

所形成的独特优势，不仅为经济发展营造了良好的制度环境，也为社会稳定做出了突出贡献。

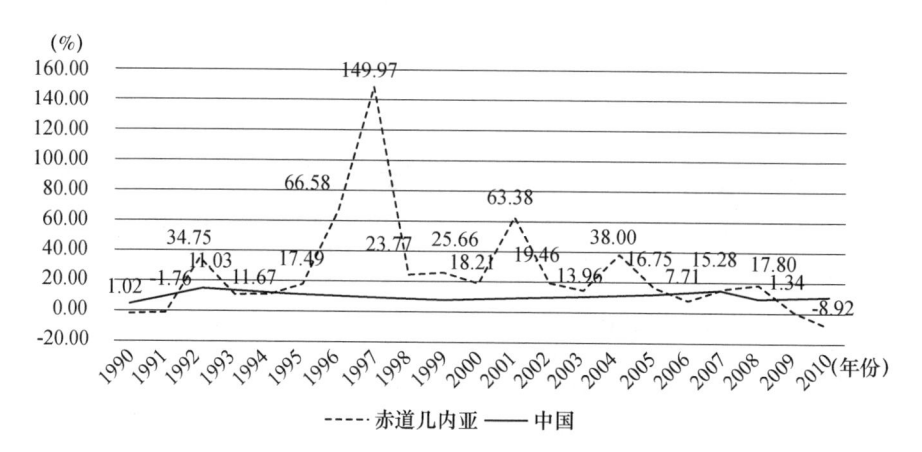

表2 赤道几内亚与中国经济增长率对比 1990—2010 年

数据来源：世界银行数据库 https：//data.worldbank.org/indicator/NY.GDP.MKTP.KD.ZG?end=2008&locations=GQ-CN&start=1992

（二）民生不断改善

通过观察全球经济发展历程可知，中国并非全球 GDP 平均增速最快的国家。自 1978 年改革开放至 2010 年，尽管中国经济的年增幅达到了 8.75%，比韩国高 3%，是美国经济年均增幅的 5 倍，但全球 GDP 平均增速最快国家的殊荣属于赤道几内亚[1]（见表2）。经济高速增长并不必然代表政治稳定、社会安宁与民众生活水平的提高。在赤道几内亚，即使人均 GDP 从 1990 年的 312 美元暴增至 2008 年的 2.28 万美元[2]，但"极度腐败、任人唯亲、部族主义、残暴行径、官员狂妄自大等问题在赤道几内亚集中爆发"，该国甚至成为"世界上刑事犯罪案件最多的国家之一"[3]。这与中国稳定的社会秩序和逐步提高的人民生活水平形成了鲜明的对比。

---

[1] ［美］魏德安：《双重悖论》，中信出版社 2014 年版，第 3 页。

[2] "Read GDP growth,", International Moneyatry Fund, 2022, https://www.imf.org/external/datamapper/NGDPDPC.

[3] ［美］魏德安：《双重悖论》，中信出版社 2014 年版，第 3 页。

1999—2020年，中国检察机关起诉的严重暴力犯罪从16.2万人降至5.7万人，年均下降4.85%[1]。而通过调查社会稳定的指标之一——谋杀犯罪率可知，中国的谋杀犯罪率远低于美国、英国、法国、德国等这些西方国家代表（见表3）。以2018年数据为例，中国每10万人的谋杀犯罪率是0.527，约是德国的一半或美国的十分之一（见表3）。以至于美国盖洛普战略咨询公司（GALLUP）发布的"2020年度全球法律与秩序报告"显示，中国民众的安全感在全球民意调查中名列第三[2]。这表明中国政府既在遏制暴力犯罪上取得了非凡成绩，也在保障国民生命安全上远优于西方代表性国家。相比之下，赤道几内亚作为一个"盗贼统治"[3]的产油国，其政府除依靠油气资源在一段时间内取得表面亮眼的经济增长率外，却无法为民众带来福祉，也无法通过政策调整保持经济的持续增长。自2009年后，当地经济随着世界性金融危机陷入了泥潭，至今无法自拔。

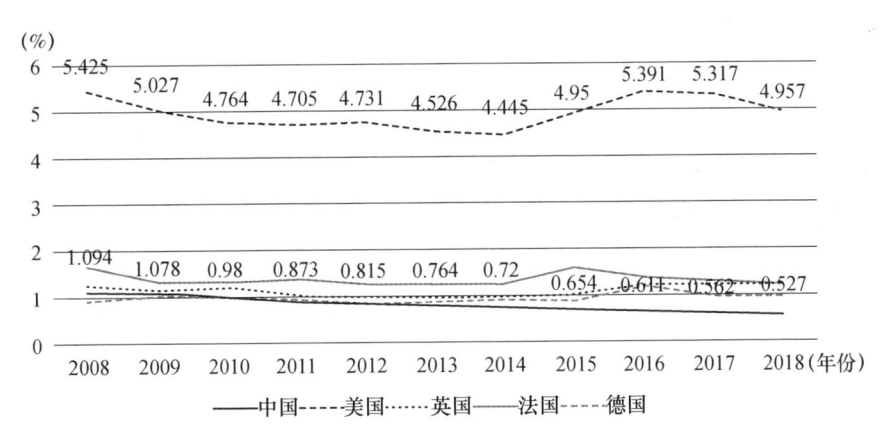

表3 中、美、英、法、德五国谋杀犯罪率（每10万人）

数据来源：世界银行数据库 https：//data.worldbank.org.cn/indicator/VC.IHR.PSRC.P5

---

[1] "最高人民检察院工作报告"，中华人民共和国最高人民检察院，2021年3月15日，https：//www.spp.gov.cn/spp/gzbg/202006/t20200601_463798.shtml，https：//www.spp.gov.cn/spp/gzbg/202103/t20210315_512731。

[2] Gallup, "2020 Global Law and Order Report," 2020, https：//www.gallup.com/analytics/322247/gallup-global-law-and-order-report-2020.aspx?thank-you-report-form=1.

[3] Wedeman, A., "The Rise of Kleptocracy: Does China Fit the Model?" *Journal of Democracy*, Vol. 29, No. 1, 2018, pp. 86–95.

除在促进经济增长与维护社会秩序方面表现优秀外，中国政府在保障民生与推动社会发展上也取得了世界瞩目的成绩。首先是困扰了世界人民数千年的绝对贫困问题在中国得到解决——"现行标准下9899万农村贫困人口全部脱贫，832个贫困县全部摘帽，12.8万个贫困村全部出列。"① 即使部分西方观察者对中国的脱贫努力持怀疑态度，然而不论以何种标准衡量，中国的脱贫工作在过去几十年里都取得了巨大的进步②。俄罗斯东方媒体新闻网主编、政论家、俄中友协滨海边疆区分会执行秘书卡安德烈·拉钦斯基指出，"中国共产党的政策使得中国人民创造了一个真正的奇迹——实现人类历史上最大规模的减贫，使世界上人口最多的国家受益"，中国的贫困治理向世界展示了"中国政治制度的独特优势，也证明了中国共产党的初心和使命就是为人民谋幸福"③。

作为弘扬中国特色社会主义制度和国家治理体系显著优势的内在要求④，中国居民人均可支配收入也在党和政府的"六保""六稳"等一系列措施中稳步提高。如表4所展示，党的十八大以来全国居民人均可支配收入从2013年的18311元增长到2020年的32189元，平均年增幅达8.39%，高于同期GDP增幅。在居民收入水平稳步提高的同时，中国政府的医保投入与民众参保覆盖面也在不断扩大。全口径基本医疗保险参保比例已从2004年的34.4%⑤提升至2020年年底的95%以上，超过13.6亿城镇农村居民被纳入医保体系⑥。尽管面临着人口老龄化和疾病负担转移的巨大压力，但根据中国国情设计的中国医保体系前景仍然光明⑦。

---

① 《我国脱贫攻坚战取得了全面胜利》，《人民日报》2021年2月26日。

② Goodman, J., "*Has China lifted 100 million people out of poverty?*", The British Broadcasting Corporation, BBC, February 28, 2021, https：//www.bbc.com/news/56213271.

③ ［俄］安德烈·卡拉钦斯基：《伟大的中国是如何复兴的——纪念中国共产党成立100周年》，《参考消息》2021年3月12日。

④ 詹成付：《提高人民收入水平》，《求是》2021年第2期。

⑤ Huang, X., "Four Worlds of Welfare: Understanding Subnational Variation in Chinese Social Health Insurance", *The China Quarterly*, pp. 449–474.

⑥ 《我国基本医保参保覆盖面稳定在95%以上》，《人民日报》2021年3月10日。

⑦ Tran, T., Tang, S. & Mao, W., "Getting to universal health coverage in China and Vietnam", Brookings, 2021, https：//www.brookings.edu/blog/future-development/2021/02/03/getting-to-universal-health-coverage-in-china-and-vietnam/.

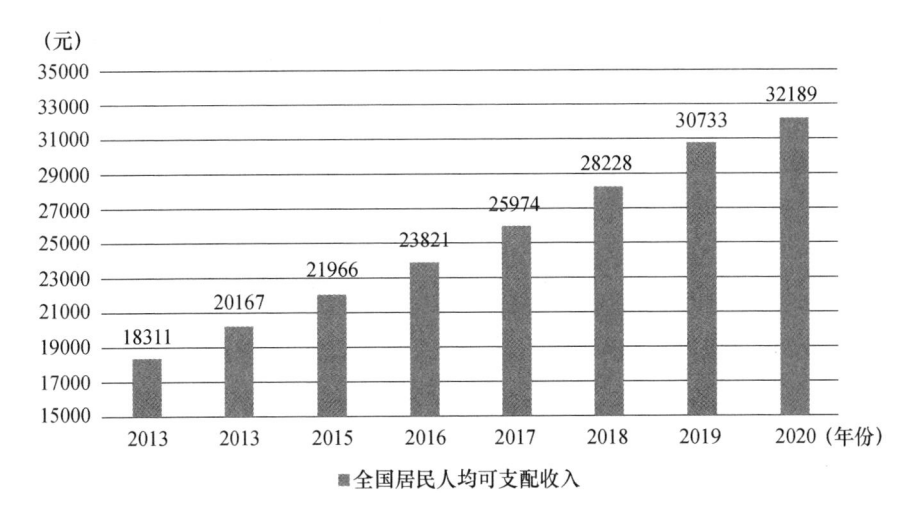

表4　十八大以来全国居民人均可支配收入

年份	全国居民人均可支配收入（元）
2013	18311
2013	20167
2015	21966
2016	23821
2017	25974
2018	28228
2019	30733
2020	32189

数据来源：中国国家统计局全国年度统计公报 http：//www.stats.gov.cn/tjsj/tjgb/ndtjgb/，2013年以前未列出全国居民人均可支配收入，故不在表中体现。

（三）科技与环保稳步发展

在科技创新的投入产出上，中国已成为世界领头羊。尼尔·麦卡锡发现，即使美国的研发投入2000—2017年每年平均增长4.3%，高于美国GDP平均增速，但是中国同期研发投入达到了惊人的17%[1]。到2020年，中国的科研投入已达3780亿美元，远超美国的1340亿美元和英国的159亿美元[2]。中国政府在"战略制定、资源调配中所起的关键作用"[3]，使进入全球研发投入2500强的中国企业达到了536家[4]，位居世界第二，

---

[1] McCarthy, N., "China Is Closing The Gap With The U.S. In R&D Expenditure", Forbes, January 20, 2020, https://www.forbes.com/sites/niallmccarthy/2020/01/20/china-is-closing-the-gap-with-the-us-in-rd-expenditure-infographic/?sh=f2eb24658326.

[2] Shead, S., "China's spending on research and development hits a record $378 billion", CNBC March 1, 2021, https://www.cnbc.com/2021/03/01/chinas-spending-on-rd-hits-a-record-378-billion.html.

[3] De Jonquières, G., "Who's Afraid of China's High-Tech Challenge?" ECIPE Policy Briefs, July 2013, https://ecipe.org/publications/whos-afraid-Chinas-high-tech-challenge/.

[4] 李可愚：《一年近5.9万件，中国国际专利申请数量首登全球第一，36张图数读中国企业知识产权研发全景》，2021年2月19日，http://www.nbd.com.cn/articles/2021-02-19/1630877.html（2021年3月26日访问）。

其 PCT 国际专利申请量超过美国跃居世界第一①。在政府强有力的政策指导下，中国在高等教育领域快速发展。纵然中外评价体系存在差异，然而，越来越多的中国高校凭借过硬的学术产出进入世界高校学术排名前列确是不争的事实（见表5），这令中国正加速成为高学历人才聚集中心②。中国在"新一代信息技术、节能环保和电动汽车行业中产生了科技提升的希望之星"③，"世界工厂"正在变为"研发机器"，并将"迅速赶上美国"④。

在过去四十年的经济社会发展中，中国已从一个经济落后的大国转变为"一个消耗大量原材料和能源的无与伦比的工业大国"⑤。巨大的变化使数以亿计的民众摆脱了贫困，也对自然环境造成了不容忽视的影响。然而中国从未放松对环境保护的力度，"自1972年启动生态环境保护以来，中国环境管理体制改革每10年实现一次'大跃进'，以解决不同发展阶段的突出环境问题"⑥。根据联合国环境规划署2013年的报告，中国是为保护环境而"最早将循环经济工作方法作为经济和工业发展新范式的国家之一"⑦。虽然一些海外中国观察者如李迈尔斯（Steven Lee Myers）

---

① 李铎：《中国 PCT 国际专利申请量跃居世界第一》，《人民网》，2020年4月9日，http://ip.people.com.cn/n1/2020/0409/c136655 - 31667098.html。

② Moorehouse, C., & Busse, M., "How to keep a competitive edge in the talent game: Lessons for the EU from China and the US. Centre for European Policy Studies", June 13, 2014, https://www.ceps.eu/ceps - publications/how - keep - competitive - edge - talent - game - lessons - eu - china - and - us/.

③ Schüller, M., & Schüler-Zhou, Y., "China: die neue Innovationssupermacht?" *GIGA Focus Asien*, 1. Retrieved March 26, 2021, from https://www.ssoar.info/ssoar/handle/document/41922.

④ Wertime, D., "It's Official: China Is Becoming a New Innovation Powerhouse", Foreign Policy, February 7, 2014, https://foreignpolicy.com/2014/02/07/its - official - china - is - becoming - a - new - innovation - powerhouse/.

⑤ Shane, D., "China takes economic hit as environment nears 'point of no return'", CNN, November 27, 2017, https://money.cnn.com/2017/11/27/news/economy/china - crackdown - pollution - economy/index.html.

⑥ Xie, Z. J., "China's historical evolution of environmental protection along with the forty years' reform and opening-up", *Environmental Science and Ecotechnology*, Vol. 4, October 2020.

⑦ Jain, R., "The Dragon Treads the Polluted Path: Political Dilemmas before the Chinese Communist Party", *Asian Affairs: An American Review*, Vol. 42, No. 3, 2015, pp. 149 - 168.

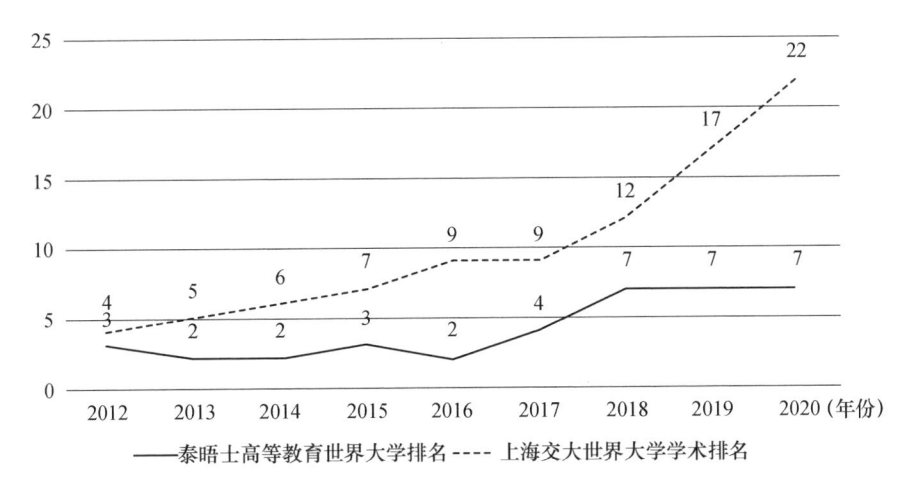

表 5　世界大学学术排名前二百位的中国大学数量

数据来源:《泰晤士高等教育世界大学排名,与上海交大世界大学学术排名》,https://www.timeshighereducation.com/world-university-rankings, http://www.shanghairanking.com/

仍然对中国的环境保护工作持质疑态度[1]且每年导致超过百万人因空气问题而死亡[2],但世界经济论坛(World Economic Forum)的专家宋沙(Sha Song)发现,中国从政府到私企都在为环境保护不懈努力。他指出,中国政府从监管到部门设置再到税收都在向环保企业倾斜(见图1),类似蚂蚁金融这样的私企,更是通过蚂蚁森林碳足迹跟踪应用为中国节省了15万吨二氧化碳排放量[3]。仅在2020年,中国就在环境保护上投入了572.2亿美元,金额超过世界银行所列131个国家地区的GDP[4],其中污

---

[1] Lee Mayers, S., "The Worst Dust Storm in a Decade Shrouds Beijing and Northern China", The New York Times, March 15, 2021, https://www.nytimes.com/2021/03/15/world/asia/china-sandstorm.html.

[2] Shane, D., "China takes economic hit as environment nears 'point of no return'", CNN, Nouember 27, 2017, https://money.cnn.com/2017/11/27/news/economy/china-crackdown-pollution-economy/index.html.

[3] Song, S.,, "Here's how China is going green", World Economic Forum, April 2018, https://www.weforum.org/agenda/2018/04/china-is-going-green-here-s-how/.

[4] 见 https://data.worldbank.org/indicator/NY.GDP.MKTP.CD?most_recent_value_desc=false (2021年4月2日访问)。

染防治、水资源保护和土地保护各占 250 亿、317 亿及 40 亿美元①。从顶层设计、战略布局的角度观察，习近平主席更是在全球气候变化的世界环境议题上作出了中国将于 2060 年达到"碳中和"的承诺②。对比退出巴黎气候协议并指责中国"污染猖獗"的时任美国总统特朗普③，中国在后疫情时代的全球环境治理上掀起了"绿色革命"④。这不仅体现了中国对国内环境治理的重视，更展现了中国之治本身对全球治理所产生的巨大影响。

二 中国治理模式的合法性

为什么非西式代议制民主的中国能够持续推进经济发展？为什么中国能在经济高速发展的同时保持社会稳定且兼顾环境问题？一些海外中国观察者以西方知识体系为基础提出了他们的见解。以福山（Francis Fukuyama）为首的学者们认为，国家、法治和责任政府是实现有序政治进而促进社会经济发展的三尊基石，其中重中之重在于强大的国家能力。福山定义下的国家能力是能使公民遵守法律秩序并使国家免受他国威胁的能力。缺乏国家能力的国家如阿富汗，即使在以美国为首的西方军事管控下于 2004 年进行了所谓的"民主选举"，也无法在其领土上贯彻法律，遑论社会稳定与经济发展⑤。因此，福山认为，中国之所以能够有出

---

① Xu, M., Zhang, M & Daly, T., "China to allocate ＄57 billion to environment protection", The Reuters, May 22, 2020, https：//www. reuters. com/article/us－china－environment－budget－idUSKBN22Y0BU.

② McGrath, M., "Climate change: China aims for 'carbon neutrality by 2060'", BBC, September 22, 2020, https：//www. bbc. com/news/science－environment－54256826.

③ Xie, E., "Climate change: Xi Jinping makes bold pledge for China to be carbon neutral by 2060", South China Morning Post, September 22, 2020, https：//www. scmp. com/news/china/diplomacy/article/3102761/climate－change－xi－jinping－makes－bold－pledge－china－be－carbon.

④ Volcovici, V., "*China calls for global 'green revolution' as Trump goes solo on climate*", The Reuters, September 22, 2020, https：//www. reuters. com/article/uk－un－assembly－climatechange－idUKKCN26D2DR.

⑤ Fukuyama, F., The origins of political order: From prehuman times to the French Revolution, New York: Farrar, Straus and Giroux. 2011, p. 16.

色的治理能力，在于中国的"国家能力，尤其是人民对政府的信任"①。与福山的定义相类似，王绍光与胡鞍钢在《中国国家能力报告》一书中将国家能力定义为"国家（中央政府）将自己的意志、目标转化为现实的能力"②，它的强弱直接影响国家的工业化，是国家之所以能够摆脱贫困实现经济腾飞的关键所在。中国在新冠肺炎疫情、贸易保护主义等诸多危机中依然保持着社会稳定、经济增长，反映出中国所"具有的独特能力优势"③。

维持国家能力的必要条件是政府合法性④。参照普拉诺⑤、罗思切尔德⑥与J. 安德森⑦对合法性的定义，本文将合法性定义为民众对政治系统正当性的承认。韦伯（Max Weber）指出，"任何权力……都有为自己正当性辩护的必要"⑧，在此意义上，权威是建立在合法性基础上的权力。据上文所述，过去数十年间，中国模式的治理效能展现出的庞大国家能力与此间中国共产党与政府体现出的巨大权威，反映了党和政府在中国民众中所具有的强大认同感与合法性。

与西式代议制民主政体迥异的中国共产党与政府为何能获得如此合法性？一些海外中国观察者发现，相对于政党执政合法性主要源于代议制选举制度的国家，尽管中国民意机关——人民代表大会、政治协商会

---

① Fukuyama, F., "The Thing That Determines a Country's Resistance to the Coronavirus," The Atlantic, March 30, 2020, https：//www.theatlantic.com/ideas/archive/2020/03/thing－determines－how－well－countries－respond－coronavirus/609025/.

② 王绍光、胡鞍钢：《中国国家能力报告》，辽宁人民出版社1993年版。

③ 周记顺、洪小羽：《国家能力、出口复杂度与经济增长波动——来自178个国家面板数据的经验证据》，《西部论坛》2021年第2期。

④ Hartley, K., & Jarvis, D. S., "Policymaking in a low－trust state：Legitimacy, state capacity, and responses to COVID－19 in Hong Kong", Policy and Society, Vol.39, No.3, 2020, p.415.

⑤ [美]杰克·普拉诺等：《政治学分析词典》，中国社会科学出版社1985年版，第82页。

⑥ Rothschild, J., "Political legitimacy in contemporary Europe", In Legitimation of Regimes. International Frameworks for Analysis. (Conference on Legitimation and Delegitimation of Regimes, City University of New York, 1977). Ed. by B. Denitch.-London (pp. 37－54). 第38页

⑦ J. Anderson, et al., Losers' Consent：Elections and Democratic Legitimacy. Oxford：Oxford University Press, p.2.

⑧ [德]韦伯：《韦伯作品集》III，《支配社会学》，广西师范大学出版社2004年版，第19页。

议也在以"代理者、谏言者与代表者"的角色①，通过在"民众与地方政府之间架起桥梁"②的方式使中国执政党与政府获得合法性，但中国共产党与政府的执政合法性更多地来自于民意与民心。正如皇甫欣平对中国共产党执政合法性的研究中指出，如果有"真实表达的民意调查，有基于事实存在的批评声音，那么，人民是否高兴，是否满意，是否答应，执政者便可以了然于胸，体现权为民所系；其所做的决策和选择，便必然会尽可能地符合民心所向，做到权为民所用；其执政的合法性，便不会只是自说自话，而是逐步体现权为民所赋的进程"③。博卡斯的看法与皇甫欣平相似。作为美国驻华大使（2014—2017 年），博卡斯以自己在华的亲身经历描述了他对中国共产党与政府合法性来源的看法："（中国）政府尽其所能帮助民众，因为这决定了政府的合法性"，而"如果民众从根本上认为政府做得相当不错，那么政府就可以继续执政"④。这里所体现的就是政权的合法性系于民心向背。

也有海外中国观察者从法理文本研究出发对中国执政党与政府的合法性作解释。如日本的比嘉清太等人在对中国共产党党章等进行分析后认为，"党是领导一切的"这句话为中国共产党执政赋予了合法性依据⑤。然徒法不足以自行。于是更多观察者将视角放到了中国民众的民意与民心上。联合国前外交官、清华大学访问教授森沃尔（Mukul Sanwal）就在意识到中国语境中"稳定"一词的理念迥别于英语后，指出中国从苏联解体的经验教训中领悟到合法性只会来自家庭收入的持续增长⑥。俄评论

---

① ［日］加茂具树：《现代中国民意机关的政治作用——代理者、谏言者和代表者及"合演"》，载《海外中国研究报告》，中央编译出版社 2014 年版，第 235 页。

② Manion, M., "'Good types' in authoritarian elections: The selectoral connection in Chinese Local Congresses", *Comparative Political Studies*, Vol. 50, No. 3, 2017, p. 381.

③ 皇甫欣平：《政权的合法性系于民心向背》，《炎黄春秋》2015 年第 12 期。

④ Cawthorne, C., "'I Take My Hat Off to China': Obama's China Ambassador Praises Chinese Response to Virus", *The Washington Free Beacon*, March 24, 2020, https://freebeacon.com/national-security/i-take-my-hat-off-to-china-obamas-china-ambassador-praises-chinese-response-to-virus/.

⑤ 凡帅帅：《日媒述评：百年大党引领中国强起来》，参考消息网，2021 年 3 月 4 日，http://www.cankaoxiaoxi.com/politics/2021/0304/2436405.shtml。

⑥ Sanwal, M., "Towards an Asian Century", The Hindu, October 12, 2019, https://www.thehindu.com/opinion/op-ed/towards-an-asian-century/article29660304.ece.

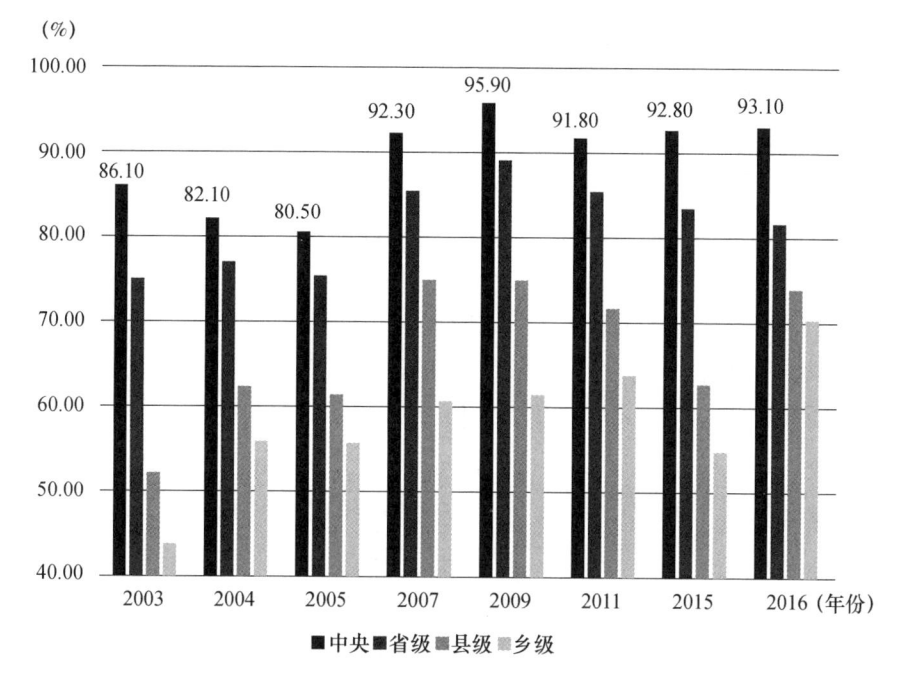

表6 中国民众对不同层级政府的满意程度（2003—2016年）①

家弗拉基米尔·斯科瑟列夫也发表了类似的意见，"国民生活水平的飞速提升是中国政府合法性的保障"，因此华盛顿意欲拉拢联合国、北约、七国集团（G7）和二十国集团（G20）对华进行政权更迭的行动"不啻为痴心妄想"②。对此持相近看法的还有新加坡前驻联合国大使、前安理会主席马凯硕（Kishore Mahbubani），他指出，"从外部对中国搞自由化的成功概率几近于零，所有这样做的尝试都只会加强中国政权的合法性"，因为外国对中国"施加的任何影响都被视为试图破坏中国的稳定"③。胡利奥·里奥斯更是明确指出，中国共产党和政府的"合法性基础建设已

---

① Cunningham, E., Saich, T. & Turiel, J., "Understanding CCP Resilience: Surveying Chinese Public Opinion Through Time", *The Ash Center for Democratic Governance and Innovation of Harvard Kennedy School*, July 2020, https://ash.harvard.edu/files/ash/files/final_policy_brief_7.6.2020.pdf.

② [俄] 弗拉基米尔·斯科瑟列夫：《美国欲拉莫斯科参与对北京的十字军东征》，《俄罗斯独立报》2020年7月27日。

③ [新] 马凯硕：《从外部对中国搞自由化的成功概率几近于零》，《德国〈明镜〉周刊》2020年3月14日。

从最初的革命阶段到后来的发展繁荣阶段,再到当前的第三阶段,即依法治国阶段。在这一不断升级的进程中,中共彻底排除了西方民主—自由模式的选项"①。

作为对政治系统正当性的承认,合法性的高低取决于民众对执政党和政府的满意程度。根据美国哈佛大学肯尼迪学院爱德华·坎宁安(Edward Cunningham)等3名专家在2003—2016年的8次中国调研及3.1万份中国城乡居民访谈数据所形成的报告(见表6)可见,自2003年以来,中国民众对中国共产党和政府的满意度有了全面提升。人民对中央政府满意率长期超过90%,代表着执政党受到民众广泛支持,表明政府的执政基础——合法性地位的稳固。总部位于巴黎的国际民意调查机构益普索(Ipsos)2020年民调显示,高达99%的中国民众认为,政府正行进在正确的方向上(见表7)。这表明中国民众对政府过去一年工作的满意度极高,因此对政府的前进方向有接近满分的认同感。对比同期法国政府26%、美国政府41%、德国政府50%和英国政府52%的道路认同率,中国民众给党和政府开出的成绩单直接反映了民众对当前中国政治系统正当性即合法性的承认度,是他国政府所难以望其项背的。

尽管也有海外研究机构如美国皮尤研究中心(Pew Research center)调查发现,近年来,英、美、法、德、西班牙等世界排名靠前的9个经济发达国家受访者对中国负面评价增多②,然而外界影响却无法撼动中国民心。在政治稳定、社会经济稳步发展的国内环境中,中国民众幸福感屡创新高。Ipsos"2020年度全球幸福感调查报告"显示,中国民众的幸福感指数在过去一年内增加了11%,提升至93%,位于27个被调查国家的榜首③。而此前位列第一的澳大利亚下滑9%④,印度、美国、西班牙

---

① [西]胡利奥·里奥斯:《100年后的中国共产党》,《西班牙中国政策观察网》2021年1月19日。

② Silver, L., Devlin, K. & Huang, C., "Unfavorable Views of China Reach Historic Highs in Many Countries", Pew Research center, October 6, 2020, https://www.pewresearch.org/global/2020/10/06/unfavorable-views-of-china-reach-historic-highs-in-many-countries/.

③ "Global Happiness 2020", IPSOS, October 2020, https://www.ipsos.com/sites/default/files/ct/news/documents/2020-10/global-happiness-2020-report.pdf.

④ "Global Happiness 2020", IPSOS, October 2020, https://www.ipsos.com/sites/default/files/ct/news/documents/2020-10/global-happiness-2020-report.pdf.

和英国因政府抗疫失能而受新冠肺炎疫情严重冲击,国民幸福感分别下降了11%、9%、8%和6%[①]。

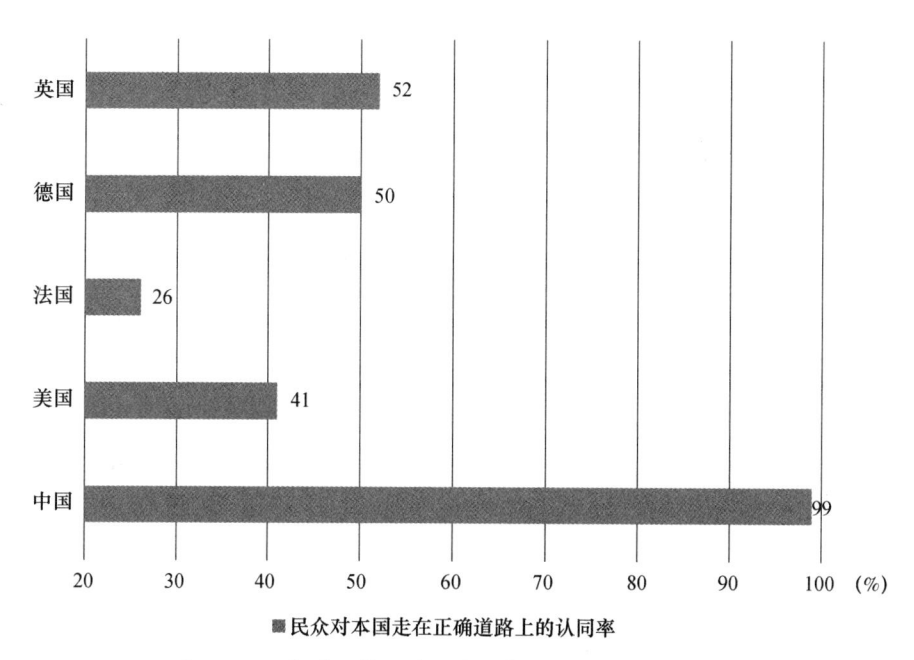

国家	民众对本国走在正确道路上的认同率(%)
英国	52
德国	50
法国	26
美国	41
中国	99

表7 2020年中、美、法、德、英五国民众对本国政府是
走在正确道路上的认同率[②]

正如英国加斯克尔等学者[③]指出的,英国治理体系在疫情防控中被证明脆弱失能,美国政府亦在疫情中展现了"自越战以来最大的治理失能"[④]。对比美、英、法、德与中国的新冠肺炎疫情累计感染(表8)和

[①] "Global Happiness 2020", IPSOS, October 2020, https://www.ipsos.com/sites/default/files/ct/news/documents/2020-10/global-happiness-2020-report.pdf.

[②] "What worries the world", IPSOS, April, 2020, https://www.ipsos.com/sites/default/files/ct/news/documents/2020-04/what-worries-the-world-april-2020-ipsos.pdf.

[③] Gaskell, J., Stoker, G., Jennings, W., & Devine, D., "Covid-19 and the Blunders of our Governments: Long-run System Failings Aggravated by Political Choices", The Political Quarterly, Vol. 91, No. 3, 2020, pp. 523-533.

[④] Kristof, N., "America and the Virus: 'A Colossal Failure of Leadership'", The New York Times, October 22, 2020, https://www.nytimes.com/2020/10/22/opinion/sunday/coronavirus-united-states.html.

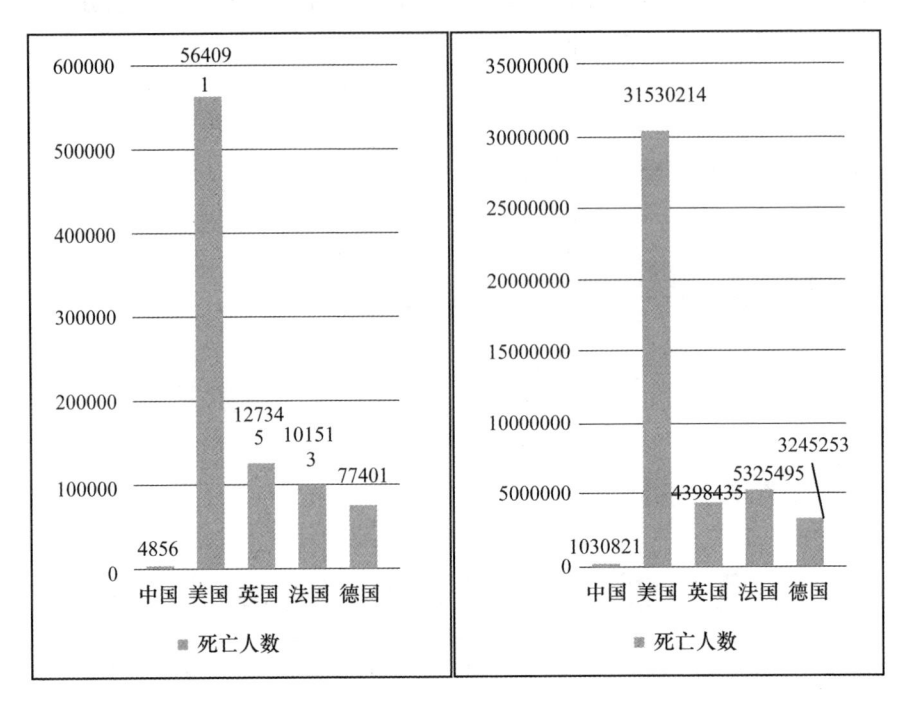

表8 中、美、英、法、德五国新冠累计感染人数	表9 中、美、英、法、德五国患新冠累计死亡人数
中国：4856 美国：564091 英国：127345 法国：101513 德国：77401	中国：1030821 美国：31530214 英国：4398435 法国：5325495 德国：3245253

数据截至2021年4月24日，来源：世界卫生组织数据库 https://covid19.who.int/table

死亡人数（表9），可清晰发现，这四个西方国家在"自由、民主、人权"的白袍下掩盖不住的是对疫情治理的无能为力。反观中国，作为新冠肺炎疫情最早的发现地与爆发地，不论是感染人数还是罹难人数都与这四个西方主要发达国家处于不同数量级上。这恰恰印证了福山所说"政府绩效的关键决定因素将不是政体的类型，而是国家的能力，尤其是对政府的信任"[1]。可以说，这场突如其来的疫情将中国之治以一个完整且不容否认的方式展现在全世界的批评家面前。上述所列的调研数据表明，中国模式下的治理效能得到了中国广大人民的认同和信任，民众的

---

[1] Fukuyama, F., "The Thing That Determines a Country's Resistance to the Coronavirus", The Atlantic, March 30, 2020, https://www.theatlantic.com/ideas/archive/2020/03/thing-determines-how-well-countries-respond-coronavirus/609025/.

获得感、幸福感、安全感在不断增强，充分展现了中国共产党合法执政的坚实基础。

三　中国治理模式的关键困境

"改革不停顿，开放不止步"是习近平总书记在广东考察工作时为全面建设社会主义现代化国家、实现第二个百年奋斗目标讲话时所强调的。这表明中国治理模式也要在改革进程中不断完成自我革新以适应新环境、新要求。海外中国观察者们在分析中国发展奇迹、探讨中国问题时也对中国治理模式所面对的困境进行了分析。以下是海外中国研究者们对中国中央与地方政府关系、经济发展和青年就业这三个关键困境所提的建议。

美国布鲁金斯·桑顿中国研究中心（John L. Thornton China Center）高级研究员李侃如（Kenneth G. Lieberthal）从中国中央和地方政府之间的关系提出了看法[1]。他认为，负责顶层制度设计"最先一公里"的中央政府要持续完善权威、高效、细致的治理体系，而负责国家治理各项政策落实"最后一公里"的地方政府则需要不断提高领悟和执行能力[2]。如此，方能实现国家纵向治理的优化。

德国康斯坦茨大学和齐柏林大学的经济学教授阿尔伯特·施魏因贝格尔（Albert Schweinberger）对中国基础设施的投资与中等收入陷阱问题进行了研究。他指出，虽然对比陷入政治竞争泥潭、选举民粹主义（electoral populism）且在基础设施建设上短视的印度，中国的基础设施建设投资具有战略性长远眼光，但中国东部地区面临着投资回报率下降的严重问题。因此，施魏因贝格尔指出，中国政府必须鼓励企业去内地投资，同时中国基建领域的投资重点需要转向中西部省会城市，从而为东部商

---

[1] Lieberthal, K., "China's Reemergence as a Great Power: Comparing American and Japanese Perspectives", The Brookings Institution, December 19, 2014, https://www.brookings.edu/wp-content/uploads/2014/12/Transcript.pdf.

[2] 封丽霞：《国家治理转型的纵向维度——基于央地关系改革的法治化视角》，《东方法学》2020年第2期。

品创造"一个巨大的市场"并形成经济增长点①。俄罗斯国立研究大学的列昂尼德·格林（Leonid Grinin）等三位学者也提出了相近的看法②。格林认为，爆炸式的经济增长已成为过去式，中国未来能否顺利渡过经济难关取决于中国政府的调控和渐进式改革。如果不修正经济发展的增速，中国经济可能面临"硬着陆"的风险。如果中国政府能够稳定且有计划地放缓经济增速，消除爆炸性经济增长所造成的后遗症，让经济与政治实现协同发展，那么中国是可以避开中等收入陷阱的。

德国全球和区域研究所（GIGA）资深研究员舒君德（Günter Schucher）研究中国青年失业与收入差距研究时，把失业青年群体看作是滴答作响的定时炸弹，认为就业不充分问题可能演化为足以摧毁一个国家社会结构的重要变量③。根据长期实地调研以及对人口普查数据的分析，舒君德指出，中国就业市场中数量庞大的青年面临的是形式各样的就业不充分，而非简单的失业问题。他认为，随着青年群体所带来的人口红利逐渐消失，中国可能面对的将是劳动力缩减对经济发展和社会稳定的巨大冲击。针对青年就业问题，舒君德建议政府开展对"尼特族"（NEET）④的统计，有针对性地出台就业鼓励政策，推动社会阶层流动并充分开发青年的就业潜力。通过改革教育、社会保障和职业宣传等举措来提高青年参与就业的积极性，并引入高质量经济增长模式来为高校毕业生提供充足的高质量岗位，以此充分利用隐藏在 NEET 中的就业潜力⑤。

四 结论

作为新兴市场国家的代表，中国的国家治理能力和治理效能在过去

---

① Schweinberger, A., "State capitalism, entrepreneurship, and networks: China's rise to a superpower", *Journal of Economic Issues*, Vol. 48, No. 1, 2014, p. 178.
② Grinin, L., Tsirel, S., & Korotayev, A., "Will the explosive growth of China continue?" *Technological Forecasting and Social Change*, Vol. 95, pp. 304 – 305.
③ Schucher, G., "A ticking 'time bomb'? Youth employment problems in China", GIGA working papers, No. 256, German Institute of Global and Area Studies (GIGA), Hamburg.
④ 全称为 Not in Education, Employment or Training, 指不参加教育、就业及就业辅导的年轻人。
⑤ chucher, G. (2014) "A ticking 'time bomb'? Youth employment problems in China", German Institute of Global and Area Studies (GIGA), October 2014, Hamburg.

40年取得了突出成就,创造了经济持续高速增长与社会长期稳定的"中国奇迹"。本研究通过梳理海外中国学者自党的十八大以来对中国治理的研究进展,并与同期国内学界的相关研究进行对比,从国际视野出发针对中国模式的治理效能和其合法性展开了讨论。

本文发现,尽管一些海外中国观察者和西方政客仍固守偏执的意识形态,对中国的某些政策与治理方式发表了缺乏事实支撑的见解,但不少研究者对中国模式的治理效能,包括经济、民生、科技和环保等领域进行了详尽的研究。他们发现,中国共产党的集中统一领导所形成的独特优势,为促进经济增长、维护社会稳定、引领科技创新和加强环境保护营造了良好的制度环境。因此,"世界工厂"正在变为"研发机器"[1],中国也在后疫情时代的全球环境治理上掀起了"绿色革命"[2]。尽管中国面临着人口老龄化和疾病负担转移的巨大压力,但因地适宜的医保体系前景依然光明[3]。

在探讨迥异于西方代议制民主政体的中国为何能够拥有极高治理效能的问题上,部分海外学者抛开过往基于意识形态的"独裁政府"(autocracies)与"民主政府"(autocracies)二元对立论点[4],对造就强大国家能力的中国共产党执政合法性展开了讨论。通过调研,一些海外学者发现,中国执政党和政府的合法性来源除了传统的民意机关,更多地来自民意与民心。在民众满意度决定政府信任度的中国[5],中国模式的治理

---

[1] Wertime, D., "It's Official: China Is Becoming a New Innovation Powerhouse", Foreign Policy February 7, 2014, https://foreignpolicy.com/2014/02/07/its-official-china-is-becoming-a-new-innovation-powerhouse/.

[2] Volcovici, V., "China calls for global 'green revolution' as Trump goes solo on climate", The Reuters September 22, 2020, https://www.reuters.com/article/uk-un-assembly-climatechange-idUKKCN26D2DR.

[3] Tran, T., Tang, S. & Mao, W., "Getting to universal health coverage in China and Vietnam", The Brookings Institution, February 3, 2021, https://www.brookings.edu/blog/future-development/2021/02/03/getting-to-universal-health-coverage-in-china-and-vietnam/.

[4] Fukuyama, F., "The Thing That Determines a Country's Resistance to the Coronavirus", The Atlantic, March 30, 2020, https://www.theatlantic.com/ideas/archive/2020/03/thing-determines-how-well-countries-respond-coronavirus/609025/.

[5] Lo, A., "United China vs divided America. South China Morning Post", South China Morning Post, January 25, 2021, https://www.scmp.com/comment/opinion/article/3119168/united-china-vs-divided-america.

效能得到了广大中国人民的认同和满意。民众对中央政府的信任度长期超过90%[①]，93%的民众感到幸福[②]，高达99%[③]的民众认为中国政府正走在正确的道路上。民众的获得感、幸福感、安全感在中国政府不懈努力下稳步增强，充分体现了中国共产党执政合法性的坚实基础，更反映出中国为何能拥有"独特能力优势"[④]。

  当然，古今中外并不存在完美的治理模式。"改革不停顿，开放不止步"也是中国共产党所坚持的信条。本文就海外中国观察者探讨中国之治时发现的治理困境进行了梳理，并列举了中国之治的中央、地方政府政策设计与执行问题、经济发展面临的阻碍与中等收入陷阱问题，以及青年非充分就业问题这几个关键难点。对于这一系列重大问题的探究，本文只做了初步尝试，希望能够抛砖引玉，推动海外中国学者有关中国之治研究的进一步探索。

[①] Cunningham, E., Saich, T. & Turiel, J., "Understanding CCP Resilience: Surveying Chinese Public Opinion Through Time", The Ash Center for Democratic Governance and Innovation of Harvard Kennedy School July 2020, https://ash.harvard.edu/files/ash/files/final_policy_brief_7.6.2020.pdf.

[②] "Global Happiness 2019", IPSOS, October 2020, https://www.ipsos.com/sites/default/files/ct/news/documents/2019-09/happiness-study-report-august-2019.pdf.

[③] "What worries the world", IPSOS, April, 2020, https://www.ipsos.com/sites/default/files/ct/news/documents/2020-04/what-worries-the-world-april-2020-ipsos.pdf.

[④] 周记顺、洪小羽：《国家能力、出口复杂度与经济增长波动——来自178个国家面板数据的经验证据》，《西部论坛》2021年第2期。

如何提高人大代表的履职积极性：
体制、制度与机制之辨

付宇程[*]

摘　要：中国人大工作多年来面临一个实际问题：人大代表履职积极性不足。改革开放的前提是坚持社会主义政治体制，将人大代表的履职积极性归因于体制在逻辑上过于简单，在实践中也不利于人大代表发挥作用。近年来中国人大工作的实践证明，与体制相比，制度的发展以及以地方人大工作规则为载体的工作机制的改革在实践意义上突破了人大代表必然缺乏履职积极性的理论偏见。

关键词：人大代表；人大代表履职；代表联系选民

多年来中国人大工作中面临的一个实际问题是部分人大代表履职的积极性不足。人大代表的履职行为分为开会期间和闭会期间，开会期间，代表被认为是"听会代表"；闭会期间，代表不作为情况更加突出，所谓开会时"热热闹闹十多天"，开完会"冷冷清清一整年"。时任全国人大法工委副主任许安标指出，有的人大代表"在会议上很少发言或几乎不发言，也不提议案、建议、批评和意见"；有的代表借口工作忙，"几乎不参加闭会期间的代表活动"。[①] 在地方人大工作的同志也指出，"有的代表把联系群众、帮助群众解决困难看作是件'麻烦事'，对按规定应当参

---

[*] 付宇程，中国社会科学院政治学研究所副研究员。
[①] 许安标主编：《新编人大代表履职工作手册》，中国法制出版社2014年版，第200页。

加的联系群众活动也不能正常参加，没有很好地起到桥梁纽带和群众利益代言人的作用"。① 社会主义制度的优越性在于以人民的需求为中心，人大代表是吸取和表达人民诉求的重要桥梁。人大代表的履职积极性关系到中国人大制度的实效性和社会主义制度优越性的发挥。

一 体制层面：人大代表的角色认知与履职动力

从体制层面来看，人大代表的履职考核和连任主要由同级人大常委会决定，选区选民对人大代表的连任没有决定性的影响力，因此人大代表对"上级"的关注多于群众。那么，人大制度需要解决的一个问题就是在缺乏天然的"选举激励"机制的情况下，如何加强人大代表的履职动力。但是本文认为，实践情况与理论假设并不完全一致，应该关注到中国人大代表中不乏积极履职的身影。

在判断那些积极履职的人大代表的履职动力时，可以借助欧博文的"角色认知"理论。欧博文（Kevin J. O'Brien）② 曾经概括中国的人大代表对自己的身份有三种角色认知："消极者"、国家"代理人"以及"谏言者"。消极者是指那些没有"代表"概念的人，他们视代表身份为荣誉头衔，但却没有代表任何人的意愿和行动。在会议上行使表决权基本采取"跟风"策略，通过观察领导的态度而决定投票方向；在闭会期间，也常常借口没有时间或者生病而逃避走访选区，根本无意于发现或沟通选民的要求。③ 与消极者不同，有一些积极履职的代表们自认为承担了政权"代理人"的角色。欧博文认为，改革开放前，人大代表们被赋予的角色期待是在人民面前代表政权宣传法律。人大代表对国家的忠诚大于一切，那些忠心耿耿的人大代表们会积极召集选民，向人民群众解释法律和政策，承担普法的任务。对于群众不理解的国家政策，他们着力于

---

① 孙庭兆：《人大代表履职存在的问题及其对策》，2016 年 8 月 26 日，http://www.jsrd.gov.cn/llyj/lilun_llyj/201608/t20160826_431501.shtml，2021 年 10 月 10 日。
② 作者已发表的中文论文中署名"欧博文"，因而此处没有翻译作者全名。
③ 欧博文：《人大代表的作用：代理人与进谏者》，《复旦政治学评论》（第六辑），2008 年。

化解群众情绪，疏解上访。① 但是 20 世纪 70 年代后期以来，中国社会快速变迁，欧博文发现有些代表承担了一种新的角色——"谏言者"。选择承担"谏言者"角色的人大代表们致力于帮助政府进行自我监督，提出合乎情理但不一定受欢迎的要求。但是欧博文同时强调，谏言者的人大代表身份存在于权威结构的框架之内，在他们手中有的不过是"情况"，他们的权力仅限于"反映这些情况"。②③ 罗德瑞·麦克法夸尔（Roderick MacFarquhar）用了另一个词来描述谏言者角色——"申诉官"。他指出，申诉官不做政府的反对者，他们既给政府提出不同的意见，也忠诚于现有体制。④ 总之，谏言者认为自己的作用是在遵守国家法律和政策的前提下替群众办实事、解决实际困难。中国当前履职较为积极的人大代表大多可以归为这一类。

但是，承担"谏言者"角色的代表们常常是基于个人特性或出于个人动机而主动建言献策的，其履职的频次和程度仍然不够制度化。在中国，积极履职的"谏言者"代表通常可能有如下一些个人动机：第一，自我期望。履职积极的人大代表通常有很强的自豪感、责任感和使命感，有在某方面"做出点成绩的愿望"。例如，连任第十届和第十一届全国人大代表的王元成认为自己被推选为全国人大代表"是一个巨大的荣誉"，这也是其履行人大代表职责的动力所在。⑤ 同为第十届全国人大代表的邵喜珍也是积极履职的典范，她用八个字概括自己的人大代表经历——"使命光荣、责任重大"。正是秉持着对人大代表身份的"神圣使命感"，她要求自己听民声、问民意、访民情，切实履行好人大代表的职责。⑥

---

① Kevin J. O'Brien, "China's National People's Congress: Reform and Its Limits", *Legislative Studies Quarterly*, 13 (3), 1988.

② Kevin J. O'Brien, "Chinese People's Congresses and Legislative Embeddedness Understanding Early Organizational Development", *Comparative Political Studies*, 27 (1), 1994.

③ Kevin J. O'Brien and Laura M. Luehrmann, "Institutionalizing Chinese Legislatures: Trade-offs between Autonomy and Capacity", Legislative Studies Quarterly, Vol. 23, No. 1, Feb., 1998, pp. 91 –108.

④ Roderick MacFarquhar, "Provincial People's Congresses", *The China Quarterly*, p. 155.

⑤ 王元成：《全国人大代表政治行为研究——以笔者的亲身经历为例》，法律出版社 2014 年版，第 41 页。

⑥ 邵喜珍：《责任使命担当：全国人大代表邵喜珍的提案及发言实录》，河北教育出版社 2015 年版，序言。

第二，提升个人影响力。有的人大代表积极履职是因为这份工作往往能接近地方头面人物，同位高权重的人对话，并且能在政策出台前先看到文件，消息更加灵通。而且人大代表的人脉关系在一定程度上使他们成为本单位领导机构之外的特殊分子，具有更高的政治地位和独立性。第三，间接获得经济利益。随着中国市场经济的发展，许多非公有制企业的企业家们凭借其经济实力、个人的政治身份和家庭背景而进入人大系统。刘杉根据调研指出，人大代表身份具有经济效益，那些拥有地方人大代表身份的民营企业家会比一般企业获得更多的银行贷款。[1] 祖若水（Rory Truex）还对人大代表身份的经济效应进行了量化研究，通过对500名兼任全国人大代表的企业家进行严谨的面板数据分析，论证了全国人大代表身份与企业经济回报之间具有稳健的因果关系。[2] 综上所述，在中国既有体制之下有着"谏言者"角色认知的那些人大代表确实能够积极履职，在既"忠诚于体制"又"积极谏言"甚至提出不少批评建议的履职过程中，他们为了获知"群众实际困难"会主动积极联系选民。虽然这种联系是有限的，但是谏言者存在的价值在于，打破了非竞选体制与代表履职积极性必然不足之间线性因果关系的理论偏见。在区分不同的角色认知后可以发现，非竞选体制下的选举（或再当选）激励、代表对人大制度作用的认知与履职积极性之间的逻辑关系是复杂的和非线性的。本文认为，非竞选体制下的人大代表固然缺乏竞选体制中的选举（或再当选）激励，但不能一概认为人大代表均不具有履职积极性。

二　制度层面：人大代表履职积极性的法理基础

（一）中国人大制度的变迁：奠定了人大代表履职积极性的制度基础

在中国人大制度的发展史上，1979年是一个重要的节点。1978年12

---

[1] 刘杉、刘晓玉、胡丹菲：《海外中国人民代表大会研究新动态》，《国外社会科学》2016年第5期。

[2] Rory Truex, "The Returns to Office in a 'Rubber Stamp' Parliament", *American Political Science Review*, Vol. 108, No. 2, 2014, pp. 235–251.

月 22 日，党的十一届三中全会提出要"保障人民民主""加强社会主义法制"。同年，全国人大通过了《中华人民共和国全国人民代表大会和地方各级人民代表大会选举法》（以下简称《选举法》）[1] 和《中华人民共和国地方各级人民代表大会和地方各级人民政府组织法》[2]。根据 1979 年的选举法，中国选举制度实现了四项重要的改革：一是实现成年公民选举权的普遍性（依法被剥夺政治权利者除外）；二是扩大直接选举的范围，从农村的乡镇一级到县一级；三是规定了自上而下和自下而上民主推荐两种候选人产生办法，首次规定选民或代表可以依法联名提出代表候选人人选，在充分酝酿协商的基础上必要时可以举行预选；四是将人大代表等额选举改为差额选举，规定候选人名额应多于应选人名额。[3] 1979 年对人大制度的全面重建，奠定了基层直接选举的制度基础。

2000 年以后，中国人大制度进入第二次蓬勃发展期，修法频率相当可观。1979 年《选举法》制定以来共经历六次修改，此外，中国还于 1992 年新制定了《中华人民共和国全国人民代表大会和地方各级人民代表大会代表法》（以下简称《代表法》），于 2006 年制定了《中华人民共和国各级人民代表大会常务委员会监督法》，人大制度的结构更加完善。代表法在 2000 年以后也经历了三次修改，其中 2009 年和 2010 年接连修改两次。这一轮改革主要包括六大方面：第一，实现城乡按相同人口比例选举代表。第二，规范了地方人大代表名额。第三，组织代表候选人与选民见面。2004 年修改选举法增加规定："选举委员会可以组织代表候选人与选民见面，回答选民的问题"。第四，完善投票表决方式。为保证选民自由表达投票权，2010 年选举法修改时增加了"设立秘密写票处"的规定。第五，代表法对人大代表履职、保障以及对代表的监督等做了细致规定。第六，监督法强化了各级人大常委会行使监督权的具体内容。

---

[1] 《中华人民共和国全国人民代表大会和地方各级人民代表大会选举法》（1979 年第五届全国人大第二次会议通过，2015 年第五次修正）。
[2] 《中华人民共和国地方各级人民代表大会和地方各级人民政府组织法》（1979 年第五届全国人大第二次会议通过，2015 年第六次修正）。
[3] 彭真：《关于七个法律草案的说明（1979 年 6 月 26 日）》，载《人民代表大会制度重要文献选编（二）》，中国民主法制出版社 2015 年版，第 446 页。

(二) 制度变迁带来的代表履职积极性进展

1979年和2000年以后中国人大制度在健全社会主义民主法治方面取得重大进展,奠定了人大代表履职积极性的制度基础。具体表现在三个方面。

1. 直接选举提高了选民投票行为的重要性

在直接选举中,选民的选票统计成为决定候选人是否能够当选的形式标准,选民的投票行为至少在法定意义上是不可或缺的。梅拉尼·曼宁（Melanie Manion）认为,中国乡镇人大代表选举是一个党组织的干部选拔（select）和选民的投票选举（elect）相结合的过程。虽然地方党委主导选举过程仍然是常态,但是直接选举制度的建立导致地方人大代表不能只靠政党的支持胜出,还需要赢得选民的支持。准确地说,直接选举制度的建立是执政党试图将党组织的偏好与选民的选择结合起来的尝试,尽管实践中更多是选民偏好服从组织偏好。[1][2] 但是,无论如何,直接选举在制度意义上开放了基层民众的选择权,通过法律赋予了选民投票行为应有的重要性,这是史无前例的变化。

2. 提名方式变化导致独立候选人出现

根据选举法,候选人提名可以分为选民提名和非选民提名,但是实践中情况比较复杂。史卫民指出,党委"戴帽"下达的代表候选人通常是党委和政府的主要负责人以及人大常委会委员等,并以党组织的名义提名,而其他代表候选人则大多数以选民的名义提名,而且以选民名义提名的候选人大部分也是党组织安排的。[3] 黄冬娅将法定的两种提名方式细化为四种,将非选民提名区分为"戴帽下达"和"本级党组织直接提名",将选民提名方式区分为"本级党组织经选民提名"和"选民自主联合提名"。基于全国县级人大代表抽样调查数据,黄冬娅发现,上级党组织戴帽下达的代表、本级党组织直接提名的代表以及本级党组织经选民

---

[1] Melanie Manion, "The Electoral Connection in the Chinese Countryside", *American Political Science Review*, Vol. 90, No. 4, 1989.

[2] Melanie Manion, "Chinese Democratization in Perspective: Electorates and Selectorates at the Township Level", *The China Quarterly*, 2000, p. 163.

[3] 史卫民:《公选与直选:乡镇人大选举制度研究》,中国社会科学出版社2000年版。

联合提名的代表都显著地比自我认知为选民自主联名的代表更少地领衔提出议案建议。主观认知为选民自主联名的代表比本级党组织经选民联名提名的代表在投反对票上更为积极。① 杨云彪统计了深圳市福田区人大2006年第4次全体会议代表提出议案的情况后也有类似发现,以"戴帽下达"的方式产生的人大代表提出议案的积极性最低;而基层代表和当选过程比较困难的代表履职积极性相对较高。②

选民自主联合提名的"自主参选人"③格外引起学界关注。何俊志认为,在正式制度框架下,县乡人大代表选举中陆续出现不少企业家、知识分子、律师和基层精英等以独立候选人的身份进入选举过程,正式制度虽然没有发生变化,但这些新的行动者的进入已经在某些方面改变了中国人大制度的运行模式。④ 与何俊志的观察不甚一致,黄卫平通过观察2003年深圳的区级人大代表选举中出现的自主参选人发现,尽管最初有若干位自主参选人,但最终得以当选的自主参选人王亮(深圳高级技工学校的校长)的身份是一名党员干部。深圳市区级人大选举的主持机构认为,与其他人相比,王亮作为体制内的干部是其更愿意接受的人选。因此,王亮虽然是体制外独立参选的,但是他成功当选很大程度上是因为其在参选后有能力动用体制内资源并得到现行体制支持。⑤⑥⑦ 虽然自主参选人最终当选还是需要来自体制内的支持,但自主参选人的出现比起"戴帽下达"的候选人更需要选民的支持,并且在履职中更加关注选民的需求以寻求民意支持。

3. 差额选举带来一定限度的竞争

中国《选举法》第三十条规定了全国和地方各级人民代表大会代表

---

① 黄冬娅、陈川慜:《县级人大代表履职:谁更积极》,《社会学研究》2015年第4期。
② 杨云彪:《从议案建议透视人大代表的结构比例》,《人大研究》2006年第11期。
③ 也有学者称为"独立候选人"。
④ He Junzhi, "Independent Candidates in China's New Constitution", *The Western Political Quarterly*, Vol. 8, No. 2, 2010, pp. 199-233.
⑤ 邹树彬、唐娟、黄卫平:《2003年人大代表竞选的群体效应:北京与深圳的比较》,《人大研究》2004年第1期。
⑥ 黄卫平、唐娟、邹树彬:《全球民主化浪潮中的深圳人大代表竞选现象解读》,《2003年中国经济特区论坛:特区发展与国际化问题学术研讨会论文集》,2003年12月。
⑦ 黄卫平、陈文:《公民参政需求增长与制度回应的博弈》,《深圳大学学报》(人文社会科学版)2005年第2期。

实行差额选举，并且在 2004 年修改时特意增加了候选人与选民见面的规定。黄冬娅认为，尽管客观上大部分代表一旦获得提名就能顺利当选，但是其主观上还是感受到来自各方面的潜在竞争。黄冬娅通过对 1050 个县级人大代表进行问卷调查，发现代表所感知的竞争激烈程度分别是：回答"不太激烈"的占 8.1%，"一般"占 52.9%，"比较激烈"占 39%。与黄冬娅的观点不同，黄卫平指出，制度试图塑造的竞争事实上很难实现，实际情况都是由执政党推荐候选人进行准等额选举（差额极低或竞争力较弱的陪选模式）。本文认为，从基本等额的确认式选举向存在差额的竞争式选举过渡需要一个逐渐发展的过程。但是无论如何，制度已经开放了竞争的空间，尽管这种空间目前还不足，但毕竟为未来的发展预留了制度上的可能性。

综上所述，虽然中国非竞选体制的背景没有变，但是 1979 年以后还是在扩大直接选举、选民自主联名提名候选人、差额选举等方面实现了重要的制度变革。在制度的保障下，选民至少在法律意义上已经越来越重要。选民的权重越大，人大代表对选民负责的观念就越强，代表的履职积极性也会相应增加。上述几方面的制度变革增加了"代表—选民"天平上"选民"一方的分量，并引入代表之间的竞争机制，旨在双管齐下促进代表的履职积极性。虽然实践中上述规定没有得到严格遵守，甚至被变相规避，但毕竟为履职激励机制开放了法理空间，具有深远意义。

三 地方人大工作机制对人大代表履职积极性的推动

（一）制度与工作机制辨析

如上所述，人大制度的变革增加了选民的权重，代表联系选民积极性的萌芽产生，然而在实践中，这些新制度仍然没能全面打开人大代表积极履职的局面。为了解决代表履职积极性不足的问题，各级人大常委会纷纷出台规范人大代表履职的工作机制。一方面，地方人大常委会作为人大的常设工作机构，承担着具体的工作任务，从日常工作开展的角度上必然会着力解决代表履职积极性不足的问题。另一反面，相比于高位阶的全国性法律制度，低位阶的地方人大工作机制更贴合群众的需求，可以基于群众需要对人大代表提出更具体、更细致的行为要求。

全国人大常委会 2005 年相继出台了《中共全国人大常委会党组关于进一步发挥全国人大代表作用，加强全国人大常委会制度建设的若干意见》和《关于加强和规范全国人大代表活动的若干意见》，2016 年又出台《关于完善人大代表联系人民群众制度的实施意见》（以下简称实施意见）。根据上述文件，各省、市、县、乡镇级别的人大常委会也纷纷出台各级关于完善人大代表联系人民群众制度的实施意见。为了促进人大代表更好地联系选民，中国 31 个省级人大及 316 个设区的市和自治州（设区的市级）人大均设立代表联络机构，主要负责联络代表、组织代表活动、处理代表议案与建议意见等。此外，全国绝大多数县级人大也都设有代表联络机构，并在街道设立派出工作机构。乡镇人大虽然并没有全部设立专门的联络工作机构，但是通常会由乡镇人大主席团开展联系代表、组织代表活动的工作。各级人大代表联络机构皆需遵循一定的工作机制，有的以省人大制定的工作规则为准，有的市县人大进一步细化制定了本区域人大代表联系选民工作规则，有的乡镇街道人大代表联络机构甚至制定了本机构的代表工作制度，用以规范和督促代表履职。

（二）工作机制如何激励代表履职积极性

工作机制如同人大制度的触角一般，延伸到社会生活的各个层面，可以最切实地规范人大代表的履职行为。基于对大量地方人大工作规则的研究，本文选取了如下三个角度观察地方人大工作规则在激励代表履职积极性方面所发挥的实际作用。

1. *代表履职的场合——单位还是社区*

中国现行《选举法》规定选区可以按居住状况划分，也可以按单位划分。人大选举工作的实践一直是优先以工作单位来划分选区，没有工作单位的城市居民以及农村居民才根据居住地划分选区。中国长期以来延续了以单位来划分选区的传统，通常是为了便于组织和管理选举工作。在计划经济时代，"单位体制"下依附关系非常明显，单位往往既是工作区域也是居住区域。单位选区选出的人大代表多是本单位的领导干部。选举基本上就成为"指派性"的，选民为了避免职业风险和政治风险，不可能投反对票，代表也基本没有积极联系选民的压力。所以单位作为代表的产生来源和工作场域有可能成为人大代表联系选民动力不足的原因。

在实践中，为了弥补单位选区产生的人大代表与居民联系不足的问题，多地的人大工作规则都出台了"人大代表进网格""人大代表进社区"的工作要求。与单位比起来，社区是选民生活的场域，居民在社区中有更多直接利益，也会更加积极反映诉求。当选民主动寻求代表的帮助时，代表尽管是"被联系"的角色，但也得以激发履职的积极性。梅拉尼·曼宁指出，熟人社会能让人大代表感觉到压力，因此代表履职中的"地域回应性"明显增加。郭继光也认为，在中国，与"选举联系"比起来，"社区压力"是对代表履职更有效的激励机制，代表在日常社会交往中与社区成员的密切互动，使得他们不得不关注选民，表达其诉求。① 这就是为什么实践中基层人大出台的工作规则中通常都会要求代表进社区，因为明确了代表联系选民的"责任田"之后，代表的积极性一定程度上得到激发。

地方人大工作规则中的"人大代表进网格"是全国人大常委会《关于完善人大代表联系人民群众制度的实施意见》中"安排代表固定联系原选区选民或者原选举单位的人大代表"精神的落实，但却比上述实施意见更具有针对性。例如，浙江省杭州市上城区紫阳街道2014年出台了《紫阳街道"人大代表进网格"参与社会管理与服务工作实施办法》，其中明确规定人大代表参与社区网格化服务，"勤耕自己的网格责任田，认真听取网格内选民与群众的意见建议，及时向有关部门反映群众的呼声和要求，督促有关部门及时办理和答复"。各地类似的工作规则还有很多，实践证明，代表有了自己对应的联络社区以及固定的社区工作站之后，往往可以促进其开展联系选民的工作。

2. 如何理解集体行权——小组走访还是个人走访

按照正式制度的规定，人大工作的基本原则是集体行使职权。集体行权除了指人大及其常委会主要通过举行会议集体行使职权，也指向闭会期间。根据《代表法》第20条第1款规定，代表在闭会期间的活动以

---

① Guo Jiguang, "A Study of Deputies in Local People's Congresses in China", Ph. D dissertation, National University of Singapore, 2008.

集体活动为主，以代表小组活动为基本形式。实践中，代表以小组形式视察调研走访的，往往走马观花流于形式，基层社区把代表小组的莅临当作是接待领导，小组的代表们与选民的联系是座谈会的形式，很难"责任到人"，因而不能真正激发个人的积极性。解决小组走访的困境，涉及如何理解"集体行权"的问题。中国之所以规定人大工作必须集体行使职权，首先是因为不同于政府、法院等其他国家机关，"人民代表大会"本身就是以会议的形式存在，有关国家或地区的重要事项必须以会议的形式表决通过。在这个意义上，人大必须"集体行权"。其次，在闭会期间，由于人大代表数量庞大，相对松散，如果每个代表都擅自以立法机关工作人员的身份随意介入其他机关的工作，必定会扰乱正常的工作秩序。基于上述两个方面的考虑，"集体行权"成为中国人大工作的基本原则。但是，本文认为，在联系群众的问题上不应该对集体行权进行刻板理解。准确地说，联系走访群众，目的是了解真实情况，倾听选民真实诉求，应该被界定为人大代表的法定义务，而非行使职权的行为。如果以集体行权的名义规避在联系选民方面的个人义务的话，代表个人很容易产生不承担责任的心理。相反，如果代表个人固定联系一定数量的选民，则会产生一种"责任到人"的激励效应。

与选举法存在微妙差异的是，全国人大常委会的实施意见中没有规定"必须"，而是说"各级人大代表可以通过参加代表小组，开展与人民群众联系工作"。从必须以代表小组的形式展开闭会期间履职活动，到"可以"通过参加代表小组开展与人民群众的联系工作，说明人大制度在实践运行中试图提高闭会期间人大代表联系选民的积极性。比上述规定更进一步的是，为了鼓励代表个人联系选民的积极性，地方上许多人大代表工作规则直接规定了代表个人走访选区。例如，安徽省舒城县人大常委会2017年12月颁布的《关于完善人大代表联系人民群众制度的实施办法》中明确规定，除了"县、乡两级人大代表小组每年集体接待群众不少于2次，接待群众的时间、地点以及参加接待的代表名单和联系方式应当提前公布"之外，"代表还可以通过个人走访的形式，或者通过电子邮箱、QQ、微博、微信等网络平台联系群众"。又如，深圳市南山区月亮湾社区的人大代表联络站在全国首创某个人大代表负责某个社区的选民联系工作的人大代表工作机制。该社区的居民关心的公共环境、交通、教育等需要政府解决的公共问题，几步路便走到本社区的人大代表联络站去反映，那里有一位全年在岗的人大代表积极向相关政府部门反馈群众的意见，成立10多年来为辖区居民办成了500多件实事、好事，成为全国知名的"明星"人大代表联络站，实现了人大代表与选民的积极、良性、有效互动。①

3. 代表履职评价是否影响连任

《代表法》规定人大代表接受选民监督并向原选区选民报告履职情况。当选前的"选举激励"不足的情况下，当选后的"履职评价"应当尽可能充分发挥激励代表履职的作用。"履职评价"在非竞选体制中显得尤为重要。但是《代表法》中设定的"履职评价"机制并不充足，主要问题在于两个方面：第一，《代表法》没有规定代表向选民作履职报告的形式和次数。由于法律没有硬性规定，因此实践中留给地方人大常委会的裁量空间比较大。能否通过履职评价机制实现对代表的监督也基本取决于地方人大常委会是否重视该项工作。实践中常见的是，代表履职报告长期拖延，甚至不了了之，抑或以提交一篇简单的书面报告来完成任务。即便是组织口头履职报告会的，参会的选民往往是由单位代表或以居委会工作人员充数的居民代表，代表宣读履职报告便算是完成了法定动作，参会人员通常也就是以鼓掌表态，监督评价常常流于形式。第二，代表法中没有规定履职评价的后果和约束力。如果选民对代表的工作不满意，如何体现在履职评价环节，又如何对代表形成约束力，这些问题选举法中都没有规定。如何让"履职监督"机制发挥出应有的作用是关系到中国人大代表履职积极性的重要环节，事实证明，基层人大工作机构在这方面已经有了很多的思考，并付诸于实施。

全国人大常委会《关于完善人大代表联系人民群众制度的实施意见》中规定，县级人大常委会和乡级人大主席团要定期组织本级人大代表"口头或者书面"向原选区选民报告履职情况，履职报告中要包括"代表密切联系人民群众的具体情况和成效"，但是该规定仍然比较笼统。相比之下，安徽省人大常委会2017年3月颁布的《关于完善人大代表联系人

---

① 参见邹树彬《构建和谐社区：深圳市月亮湾片区"人大代表工作站"个案研究》，重庆出版社2007年版。

民群众制度的实施意见》补充了"述职制度"和"评议机制":逐步推行省、设区的市人大代表述职制度,代表定期向原选举单位报告履行代表职务情况并接受评议。2017 年 7 月颁布的《黑龙江省人大常委会关于完善人大代表联系人民群众制度的实施意见(征求意见稿)》则规定了述职次数的"硬性要求":各级人大代表(包括黑龙江省境内选举产生的全国人大代表),每名每届至少完成履职报告 1 次。2018 年 6 月,深圳市南山区人大常委会印发《南山区人民代表大会代表履职档案管理办法》则是建立了"代表履职档案向社会公开制度"。区人大办定期通过网站、微信公众号向社会公开代表履职情况,代表履职情况将作为代表评优、罢免、连任的重要依据。这些地方人大的工作规定相比之下更为具体、明确,能发挥实效。

履职评价机制规定更为细致的一个例子是杭州市上城区人大紫阳街道工委会于 2018 年 3 月颁布的《紫阳地区人大代表履职评价实施办法(试行)》,其中明确了人大代表"履职积分机制"以及履职积分作为代表连任的基本依据。该办法规定,紫阳地区全体区人大代表的履职工作要量化为积分,履职积分分为基本分和激励分两部分。基本分主要由代表参加人代会、政情通报会、代表小组集中活动、"代表进社区"活动以及代表受理解决选民反映的问题等基本履职工作积分构成,是评价代表年度履职工作是否称职的基本依据;激励分由代表自主或受邀参加的其他各类监督、检查、建言、公益活动等履职工作积分构成,是衡量代表年度履职工作评优的依据。代表年度履职工作积分基本分为 100 分,不满 60 分的为不称职,60 分以上为称职,积分将作为代表年度履职评价及代表换届留任考量的重要依据。另外,"人大代表向选民述职"的满意度评价情况也作为代表换届留任的考量。根据紫阳街道的上述规定,如果代表不积极联系选民,就会拿到很低的积分,下一届将无法连任。这虽然不是竞选体制意义上的再当选激励机制,但是却实实在在地发挥了激励代表履职的作用,类似这样的规定真正体现了中国体制和制度的韧性以及基层治理的活力。

(三) 人大代表履职的三项激励机制

综上所述,为了发挥人大代表的履职积极性,不同地区的地方人大工作规则中普遍采用了三项激励机制：即人大代表进社区、代表个人联系走访社区以及履职评价约束机制，可以概括为"进社区机制""个人联系机制"以及"履职评价机制"。各地对这些机制的名称表述略有不同，但所指向的实际含义是相似的。有的地方将"人大代表进社区"机制明确表述为"网格制"，更多的是以"人大代表之家""人大代表联络站"或"代表工作室"等名称进行表述。而关于代表个人走访责任制，若干地方工作规则中明确规定"个人走访"，有的则是规定代表"固定联系"若干位选民，相当于给代表划分了选民联系工作中的个人责任范围。至于履职评价约束机制，不同的表述有"代表履职登记反馈机制""代表联系选区履职记录"或者"考核积分制"等，有的地方明确将履职记录作为连任标准，有的地方则从反面规定"不称职代表退出机制"，皆异曲同工。

　　值得注意的是，这三项激励机制不是在先进典型个案的意义上作为偶发现象存在，而是已经成为基层常用的工作手段。为了统计其出现的频率，本文研究了大量全国各地的人大代表联系选民工作规则。自 2016 年全国人大常委会印发《关于完善人大代表联系人民群众制度的实施意见》以来，不同省份、不同级别的人大常委会纷纷出台了各地的"人大代表联系选民"工作规则。通过对各省份相关文件逐一检索后发现，有 20 个省份出台了专项的人大代表联系选民实施意见。在已经出台人大代表联系选民专项工作规则的这 20 个省份中，有的是省级工作规则，如《辽宁省人民代表大会常务委员会关于进一步加强人大代表联系人民群众工作的若干规定》（2013 年）；有的是地市级工作规则，如河南省的《鹤壁市人大常委会关于进一步完善人大代表联系人民群众制度的实施意见》（2017 年）、广东省的《中山市人大代表联系选民办法》（2016 年修正）、甘肃省的《酒泉市人大常委会关于开展"人大代表之家"创建工作的实施意见》（2014 年）、山东省淄博市人大常委会出台的《关于加强常委会与人大代表联系和人大代表与人民群众联系的意见》（2014 年）；有的是县级人大工作规则；还有的是乡镇街道人大发布的工作规则，如安徽省绩溪县《上庄镇人大代表联系选民制度》、浙江省绍兴市柯桥区兰亭街道《关于加强人大代表联系群众工作的实施意见》等。为了便于横向比较，保持统计口径一致，本文选取了不同省份的 12 个县级人大常委会出台的代表联系选民专项制度。作为直接选举和间接选举的分界线,县级人大在中国人大系统中具有独特地位。一方面,县级人大的工作直接面向基层选民,掌握大量的一手信息,对选民诉求的捕捉非常敏锐。另一方面,县级人大又是中国政权力量比较正规的一级,工作人员的素质得到正规公务系统的保障,人大机关也有相应的能力和知识水平来制定和颁布规范性文件。统计发现,在不同省份的12个县级人大中,规定了代表进社区的占100%,规定了代表个人联系走访选民的占比83.3%,规定了代表履职评价机制的占比75%,如表1所示。

表1 县级人大工作规则中的激励机制统计

地名	文件名称	进社区机制	个人联系机制	履职评价机制
安徽省舒城县	舒城县人大常委会《关于完善人大代表联系人民群众制度的实施办法》(2017年)	有	有	有
北京市朝阳区	《北京市朝阳区人民代表大会常务委员会关于进一步加强人大代表工作的若干措施》(2014年)	有	无	有
贵州省纳雍县	《关于纳雍县县、乡(镇)人大代表联系选区(选民)的实施意见》(2017年)	有	有	有
河北省广平县	《广平县人大常委会关于建立人大代表履职工作机制的意见》(2018年)	有	无	有
湖南省湘乡市	《湘乡市人大常委会关于市人民代表大会闭会期间认真开展代表活动,发挥代表作用的决定》(2017年)	有	有	有
江苏省句容市	《中共句容市人大常委会党组关于完善全市各级人大代表联系人民群众制度的工作意见》(2018年)	有	有	有
江西省九江市柴桑区	《柴桑区人民代表大会常务委员关于完善人大代表联系人民群众制度的实施办法》(2017年)	有	有	有

续表

地名	文件名称	进社区机制	个人联系机制	履职评价机制
内蒙古锡林郭勒盟正蓝旗	正蓝旗人大常委会《关于进一步加强"人大代表之家"建设的指导意见》（2016年）	有	有	有
天津市滨海新区	《天津市滨海新区人民代表大会常务委员会关于区人大代表联系选民办法》（2013年修订）	有	有	无
云南省瑞丽市	《瑞丽市市级人大代表联系选民制度（试行）》（2017年）	有	有	无
浙江省瑞安市	《关于完善全市各级人大代表联系人民群众制度的实施意见》（2017年）	有	有	无
重庆市武隆区	《重庆市武隆区人民代表大会代表联系人民群众制度（试行）》（2017年）	有	有	有

注：12份文件中，规定了进社区机制的为12份，规定了个人联系机制的为10份，规定了履职评价机制的为9份。

四 结语

传统代议制理论一般认为议员积极联系选民的动力来自"选举激励"机制。因此中国学界普遍存在的理论偏见是，人大代表由于没有竞选体制下的"选举激励"机制因而天然缺乏履职动力。但是，本文认为，将人大代表的履职积极性归因于体制，在理论上显得过于简单，在实践中也不利于人大代表在工作中发挥积极作用。党的十八大报告指出，"政治体制改革是中国全面改革的重要组成部分，必须坚持党的领导、人民当家作主、依法治国有机统一。这是中国特色社会主义政治发展道路的特色和鲜明优势，解放思想、改革开放也要以此为前提和方向"。在这个前提之下，如果坚持非竞选体制背景与人大代表履职积极性之间必然的因果关系，就等于默认了人大代表履职不积极的合理性，非竞选体制与人大代表履职积极性之间的线性因果关系应该被打破。

中国人大制度的变迁过程证明，与体制相比，制度和工作机制顺应时代发展的灵活性更强。正是由于改革必须以政治体制为前提，制度变迁和地方人大工作规则中才更需要探索代表履职的激励机制。非竞选体制与人大代表履职积极性不足的逻辑障碍被克服之后，应该鼓励越来越多的人大代表积极履职，在体制框架内推动中国人大制度及具体工作机制的完善和实际作用的发挥。

体制、制度、机制三者从宏观到微观，从顶层到基层，从权力配置到工作细节逐步递进，有机地构成了中国人大代表履职的规范性体系。工作机制正如人大制度的触角，可以延伸到社会生活的各个角落、各个层面。而最基层的社区才是十四亿普通老百姓日常的生活区域，基层人大工作机制带给普通群众的感受是最鲜活的，他们的诉求也第一时间回馈和反映在基层工作机制的变化中。因此，就普通公民的感受而言，约束着各级人大代表发挥作用的地方人大工作机制是中国人大制度的具体体现，体制和顶层制度的影响反而比较间接。当然，被实践证明是行之有效的工作机制有可能上升为法律制度，而法律制度的渐进式变迁也会使体制焕发时代的活力，这也是中国特色社会主义民主制度的生命力体现。

实践探索篇

中国基层治理的特色及其制度优势

赵秀玲[*]

摘　要：基层治理在国家治理体系中具有十分重要的地位和作用。当前，中国基层治理的特色及制度优势主要体现在：采取多方参与、协同合作、共同发展的多元协同共治，充分调动各个方面的积极性；充分发挥人民群众首创精神，最大限度增强社会发展活力，达到社会治理效率的最大优化；坚持精准到位的"微治理"，从日常生活中的小事、难事入手开展工作，实行"小单元"自治，重视具体细致的精细化管理；不断健全完善基层群众自治制度，规范和引导基层群众自治实践；发挥党建创新的作用，把基层党建与基层治理相融合，在基层党组织带领下开展基层群众自治实践。

关键词：基层治理；基层群众自治制度；制度优势；制度创新

基层治理在国家治理体系中具有十分重要的地位和作用，习近平总书记明确要求，要着力完善城市治理体系和城乡基层治理体系，[①] 在提升基层治理能力方面推出一些管用举措。[②] 但目前学术界对基层治理的研究还不充分，一些研究简单引用、套用西方概念，机械剪裁中国丰富多彩的基层治理现实；还有一些则一味强调传统，拒绝创新。其实，中国基层治理现实十分丰富生动，对世界各民族创造的制度和文化资源，坚持

---

[*] 赵秀玲，中国社会科学院政治学研究所研究员，创新工程项目首席研究员。
① 参见《人民日报》2020年3月11日。
② 参见《人民日报》2020年5月23日。

以我为主、为我所用，去其糟粕、取其精华，既有大胆借鉴、又有全面继承、又有创新性发展。在总结和提炼中国实践经验的基础上，学习借鉴国外先进理念与经验，形成符合中国国情的基层治理方式，不断完善和发展中国特色社会主义制度，是中华人民共和国成立以来特别是改革开放40多年来中国基层治理的一条宝贵经验。

一 在多元协同共治中实现优化创新发展

作为整个社会大厦的基石，中国基层治理要在党的领导下，团结多种力量协同共治，方能取得显著成绩，从而形成中国特色，发挥中国制度优势。习近平总书记指出："要通过社会体制改革创新，充分调动各方面积极性，最大限度 增强社会发展活力，充分发挥人民群众首创精神，使全社会创造能量充分释放、创业活动蓬勃开展。"[1] 如浙江省杭州市注重多主体共同参与，从而形成"社会复合主体"治理模式，包括党政界、知识界、行业界、媒体界等不同身份的人员共同参与治理中来。[2] 通过充分发挥各个主体的作用，实现政府治理和社会调节、居民自治良性互动，夯实基层治理基础。

就中国基层治理与外部的关系而言，它离不开党的领导和政府支持、指导，也离不开社会组织等的参与和协助，这是整体观和一盘棋的战略发展思维。有观点认为，由于受到政府的影响和干预，中国基层自治能力水平不高，基层治理成就也就大打了折扣。这显然是错误的，是以西方观点和单一化标准剪裁中国实践得出的错误结论。它将"自治"孤立起来，也将"自治"作为基层治理的唯一甚至是绝对标准。中国幅员辽阔，城乡基层情况复杂多样，需要各种力量的大力支持帮助，形成多元协同共治的合力。只有这样才能实现长远的高质量的可持续发展。政府的财政支持是基层治理不可或缺的重要一环，如四川省成都市为每个行

---

[1] 《习近平关于社会主义社会建设论述摘编》，中央文献出版社2017年版，第119页。
[2] 毛寿龙、李文钊：《社会复合主体与城市治道变革——以杭州市为例》，《北京行政学院学报》2010年第1期。

政村提供几十万元，作为公共服务和公共管理专项资金。① 此外，社会组织对中国农村基层的大力扶持，也直接推动了乡村治理的快速发展。据统计，2017年，中国扶贫基金会共接受捐赠5.8亿元，支出4.7亿元，发放小额贷款为86亿元。② 这些支出对于提高农村地区的产业发展、教育水平和儿童营养健康起到了积极作用。

基层治理内部也需要多方参与、协同合作、共同发展，这样才能把握基层治理的制度优势更大程度地发挥出来。这既包括市（县）、街道（乡镇）、社区（村）的联动，也包括村（居）党组织、自治组织、经济组织、社会组织的结合，还包括德治、法治、自治的协调，是一个牵一发而动全身的系统工程。如安徽南陵县首创"三会四自一平台"乡村治理模式，是一个以"议事会议事、理事会干事、监事会察事"的"三会"运行机制，让村民成为"自选、自建、自监、自用"的"四自"主体，在"美好乡村建设这一平台"合力演好乡村治理这"一台戏"。③ 吉林省安图县则建立"四位一体、三个平台、一个频道"的全流程、全覆盖诉求服务网络。所谓"四位一体"，是指行政接访、法律援助、民事民议、纪检督查；所谓"三个平台"，是指评理、说事、建言三个平台；所谓"一个频道"，是指"安图民声"频道，对群众诉求案件进行跟踪报道和全面点评。④ 可以说，各地基层治理中的不少制度创新，都充分体现了多元协同共治的特点，从而达到优化资源配置的科学治理效果。

中国基层治理在横向上也呈现出多元协同共治的大好局面，有的地方制度创新还吸收了基层群众智慧，提升了基层治理的实效性。较有代表性的是浙江省兰溪市创建的"强村智囊团"，其具体做法是，让强村帮助弱村，将先进的治村理念和方法传授给结对村，进行"精准扶弱"。这种村村联手、以强带弱、共谋发展的新思路，打破了传统意义上农村社

---

① 参见罗向明《机关干部要到基层服务一年以上》，《四川日报》2014年10月31日。
② 参见付丽丽《去年中国扶贫基金会资助贫困人口超419万》，《科技日报》2018年3月27日。
③ 参见孟祥夫《既"当家作主"又"管钱管事"》，《人民日报》2016年3月30日。
④ 参见祝大伟《吉林安图：信访量为何急剧下降——以"说理、评事、建言"方式将直接联系服务群众制度化》，《人民日报》2015年6月30日。

区的边界固化和思维定式，破除了地方保护主义的落后观。还有超越同一个乡镇或县域的范围，实现跨县、市甚至省的基层治理协同发展，这在浙江青田县与平湖市的山海协作"飞地抱团"① 以及中共沪浙山塘"联合党支部"② 的建设中得到突出表现。"飞地抱团"开启了"活血帮扶、区域互动、合作共赢"的集体经济发展全新模式，优化配置资源，积极探索出了乡村振兴的新模式，推动了南北山塘一体化，实现了资源共享、产业共赢、人才共用、群众共融、社会共治、文化共建。由此可见，中国基层治理在多元协同共治方面已经达到了相当的广度和深度。

基层治理的多元协同共治有一个科学化设计安排问题。不同主体可通过取长补短、相互借鉴、彼此激励、互利共赢，达到效率的最大优化，产生"一加一远大于二"的特殊效果。这是中国基层治理及国家治理的文化和制度优势，是许多国家无法模仿也难以达到的中国特色。

二 精准到位的"微治理"方式

中国地域广阔，基层社会广大，所面临的问题复杂多样，这就决定了基层治理既离不开高屋建瓴的战略性发展构想，更需要将各项工作落在实处，做到精准到位、抓铁有痕。目前，中国许多地方都在切实做好基层治理的具体工作，在"微治理"创新方面迈出坚实步伐。

首先，从日常生活中的小事、难事入手开展工作，使基层治理逐步走向深化。基层治理比较多的是与人们日常生活相关的一些具体的、细节性的事务。如果都以应对重大事件的思维方式处理解决，很可能导致用力过猛，甚至出现错位或南辕北辙。这也是长期以来，中国基层治理容易出现的问题：表面看用力用心不少，但有时会与人民群众的愿望不合甚至相悖。而一些富于创新性的基层治理则从实际出发，紧紧贴近人民群众迫切需要解决的小事和难事，往往能够事半功倍。如福建省厦门市海沧一些社区（村）创立"微梦圆愿小屋""爱心储蓄银行""贴吧交

---

① 参见《共谱钱塘协奏曲》，《人民日报》2019年11月30日。
② 参见刘士安、曹玲娟《组织在身边 难点变亮点——上海构筑超大城市党建新格局（上）》，《人民日报》2018年12月13日。

友平台""邻里中心""油盐酱醋茶，衣食住行闲"等平台，还修建凉亭、整治水池、修理绿地，既方便了居民日常生活，又解决了一些老人日常生活中遇到的困难，颇得民意人心。表面看来，这些"微治理"的确是小事，但实际上，人民群众身边无小事，所有的小事都是群众眼中的大事，值得广大干部高度重视。将这些人民群众最关心的"小事"做好，把大量的矛盾和问题妥善解决在基层，才能更有力地维护社会和谐稳定。

其次，实行"小单元"自治，方能使基层治理行稳致远。长期以来，村委会和居委会作为基层群众自治的基本单位，发挥着与行政组织不同的职能；然而，随着城乡治理过程中各方面工作的不断细化、拓展，人们越来越感到人手有限，如果只有几个工作人员，那是很难应付上万人的大社区的具体工作的。为克服这一瓶颈问题，一些地方探索"小单元"自治模式，将工作不断"细化"，让权、责、职、能得到充分发挥，这是基层群众自治的进一步深化和发展。一是将"权力"下放，由原"行政村"和"村委会"下到"自然村"和"村民小组"，让更多"小组织"参与群众自治中来。广东云安县成立村和乡镇两级理事会，与村民小组理事会共同组成"以组为基础、三级联动"的基层治理新机制。四川省邛崃马岩村创立的"村民自治管理大院"模式，就是以"村民小组"为基本单位，让"村民小组"成为一级独立的自治组织。二是让更多群众参与其中，使其发挥监督作用，真正成为治理主体。正如习近平总书记指出的，只有"把市民和政府的关系从'你和我'变成'我们'，从'要我做'变为'一起做'，才能真正实现城市共治共管、共建共享。"[1]三是微单位治理。习近平总书记多次提出，要"坚持重心下移"，"积极推进网格化服务管理体系建设"[2]；"深化拓展网格化管理，尽可能把资源、服务、管理放到基层，使基层有权有物，更好为群众提供精准有效的服务和管理"。[3] 这在不少地方的"网格化"管理与"院落—门栋"自治中表现突出。如有的实行"小单元，大党建"社区自治方式，将规模

---

[1]《习近平关于社会主义社会建设论述摘编》，中央文献出版社2017年版，第133页。
[2]《习近平关于社会主义社会建设论述摘编》，中央文献出版社2017年版，第126页。
[3]《习近平关于社会主义社会建设论述摘编》，中央文献出版社2017年版，第127页。

较小和居民不多的院落与小区变成一个自治单元，较大的划成几个自治单位。还有的以街道和院落为条块，将社区划为多个网格片区，让网格员到片区开展便民的管理服务。显然，"小单元"自治使基层治理更加细致有效，避免基层治理落空。

最后，重视具体细致的精细化管理，使基层治理产生实效。中国基层治理涉及面广、情况复杂，要做到切实有效并非易事。目前，还有一些做得不到位的地方：比如，"微腐败"的情况还在一定范围内存在；一些基层干部履职不尽职尽责，还有不作为的问题存在；一些政策没有考虑农村农民的实际情况，导致悬置搁浅、难以推行。为解决这些问题，将基层治理做实做细，尤其是令其有用有效，发挥"微治理"的作用就显得十分重要。为彻底解决乡村基层的腐败问题，四川巴中市的白庙乡实行"全裸乡政府"，将一个月的所有账目在网上公开，数目精确到个位数，连买信纸的一元五角钱也列出来。在公示表格中，每笔开支都有乡纪委书记签字，外加3个证明人。这样，每笔开支都有时间、事由、金额，也有经办人、证明人、审批人、安排人，可谓细到极点。四川省大邑县利用互联网和信托视频监控系统，开展"雪亮工程＋微权力治理"综合监管系统建设试点，为基层反腐和监督"微权力"提供了便利。互联网"大数据"让乡村一些人的偷报冒领补助现出原形。福建省平和县创设"微党课型"这一基层培训形式，其特点是短、小、精、新。所谓"短"，是授课时间短，一般不超过20分钟，避免学员陷入听觉疲劳。所谓"小"，是授课主体小，将普通党员推上讲台；授课范围小，以党支部为单位。所谓"精"，是以小见大，见微知著，做到内容精炼、观点精当、形式精彩。所谓"新"，是授课方式新，采用"案例"教学、"互动"教学等方法，以身边事和身边人达到互相启发的目的。

中国基层治理要围绕党和国家的中心工作，在国家战略发展的大局中依法实施。同时，也要注意不能照本宣科，避免采取上下一般粗的机械做法。应根据基层实际，创造性发挥群众的主体性和能动性，并及时总结推广群众在基层实践中创造的经验做法，把好的经验做法上升为政策制度，把成熟的政策和制度固定为法律法规，使基层群众自治之路越走越宽阔。

三 不断建立健全完善基层群众自治制度

在国家治理中，最重要也是不可忽略的是制度，特别是基层群众自治制度。一方面，制度是被高度凝结和内化的软性文化与智慧；另一方面，它又是硬性和刚性的，起着规范、制约和引导的作用。基层群众自治制度是人民群众在党的领导下对农村村级、城市社区公共事务和公益事业直接行使当家作主民主权利的政策、法规、程序、规范的总称，是伴随新中国发展历程而成长起来的基本政治制度，在中国政治制度体系中有十分重要而独特的作用。[1]

中华人民共和国成立后，一些城市中出现了由群众自己组织起来的名称不一的自治组织。为了进一步完善对基层的管理，1953 年，彭真在向毛泽东并中共中央提出的一份报告中提出："街道居民委员会的组织是需要建立的。它的性质是群众自治组织"，"居民委员会应由居民小组选举产生，在城市基层政权或其派出机关的统一指导下进行工作，但它在组织上并不是基层政权的'腿'，不应交付很多事情给它办"[2]。1954 年，第一届全国人大常委会第四次会议通过的《城市居民委员会组织条例》中也包含了基层群众自治的精神。真正将基层群众自治以法律形式固定下来是在改革开放以后。1982—1989 年，是基层群众自治立法的集中期。1982 年通过的《中华人民共和国宪法》对基层群众自治组织的性质、任务和作用等进行了明确规定，1987 年通过的《中华人民共和国村民委员会组织法》和 1989 年通过的《中华人民共和国城市居民委员会组织法（试行）》分别对农村基层群众自治组织和城市基层群众自治组织予以了法律保障。1992 年，党的十四大将职工代表大会、居民委员会和村民委员会等基层群众自治组织机构写入大会报告，要求切实发挥这些组织的作用。[3] 2007 年，党的十七大首次将基层

---

[1] 参见《〈中共中央关于坚持和完善中国特色社会主义制度、推进国家治理体系和治理能力现代化若干重大问题的决定〉辅导读本》，人民出版社 2019 年版，第 231 页。

[2] 《彭真文选》，人民出版社 1991 年版，第 241 页。

[3] 参见《十四大以来重要文献选编》（上），人民出版社 1996 年版，第 29 页。

群众自治制度就与人民代表大会制度、中国共产党领导的多党合作与政治协商制度、民主区域自治制度并列，作为中国特色社会主义政治制度的重要组成部分。①这是一个新的起点和高度，具有里程碑意义。报告规定："发展基层民主，保障人民享有更多更切实的民主权利。人民依法直接行使民主权利，管理基层公共事务和公益事业，实行自我管理、自我服务、自我教育、自我监督，对干部实行民主监督，是人民当家作主最有效、最广泛的途径，必须作为发展社会主义民主政治的基础性工程重点推进。要健全基层党组织领导的充满活力的基层群众自治机制，扩大基层群众自治范围，完善民主管理制度，把城乡社区建设成为管理有序、服务完善、文明祥和的社会生活共同体。全心全意依靠工人阶级，完善以职工代表大会为基本形式的企事业单位民主管理制度，推进厂务公开，支持职工参与管理，维护职工合法权益。深化乡镇机构改革，加强基层政权建设项目，完善政务公开、村务公开等制度，实现政府行政管理与基层群众自治有效衔接和良性互动。发挥社会组织在扩大群众参与、反映群众诉求方面的积极作用，增强社会自治功能。"这样的制度规定既严谨细致，又丰富全面，还高度概括，体现了制度的规范性、法制化、科学化。

党的十八大以来，基层群众自治制度不断健全和完善。党的十八大报告指出："要健全基层党组织领导的充满活力的基层群众自治机制，以扩大有序参与、推进信息公开、加强议事协商、强化权力监督为重点，拓宽范围和途径，丰富内容和形式，保障人民享有更多更切实的民主权利。"②党的十九大报告强调，"发展社会主义协商民主，健全民主制度，丰富民主形式，拓宽民主渠道，保证人民当家作主落实到国家政治生活和社会生活之中"③。社会主义协商民主中重要的部分就是基层协商民主。习近平总书记指出："人民群众是社会主义协商民主的重点。涉及人民群众利益的大量决策和工作，主要发生在基层。要按照协商于民、协商为民的要求，大力发展基层协商民主，重点在基层群众中开展协商。凡是

---

① 参见《十七大以来重要文献选编》（上），中央文献出版社2009年版，第22页。
② 参见《十八大以来重要文献选编》（上），中央文献出版社2014年版，第21页。
③ 参见《十九大以来重要文献选编》（上），中央文献出版社2019年版，第16页。

涉及群众切身利益的决策都要充分听取群众意见，通过各种方式、在各个层级、各个方面同群众进行协商。要完善基层组织联系群众制度，加强议事协商，做好上情下达、下情上传工作，保证人民依法管理好自己的事务。要推进权力运行公开化、规范化，完善党务公开、政务公开、司法公开和各领域办事公开制度，让人民监督权力，让权力在阳光下运行。"[1] 党的二十大报告提出："健全基层党组织领导的基层群众自治机制，加强基层组织建设，完善基层直接民主制度体系和工作体系，增强城乡社区群众自我管理、自我服务、自我教育、自我监督的实效。"从完善民主制度体系和充分发挥民主效能提出高要求。[2]

基层群众自治制度具有鲜明的中国特色。在民主选举、民主决策、民主管理、民主监督等方面，全国各地创造性地探索出了很多好的经验和做法。比如，浙江省温岭市的民主恳谈制度就比较有代表性：一方面，它被引入基层人大体制，推动了国家基层协商民主的完善；另一方面，它又成为指导全国进行基层协商民主的范本。又如，山东省寿光市东斟灌村创建了"三自"治理模式。这个"三自"包括农民的自主、自治、自我服务，有助于全面提升农村综合治理能力水平。其中，群众自治的"五事"工作法值得肯定，这包括：民主提事、联席议事、票决定事、集中办事、制度监事。制度规定，村中重要和重大事务都必须由村民做主、办理、同意、监督。[3] 就全国范围看，这样的创新性制度还有不少，它们对于基层群众自治起到了规范性、引导性作用，也丰富完善了整个国家的基层群众自治制度。

四 党建创新引领基层治理走向深化

党的领导是中国特色社会主义最本质的特征，也是我们能克服重重

---

[1] 习近平：《在庆祝中国人民政治协商会议成立65周年大会上的讲话》，人民出版社2014年版，第20—21页。

[2] 《中国共产党第二十次全国代表大会文件汇编》，人民出版社2022年版，第32页。

[3] 参见洛城街道东斟灌村党支部书记李新生的《自主、自治、自我服务——全面提升农村综合治理水平》，根据中国社会科学院政治学研究所"基层社会治理与民主建设"项目组2014年9月22—28日在山东潍坊调研材料。另参见东斟灌村联合调研组《农村社会治理方式的有益探索——潍坊市寿光东斟灌村调研报告》，《中国社会科学报》2014年8月29日。

困难、不断走向胜利的可靠保证。党的十八大以来，以习近平同志为核心的党中央坚定不移推进全面从严治党，更加重视基层党建工作，要求发挥党的基层组织在基层治理中的作用，把基层党建与基层治理相融合，在基层党组织带动下开展基层群众自治实践。习近平总书记指出："城乡社区处于党同群众连接的'最后一公里'，要把加强基层党的建设、巩固党的执政基础作为贯穿社会治理和基层建设的一条红线，深入拓展区域化党建。"① 在二十大报告中，他又明确提出："增强党组织政治功能和组织功能"，"坚持大抓基层的鲜明导向，抓党建促乡村振兴，加强城市社区党建工作，推进以党建引领基层治理。"② 这为新时代基层治理指明了方向。

没有党组织作为坚强后盾，基层工作便无从谈起，更难以在重大突发性事件面前经得起考验。2013年12月23日，习近平总书记在谈到农村工作时指出："基础不牢，地动山摇。农村工作千头万绪，抓好农村基层组织建设是关键。无论农村社会结构如何变化，无论各类经济社会组织如何发育成长，农村基层党组织的领导地位不能动摇、战斗堡垒作用不能削弱。"③ 2018年4月26日，习近平总书记在武汉市青山区工人村街道和居社区调研时又强调，基层党组织担负着领导社区治理的重要职责，要把党的惠民政策宣传好，把社区居民和单位组织好，打造共建共治共享的社区治理格局。④ 基层党组织能力强不强，抓重大任务落实是试金石，也是磨刀石。以这次新冠肺炎疫情防控为例，正因为发挥了基层党组织的战斗堡垒作用，此次疫情才能很快得到控制。

习近平总书记重视基层党建创新，要求"推进基层党建理念创新、机制创新、手段创新，不断增强基层党组织的政治功能和组织力"⑤。通过加强党的建设，提高基层组织领导协调基层政权组织、自治组织、

---

① 《习近平关于社会主义社会建设论述摘编》，中央文献出版社2017年版，第129页。
② 《中国共产党第二十次全国代表大会文件汇编》，人民出版社2022年版，第56页。
③ 《习近平关于社会主义社会建设论述摘编》，中央文献出版社2017年版，第125页。
④ 参见《人民日报》2018年4月29日。
⑤ 《中共中央政治局召开会议审议〈中国共产党党和国家机关基层组织工作条例〉和〈中国共产党国有企业基层组织工作条例（试行）〉 中共中央总书记习近平主持会议》，《人民日报》2019年11月30日。

群团组织、经济组织和社会组织的能力，带动基层治理组织体系更加严密、责任体系更加清晰、服务体系更加高效、保障体系更加有力。党的十八大以来，中国基层治理充分发挥党建引领作用，不断丰富基层党组织宣传群众、组织群众、凝聚群众、服务群众的手段，为基层治理注入生机活力。较有代表性的有以下几类。

一是"一核多元，合作共治"的党建模式。所谓"一核"，是指党的领导这个核心；所谓"多元"，是指坚持多元化主体、多领域治理。这样就将党委、政府、企业、社会、群众等多方主体纳入基层治理，从而形成协调有序、高度配合、优化有效的制度机制。如四川省都江堰市将党组织建在院落（小区），充分发挥党组织决策领导权、党员干部监督权、自治组织的自我管理权，形成了包括"事项联商、活动联办、问题联解、人才联培、资源联享"在内的"五联模式"，这就在基层党组织的引领下，将多方力量和资源整合起来。都江堰市还采用党员骨干创办领办方式，充分利用"网格化服务平台""流动党员服务站""菜单式定制""组团联合"等优势向群众送服务，建立党员"晒单"、群众"签单"、代表"打分"的服务质量评议机制。

二是党群多方进行的多样式联合共治模式。这既包括党组织之间，也包括党群之间的联合互动。在党组织中，既有同级，也有上下级的互动。这一制度创新以城乡街道、社区、网格（片区）党组织为核心，党建工作协调委员会为平台，将区域关系互不隶属、层级高低不同、领域多种多样的各级党组织连接统合起来，在组织融合、感情契合、资源整合中实现各级党组织的协同作用。可以说，党建引领是灵魂。2017年9月，北京创新推出"街乡吹哨、部门报到"机制，并作为2018年"1号改革课题"在全市推开试点，朝阳区进行了创造性探索，全面建立街巷长的工作机制，制定《朝阳区落实街巷长制及建立小巷管家队伍工作方案》，同时推出"朝阳群众管城市"监督管理平台，让街巷长、小巷管家、普通群众可以在任何时间、任何地点，一键反映各种城市管理问题，做到"问题直报、过程直播、结果直达"[①]。

---

① 朱竞若、王昊男：《一条责任链 服务不断线——北京市朝阳区推进党建引领"街乡吹哨、部门报到"机制》，《人民日报》2018年12月11日。

三是通过互联网、大数据进行的党建工作创新。近年来，基层治理更多地引入了互联网、大数据等信息化技术手段。这不仅从技术层面提升了基层治理的效率，而且带来了互联网思维与方法。借用大数据等现代化信息技术进行基层治理正在发挥越来越重要的作用。习近平总书记就此指出："我们要深刻认识互联网在国家管理和社会治理中的作用，以推行电子政务、建设新型智慧城市等为抓手，以数据集中和共享为途径，建设全国一体化的国家大数据中心，推进技术融合、业务融合、数据融合，实现跨层级、跨地域、跨系统、跨部门、跨业务的协同管理和服务。"[①] 上海黄浦区通过"大数据"理念，实现党建引领下的社区治理创新，针对社区治理中部分数据分散、精准度不高、交互不畅的局限，运用大数据思维，开发社区治理数据库。陕西省西安市新城区西一路街道通过信息化让党建插上了翅膀，依托智能软件和网络系统，实现入党申请、流动登记和转接组织关系、常务咨询和建议等的在线化。

四是建立和发挥党员智囊团作用，强化基层特别是乡村治理创新。开展智库建设，发挥智库作用是提升基层治理水平的重要举措。基层社会在接受外来智库建议的同时，也充分利用自身特点优势，建立自己的智库。浙江一些地方以强村书记"智囊团"的形式，通过地方组织部门，选出若干个村的优秀党支书组成智囊团，为一些软弱涣散落后村"巡诊把脉"，诊治"疑难杂症"，给予每村"一策"治理。此外，还有农村党员"智囊团"，江苏、四川的一些村庄都采取了这种方式。农村党员集思广益，为村庄政治、经济、社会、文化、安全等献计献策，发挥了党员的先锋模范作用。

中国基层治理是一个综合系统工程。它是对各个方面力量和优势资源进行整合、融通并进行再创造的产物，形成了鲜明特色，充分体现了中国的制度优势。当前中国基层治理虽然还有一些需要改进的地方，但是，只要我们坚持立足中国自己的基层自治实践，坚持党的领导和人民的主体地位，开拓进取、大胆创新，就一定会不断推动中国基层治理的发展，更好地实现人民对美好生活的期盼。

---

① 《习近平关于社会主义社会建设论述摘编》，中央文献出版社2017年版，第134页。

政府职能转变实践的重要经验分析

孙彩红[*]

摘　要：政府职能转变是行政体制改革的核心与重要内容。党的十八大以来以简政放权改革作为推动政府职能转变和行政体制改革的当头炮和先手棋。在不断深化简政放权改革的实践中，转变政府职能取得了重大进展和显著成效，其中积累的重要经验值得总结思考。简政放权并不是一味地做减法或者一放了之，还需要做加法和侧重点的调整，更要全面坚持党的领导和政府职能转变的人民性、辩证性、动态性。

关键词：政府职能转变；简政放权；行政体制改革；重要经验

政府职能转变是行政体制改革的核心。改革开放以来，中国政府一直在围绕着经济社会发展要求，以转变政府职能为核心，不断推进行政管理体制改革。党的十八大报告提出，"行政体制改革是推动上层建筑适应经济基础的必然要求"[①]，这从马克思主义基本原理视角对行政体制改革进行了高度定位。近年来，政府职能转变作为政府全面改革的重中之重，在针对性地解决政府职能中存在的错位、越位、缺位和促进经济社会文化生态发展的同时，积累了一些重要经验，也为新发展阶段更好发挥政府作用提供了重要基础。

---

[*] 孙彩红，中国社会科学院政治学研究所研究员。
[①] 《胡锦涛文选》第3卷，人民出版社2016年版，第635页。

一 坚持党的领导和政府职能转变的人民性

党的领导和中国特色社会主义民主政治，是政府改革的根本保障和重要制度基础。习近平总书记曾经在关于中国特色社会主义民主政治建设的重要论述中提出过，坚持和完善根本政治制度，"建设服务政府、责任政府、法治政府、廉洁政府"①。党的十九大报告提出，中国共产党领导，是中国特色社会主义最本质的特征。

政府职能转变和改革要坚持党的领导的根本原则。坚持党的领导核心地位，保证政府改革的正确方向，形成改革的强大合力，包括政府机构改革、体制改革、人员编制统筹改革，都需要坚持党的集中统一领导和总揽全局。实现全面建成小康社会的总体目标和经济、政治、文化、社会、生态文明建设"五位一体"的总体布局，都离不开政府职能的全面履行。党的十八大报告提出了"要按照建立中国特色社会主义行政体制目标，深入推进政企分开、政资分开、政事分开、政社分开，建设职能科学、结构优化、廉洁高效、人民满意的服务型政府"②，以及继续简政放权等要求，为今后继续推进政府职能转变确立了方向和重点。党的十九大报告强调了"党政军民学，东西南北中，党是领导一切的"。③ 政府职能转变和深化改革也要以坚持党的领导为根本，强调政府改革与职能转变的统筹性和系统性，注重系统性、整体性、协同性是全面深化改革的内在要求。政府在国家权力结构和政治制度架构中，是一个重要组成部分，深化政府改革的目标也必须放在实现国家治理体系和治理能力现代化的总目标框架之中，与全面改革呈现出系统性和整体性的特征。

政府职能转变坚持以人民为中心的人民性是不可或缺的价值追求。坚持以人民为中心的基本原则和思想，这是为人民服务的党的宗旨决定的。全面转变政府职能要坚持以人民为中心的思想，反映了人民主体地

---

① 《习近平谈治国理政》第 1 卷，外文出版社 2018 年版，第 41 页。
② 《胡锦涛文选》第 3 卷，人民出版社 2016 年版，第 635 页。
③ 习近平：《决胜全面建成小康社会 夺取新时代中国特色社会主义伟大胜利——在中国共产党第十九次全国代表大会上的报告》，人民出版社 2017 年版，第 20 页。

位的内在要求。政府改革要以广大人民根本利益为最高标准，也是衡量改革效果和评估改革成败的标准。不管政府职能怎样随着时代发展需要而转变，始终不能变的是为人民服务的宗旨。而且，人民群众还是推动政府改革的动力，党的二十大报告强调，"必须坚持人民至上。人民性是马克思主义的本质属性，……我们要站稳人民立场、把握人民愿望、尊重人民创造、集中人民智慧"[①]。政府职能转变和侧重点变化，以及各项重要职能履行，都要贯彻以人民为中心的思想。

坚持以人民为中心的政府职能转变还有一个重要体现是走群众路线，把党的群众路线贯彻到治国理政全部活动之中。尤其是政府履行社会管理职能并转向社会治理，重要经验之一就是走群众路线，深刻认识到群众诉求与呼声是创新社会管理的最深厚动力。社会治理创新过程中，政府重视发挥社会力量的作用，建立健全政府与社会、群众的信息沟通与反馈机制。习近平总书记明确指出："加强和创新社会治理，关键在体制创新，核心是人，只有人与人和谐相处，社会才会安定有序。"[②] 为提升社会治理效能，党的二十大报告要求完善社会治理体系，"加强和改进人民信访工作，畅通和规范群众诉求表达、利益协调、权益保障通道"[③]。政府在不断完善社会治理的公众参与机制，推动社会治理重心向基层下移。在政府履行职能和加强社会治理过程中必须继续坚持人民主体地位和群众路线贯穿其中，是转变职能取得成效的重要经验。

二 坚持转变政府职能和简政放权的辩证性

党的十八大以来以简政放权为重要举措推进政府职能转变，同时又要确保政府承担起那些本应属于政府的职能与责任。要针对政府职能和权力中仍存在的越位问题，通过进一步简政放权，更充分地发挥市场配

---

① 习近平：《高举中国特色社会主义伟大旗帜　为全面建设社会主义现代化国家而团结奋斗——在中国共产党第二十次全国代表大会上的报告》，人民出版社 2022 年版，第 19 页。

② 中共中央研究室编：《习近平关于全面深化改革论述摘编》，中央文献出版社 2014 年版，第 101 页。

③ 习近平：《高举中国特色社会主义伟大旗帜　为全面建设社会主义现代化国家而团结奋斗——在中国共产党第二十次全国代表大会上的报告》，人民出版社 2022 年版，第 54 页。

置资源的决定性作用,更好发挥政府作用、调动两个积极性,一个是地方的积极性,再一个是中央的积极性,还要更好发挥社会力量在管理社会事务中的作用。因为简政放权并不是简单地一味放弃政府的权力与责任,而是在政府职能中把某些职能下移和外移的同时,还有某些职能需要强化或加强市场监管,即坚持简政放权与职能转变的辩证性的系统思维。这样才能抓住每个社会发展阶段行政体制改革与政府职能转变中的主要矛盾,并寻求突破与创新。

(一)在经济领域向市场放权并加强市场监管职能

在政府与市场的关系上,要进一步转变政府职能,向市场放权,把那些市场能够解决的问题放给市场解决。经济体制改革的核心问题是处理好政府和市场的关系,而改革政府与市场的关系也是行政体制改革的核心。简政放权过程中,行政审批制度改革是转变政府职能的一个着眼点和突破口。通过行政审批制度改革,减少对微观经济的干预,给个人和企业特别是民营企业更大的发展空间,尤其是投资方面的自主权,使之有更多条件去创造财富、发展经济。

党的十八届三中全会通过了《中共中央关于全面深化改革若干重大问题的决定》,行政审批制度改革成为全面深化改革的一个重要组成部分。2015 年,《国务院关于实行市场准入负面清单制度的意见》实施,赋予市场主体更多自主权,为其创造更大发展空间。

与此同时,政府加强市场监管职能。在全面推进"放管服"改革中,前端下放权力,必须同时加强后续监管,"放"和"管"两手都要抓,以公正监管来维护公平竞争市场秩序。党的二十大报告对加强监管提出了指导要求,包括"完善产权保护、市场准入、公平竞争、社会信用等市场经济基础制度,优化营商环境"[1]。这些改革举措体现了政府既放权又增能的辩证性。

---

[1] 习近平:《高举中国特色社会主义伟大旗帜　为全面建设社会主义现代化国家而团结奋斗——在中国共产党第二十次全国代表大会上的报告》,人民出版社 2022 年版,第 29 页。

（二）在社会领域向社会放权并培育发展社会组织

政府与社会的关系是一个重要而深刻的理论问题，更是政府职能转变和改革中的一个现实问题。在政府向社会放权的同时培育发展社会组织、壮大社会主体的力量，是政府在社会领域转变职能的辩证性体现。

政府逐步向社会放权，给社会组织和社会主体更多的发展空间。党的十八大以来，政府不断解决社会组织的"官办、官管"等问题，实现其独立自主性。有些地方政府早就实行社会组织管理体制改革，实现社会组织的"去行政化"运转。例如，广东推行的社会组织"五自四无"[①]：即在"自愿发起、自选会长、自筹经费、自聘人员、自主会务"基础上，实行"无行政级别、无行政事业编制、无行政业务主管部门、无现职国家机关工作人员兼职"，这是保证社会组织独立性和民间性、承担政府外移职能的有效实践。在这些地方实践经验基础上，国家出台了《行业协会商会与行政机关脱钩总体方案》，改革传统的行政化管理方式，加快政府职能转变，基本形成政社分开、权责明确、依法自治的现代社会组织体制。

培育发展社会组织加快社会治理创新。2013年《国务院机构改革和职能转变方案》明确提出重点培育、优先发展行业协会商会类、科技类、公益慈善类、城乡社区服务类社会组织。成立这些社会组织，直接向民政部门依法申请登记。这是改革社会组织双重管理体制的一个重要突破。

党的二十大报告提出，"健全共建共治共享的社会治理制度，提升社会治理效能"。加强社会治理职能，是应对时代发展任务的历史性要求，既不能管得太死像一潭死水，也不能管得太松而秩序混乱，一定要处理好活力和秩序的辩证关系。各类组织和社会主体要各司其职，共同发挥好在社会治理中的功能。"随着互联网特别是移动互联网发展，社会治理模式正在从单向管理转向双向互动，从线下转向线上线下融合，从单纯的政府监管向更加注重社会协同治理转变。"[②] 这也是新社会发展形势和

---

① 姜洁：《广东：政会分开避免"期权腐败"》，《人民日报》2012年7月10日。
② 中共中央文献研究室编：《习近平关于社会主义社会建设论述摘编》，中央文献出版社2017年版，第134页。

技术经济条件下，社会主体与政府主体协作推进社会治理的新要求。

(三) 向地方放权并加强中央的集中统筹职能

中央与地方的关系体制始终是行政体制中一个基础而关键的关系。一个基本问题是明确地方各层级政府职能差别，适时、动态调整不同层级政府履行职能的重点。中央政府的职能重点及其原则要求已确定，地方各级政府在此前提下，一方面根据政府的层级所对应的职能重点，另一方面根据当地经济社会发展阶段和任务要求的重点，确定本级政府应履行的职能。

在经济社会发展领域向地方分权，给地方更多自主权，发挥地方的首创精神。向地方政府放权的改革实践取得了明显成效，也积累了重要经验，包括以权力清单制度明确取消和下放的权力，优化政府组织流程和环节，加强对放权的监督检查，提供重要保障。向地方放权的另一个经验做法是中央与地方之间财权和支出责任的改革。比如，2016年《国务院关于推进中央与地方财政事权和支出责任划分改革的指导意见》，按照"谁的财政事权谁承担支出责任"的原则，推进中央与地方财政事权划分，通过有效授权，激励地方政府的主动作为，同时还要坚持和保障中央领导。[①] 后续又出台了政府一些具体职能领域里中央与地方的财权与责任的划分。在政府加强公共服务职能和环境保护职能等领域里，既要给地方适度的财政权力、又有必要的中央统筹和保障，以此确保充分发挥中央统一领导、地方组织落实的制度优势。向地方分权和下放权力其中就包含着财权问题，在确定地方各级政府履行职能范围和重点之后，必须进行相应的深层次财政体制改革，确保财政投入发挥最大效益和得到最公正的使用。

在向地方放权的同时，加强中央的集中统筹性，维护中央权威。上述向地方放权的多项改革和经验，都是以中央的集中统筹为前提的。这是坚持发挥中央和地方两个积极性的根本原则，在党中央集中统一领导下，鼓励地方结合实际改革创新，从而增强地方发展积极性与自主性。

[①] 《国务院关于推进中央与地方财政事权和支出责任划分改革的指导意见》，2016年8月24日，中国政府网，http://www.gov.cn/zhengce/content/2016-08/24/content_5101963.htm。

三 坚持政府职能转变与经济社会相适应的动态调整性

党的十八大以来,中央政府更加注重与经济社会发展要求、与人民对美好生活的向往相适应的转变政府职能的动态性,这也是政府转变职能的重要实践经验。

(一) 政府职能转变与市场经济体制发展完善相适应

中国特色社会主义市场经济体制,所要求的政府职能与改革,关键在于正确处理政府与市场的关系。政府作用发挥一定要为完善市场经济体制起到重要作用,体现上层建筑适应并服务于经济基础的功能。"坚持进一步解放思想、进一步解放和发展社会生产力、进一步解放和增强社会活力。这'三个进一步解放'既是改革的目的,又是改革的条件。"[①] 解放和发展生产力、增强市场活力和社会发展活力,特别是对深化推进政府简政放权改革而言,是必须坚持的一个方向和重要目的。政府体制属于上层建筑,会受到经济体制改革的很大影响和带动。"十四五"规划中又进一步提出了新目标要求,"坚持和完善社会主义基本经济制度,充分发挥市场在资源配置中的决定性作用,更好发挥政府作用,推动有效市场和有为政府更好结合"[②]。与实现经济高质量发展的目标相适应,推进深层次体制改革,政府在以行政审批改革转变政府职能,实现由注重速度的发展转变为注重质量和注重效益的高质量发展。

与创造优化营商环境要求相对应,加强政府的市场监管职能。加快转变政府职能,优化营商环境,政府要为市场主体提供服务,维护公平竞争的市场秩序,保护各类市场主体的合法权益和公平竞争,同时政府还要监管市场主体各种行为是否合法。政府是市场和企业的监管者,而

[①] 中共中央宣传部编:《习近平总书记系列重要讲话读本 (2016 年版)》,人民出版社 2016 年版,第 71 页。

[②] 《中华人民共和国国民经济和社会发展第十四个五年规划和 2035 年远景目标纲要》,《人民日报》2021 年 3 月 13 日。

不是企业的直接管理者。针对政府的市场监管职能履行中仍然存在的缺位和越位问题，增强该领域的法律执行力与责任追究，是加强市场监管职能的关键之一。关键之二是监管机构之间的协调整合，例如，2023年《国务院机构改革方案》提出，组建国家金融监督管理总局，中国证券监督管理委员会调整为国务院直属机构等措施。①这些都是从机构上保障监管职能履行的重要体现。建设高标准市场体系，仍要继续健全市场体系基础制度，坚持平等准入、公正监管、开放有序、诚信守法，形成高效规范、公平竞争的国内统一市场。其中加强和规范市场监管是转变政府职能侧重点、持续优化市场化法治化国际化营商环境的一个重要组成部分。

（二）政府职能转变与社会民生发展要求相适应

不断加强政府的全面解决民生问题的职能履行。全面建成小康社会的目标和实现基本公共服务均等化的目标，都是促进政府职能重点向公共服务职能侧重的重要方向指引。社会民生需求包括社会保障、教育公平、环境保护、基本公共卫生服务等，仅靠市场是无法解决好的，更重要的是政府依照法律法规把这些职能履行好，保障人们的基本生存权利、发展权利与人格尊严。虽然在这些民生服务职能方面，可以采取政府购买服务或者市场的方式来提供，但这并不能视为政府可以放弃在民生问题上的责任。相反，在经济社会发展的新阶段和面临新任务的形势下，政府在民生领域的职能必须要强化，否则将会影响到经济社会的可持续发展，这也是历史发展阶段所决定的。

人们对美好生活的向往，包括更好的教育、更稳定的工作、更满意的收入、更可靠的社会保障、更高水平的医疗卫生服务、更舒适的居住条件、更优美的环境。这要求政府在以往履行公共服务职能的经验基础上，继续把解决这些民生问题作为政府履行公共服务职能的重点。不过，政府履行民生保障等公共服务职能时，"要处理好发展经济和保障民生的关系，既要在经济发展的基础上不断加大保障民生力度，也不要脱离财

---

① 《国务院机构改革方案》，《人民日报》2023年3月11日。

力作难以兑现的承诺"①。维护社会稳定的任务和职能履行，更是如此，也不能以失去社会活力为代价，还要促进社会有生机活力的动态稳定与井然有序，这才是社会治理追求的目标。"不断改进社会治理方式。要坚持系统治理，加强党委领导，发挥政府主导作用，鼓励和支持社会各方面参与。"② 此处强调了社会治理的任务需要突出法律和法治在化解社会矛盾过程中的权威地位。

（三）政府职能转变与全体人民共享发展成果要求相适应

全体人民共享发展成果，是与政府职能转变所坚持的党的为人民服务根本宗旨相一致的。党的十八大报告把公平正义定位为"中国特色社会主义的内在要求"的高度，说明了公平正义对于建设中国特色社会主义的极端重要性，而政府正是社会公平正义的守护者。习近平总书记强调，中国人民"共同享有人生出彩的机会，共同享有梦想成真的机会，共同享有同祖国和时代一起成长与进步的机会"③。因此，要求政府在实践中不断加强维护社会公平正义的职能。维护社会公平正义，通过完善相关社会政策和制度，逐步建立以机会、权利、规则公平为主要内容的社会公平保障体系，在平等的规则与制度下，保障人民享有平等竞争的机会，促进人民实现平等发展的权利。

政府职能转变坚持人民共享，还有一项重要的经验是，突出政府在基本公共服务供给保障中的主体地位，不断提高基本公共服务的均等化水平。政府职能在建设人民满意的服务型政府的目标指引下，不断注重提供优质公共服务。在此过程中，逐步构建起政府主导、覆盖城乡、可持续的基本公共服务体系，并改革与创新提供基本公共服务的方式，在基础教育、基本医疗、基本公共文化、基本社会保障等方面，逐渐提高这些基本公共服务的均等化程度。比如，截至 2015 年，义务教育均衡发展深入推进，国民受教育机会显著增加，九年义务教育巩固率达到93%，

---

① 《习近平谈治国理政》第 2 卷，外文出版社 2017 年版，第 80 页。
② 中共中央宣传部编：《习近平总书记系列重要讲话读本（2016 年版）》，人民出版社 2016 年版，第 225 页。
③ 《习近平谈治国理政》第 1 卷，外文出版社 2018 年版，第 40 页。

进城务工人员随迁子女在流入地公办学校就读的比例超过80%；基本公共卫生服务项目增加到12类；现代公共文化服务体系建设积极推进，农村公共文化服务能力增强，全民健身活动蓬勃开展，广播、电视人口综合覆盖率均达到98%。①2021年，国家发展改革委等部委印发《"十四五"公共服务规划》，通过政府职能的转变与强化，保障人人享有基本公共服务，不断推动公共服务高质量发展。

保证人民共享的收入分配改革是政府维护社会公平正义的基础性内容。政府注重履行好收入分配职能，特别是在分配中的调节与引导的责任以及二次分配机制改革中的职能，这种分配平等是市场自身无法解决的。建立起维护社会公正的收入分配机制，加快健全收入再分配机制，努力扭转收入差距扩大的趋势。政府加强维护社会公平正义的职能，与中国式现代化的基本特征要求相一致。党的二十大报告提出，"中国式现代化是全体人民共同富裕的现代化。……着力维护和促进社会公平正义，着力促进全体人民共同富裕，坚决防止两极分化。"②

四　结语

全面深化政府行政体制改革是新时代政府改革的重要任务，也是实现国家治理体系和治理能力现代化的重要组成部分，是连接经济体制改革和社会体制改革的重要环节。政府职能转变是实现全面行政体制改革的关键或者称"牛鼻子"。抓住政府职能的重点和主要矛盾，进行统筹性改革，最根本的是全面坚持党的领导，坚持以人民为中心的人民性；坚持简政放权与强化相应职能不断互动的辩证性，政府应该有所为有所不为；最后还要坚持政府职能转变与经济体制、社会民生、人民共享的需求相适应。

党的二十大报告明确了党的中心任务是全面建成社会主义现代化强

---

① 《国务院关于印发"十三五"推进基本公共服务均等化规划的通知》，2017年3月1日，中国政府网，http：//www.gov.cn/zhengce/content/2017-03/01/content_5172013.htm。

② 习近平：《高举中国特色社会主义伟大旗帜　为全面建设社会主义现代化国家而团结奋斗——在中国共产党第二十次全国代表大会上的报告》，人民出版社2022年版，第22页。

国、实现第二个百年奋斗目标，以中国式现代化全面推进中华民族伟大复兴。围绕这个中心任务，要继续实践党的十八大以来政府职能转变与改革的主要经验和一些充分体现制度优势的做法，抓住深化改革的核心问题与重要现实任务，为提升国家治理效能、实现国家治理体系和治理能力现代化、建设人民满意的服务型政府奠定现实基础。

乡村生态振兴与基层治理现代化"互嵌式"发展探析

王红艳*

摘　要：基层治理现代化最根本上是一个在治理过程中坚持中国共产党的领导并践行民主、科学、法治理念的过程。生态环境是一种特殊的公共产品，生态建设是一个复杂的利益场域，推进乡村生态振兴不但需要而且应坚持和践行民主化、科学化和法治化原则。基层治理现代化与乡村生态振兴之间存在多种"天然的契合"。在实践中可将两项工作统筹起来加以考量，积极构建"互嵌式发展、体系化推进"格局，进而实现双促共赢的目标。为此，既需汲取中国以往经验教训，也需借鉴先发国家的相关做法。

关键词：乡村生态振兴；基层治理民主化；基层治理科学化；基层治理法治化；互嵌式发展

引　言

党的十八大以来，中国高度重视乡村生态建设。《中共中央国务院关于实施乡村振兴战略的意见》（以下简称《战略意见》）[①]、《乡村振兴战

---

* 王红艳，中国社会科学院政治学研究所副研究员。
[①] 《中共中央国务院关于实施乡村振兴战略的意见》，《中华人民共和国农业部公报》2018年第2期。如无特别说明，该战略意见引用均引于此。

略规划（2018—2022年）》（以下简称《战略首部规划》）①、《农村人居环境整治三年行动方案》（以下简称《行动方案》）在2018年的相继出台，以及《乡村振兴促进法（草案）》于2020年的问世，将乡村生态建设推上新的重要议事日程。战略意见不但提出要协调推进乡村经济、政治、文化、社会、生态文明和党的建设，而且强调要按照"产业兴旺、生态宜居、乡风文明、治理有效、生活富裕"的要求全面推进乡村振兴。相比2006年发布的《中共中央国务院关于推进社会主义新农村建设的若干意见》（以下简称《新农意见》）②而言，战略意见关于乡村生态建设的表述呈现三个新动向：一是排名升位。生态建设要求在新农意见中排名第四，在战略意见中则升至第二，而且后者将生态建设视作实施乡村振兴战略的关键所在。乡村生态环境整治还是"十四五"时期将要实施的重点乡村建设行动之一③。二是要求提级。新农意见将目标设定为"村容整洁"，战略意见则设定为"生态宜居"，首部规划还对"生态宜居"进行了界定，指出必须包括生活环境整洁优美、生态系统稳定健康、人与自然和谐共生三层含义。三是目标更加清晰。战略首部规划提出，到2022年必须做到农村人居环境显著改善，到2035年必须达到农村生态环境根本好转，到2050年则必须全面实现美丽农村建设的目标。

党的十九届四中全会以来，中国加快了推进国家治理体系和治理能力现代化的步伐。国家治理现代化是个复杂的系统工程，需要不同层级从不同角度进行长期不懈、齐心协力的探索。其中，基层是政策落地的最终场域，是政府、社会、市场互动最直接最频密的界面，是利益诉求最为多元而创新需求较大的基础部位，因此，基层治理现代化实际上是展示国家治理现代化阶段性成果和开展国家治理现代化实践性探索的过程。基层治理成果展示，有助于增强人民的获得感、幸福感和安全感，增进推动国家治理现代化的信心；基层治理实验，如果能够遵循从点到

---

① 《中共中央国务院印发〈乡村振兴战略规划（2018—2022年）〉》，《人民日报》2018年9月27日。如无特别说明，该战略规划引用均引于此。
② 《农业部关于贯彻落实〈中共中央国务院关于推进社会主义新农村建设的若干意见〉的意见》，《中华人民共和国农业部公报》2006年第2期。
③ 《中共中央关于制定国民经济和社会发展　第十四个五年规划和二〇三五年远景目标的建议》，《人民日报》2020年11月4日。

面、从局部到整体的稳妥路径，必定有助于为国家治理现代化找到足以统筹好发展与安全的适宜方案。从这个意义上讲，基层治理现代化是国家治理现代化不可或缺的重要板块，没有基层治理现代化就没有完整和完美的国家治理现代化。基层治理现代化，任重道远。

什么是国家治理现代化？其上涉及理念、精神和原则等层面的问题，中涉及制度、体制机制、政策等层面的问题，下涉及治理主体、治理工具、治理方式等层面的问题。但理念是更深层、最基础的东西，不但决定制度、体制机制的架构设计，而且影响治理主体、工具和方式的选择与组合，因此从理念视角对国家治理现代化进行界定，是最具说服力和科学性的路径。正因如此，有观点认为国家治理现代化是对国家统治和国家管理的扬弃，是对民主化、法治化、文明化和科学化理念的强调和践行[1]。不过，一般认为民主、科学、法治才是现代化理念的核心构件。故而，结合人类文明标准以及中国国情即"办好中国的事情，关键在党。中国特色社会主义最本质的特征是中国共产党领导，中国特色社会主义制度的最大优势是中国共产党领导"[2]看，国家治理现代化根本上是指：在国家治理过程中，坚持中国共产党的领导，践行民主、科学、法治理念，逐步推动综合性、整体性治理变革，进而实现从传统农业社会模式向现代工业社会模式转化的过程。

国家治理现代化尤其是基层治理现代化的提出，一方面对乡村生态建设和乡村振兴目标、实现路径、体制机制和工具方式等提出了新要求，另一方面则为乡村生态建设和乡村生态振兴创造了前所未有的新机遇。如果将这两项工作统筹起来，构建一个"互嵌式发展、体系化推进"的格局[3]，必定能够收获乡村生态振兴与基层治理现代化双促共赢的目标。那么，在推进二者"互嵌式"发展的实践中具体该如何操作，需注意哪些问题？

---

[1] 何增科：《理解国家治理及其现代化》，《马克思主义与现实》2014年第1期。

[2] 《庆祝中国共产党成立95周年大会在京隆重举行》，《人民日报》2016年7月2日。

[3] 王红艳：《新乡贤制度与农村基层治理：梁寨样本》，《江苏师范大学学报》（哲学社会科学版）2017年第4期。

一 基层治理民主化与乡村生态振兴

基层治理现代化是一个坚持和践行民主理念的过程。关于民主的定义，古往今来版本众多。有人甚至感叹，"在公共事务的世界里，民主大概是最为混乱、最让人困惑的词汇"[①]。但一般认为，西文里的民主一词由希腊文 demos（意指人民或公民）和 cracy（意指某种公共权威或统治）组成，意为统治归于人民或人民主权[②]。同时，多数学者认为，这种发源于古希腊的政治体制至少包含三个核心元素：公民的权利保障、政权结构中的分权制衡以及多数决定的权力组成与运行原则，其中，权利保障是基础性元素，分权制衡是保障性元素，二者构成"大厦的地基"，多数决定以及选举、协商、监督等则是形式性元素，其存续性和有效性由"大厦的地基"决定[③]。按照这些标准，判断基层治理民主化的依据是基层治理过程中人民主权是否得到保障和实现，具体而言，相关利益主体的基本权利是否得到保障、决策机构中是否存在分权制衡设置以及表决环节中是否施行多数决定原则或者采取了其他民主形式。

多年基层调研发现，乡村生态建设不但适合引入和开展民主实践，而且需要坚持和践行民主理念。这是因为，生态环境作为一种特殊的公共产品，具有吸引各级各类相关利益主体参与的先天优势，同时，生态建设作为一个复杂的利益场域，亟需了解清楚不同相关利益主体的诉求并加以统筹和平衡，多元主体的有序有效参与因此而显得必不可少、尤其重要。由此可见，推进乡村生态振兴与加快基层治理民主化步伐之间存在一种"天然的契合"，具备实现"互嵌式"发展的基础。

根据以往经验教训，解决好相关利益主体的参与权问题，最大限度地调动广大农民群众的积极性、主动性和创造性，是统筹推进这两项工作最合宜的切入点。正因如此，战略意见把"坚持农民主体地位"作为推进乡村振兴和乡村生态振兴的基本工作原则。而基层调研发现，解决

---

① 安德鲁·海伍德：《政治学》（第 2 版），中国人民出版社 2006 年版，第 84 页。
② 王绍光：《民主四讲》，生活·读书·新知三联书店 2012 年版，第 1—2 页。
③ 房宁：《民主的中国经验》，中国社会科学出版社 2013 年版，第 296—297 页。

"群众参与积极性从哪里来"的难题需要构建一个环环相扣、缺一不可的逻辑和实践链条：第一，通过引导群众参与同自身利益密切相关的项目和事务，激发群众参与的积极性；第二，通过创建嵌入基层治理结构的稳定化长效化平台，培育群众参与的积极性；第三，通过制定和实施刚性制度，保护群众参与的积极性；第四，通过抓好党的领导、政府管理服务与群众参与之间的有机对接，规范群众参与的积极性；第五，通过加大落实参与群众的意见和建议的力度，巩固群众参与的积极性。①

此外，从西方发达国家的乡村生态建设实践来看，就巩固广大农民群众的积极性、主动性和创造性而言，还需解决好这个庞大群体持续深度参与问题。为此需要逐步实现从活动式（运动式）参与模式向合同式参与模式、个体参与模式向联合参与模式以及从有热情参与有能力参与、从强调平等参与权利向强调权责对等统一的转变。而且，唯有如此才能切实保护好生态环境和有效推进基层治理现代化。研究发现，英国的"乡村管家"（Countryside Stewardship）计划较好贯彻了上述原则，对中国地方政府和相关组织研拟推进乡村振兴和基层治理现代化"互嵌式"发展的具体实施方案颇具参鉴价值②。

该计划由英国政府于2014年发起，目的在于将农场主、林场主和土地经营者组织起来，合力改善当地自然环境，提高乡村景观规模化程度和乡村治理的专业化水平。计划包含一个"乡村管家"专项基金，用于支持个人或组织担任协调人（Facilitator）。来自农场、林场的个体或组织以及具有土地管理经验和技能的社会服务机构均可申请担任协调人。协

---

① 王红艳：《社会管理创新与社区治理的群众参与》，《重庆社会科学》2011年第8期。
② 作为第一次工业革命发源地的英国，之所以能够保有举世闻名的乡村风光，除该国拥有得天独厚的自然条件外，还因为其在乡村生态保护、治理和开发利用方面做了大量的积极探索，积累了不少宝贵经验，这正是本文选择以英国项目作为分析样本的原因。当前，英国环境、食品和乡村事务部（Department for Environment Food & Rural Affairs）和住房、社区和地方政府部（Department for House Community & Local Government）分别承担部分涉及农业和乡村方面的职能。"自然的英格兰"系前者下属的非政府部门公共机构，创建于2006年，主要职能为：保护和改善英格兰的自然环境（包括改善和保护其土地、动物、植物、淡水和海洋环境），引导和帮助人们享受、理解和进入自然环境。该机构现有员工2000多人，年度工作经费预算将近2亿英镑，资助方向主要包括健康的自然环境、安全的自然环境、享受自然环境以及可持续利用自然环境，以下四个项目均是该机构现阶段正在资助实施的项目。四个项目分析中援引的资料均来自"自然的英格兰"的官方网站 https：//www.gov.uk/government/organisations/natural-england。

调人的主要职责包括：为培育项目成员间的合作关系创造条件，为项目成员提供技术服务，代表项目成员处理与地方政府的关系，向"自然的英格兰"报告项目进展情况等。申请"乡村管家"基金的基本条件为：土地合计面积必须达到 2000 公顷以上，项目必须涵盖四位以上的相邻农场主或林场主。需要注意的是，公共机构类土地经营者不能单独申请资助，但可与符合条件的农场主或林场主共同提出申请。申请工作由协调人牵头办理，具体申报程序为：首先，"自然的英格兰"对申报者的资质进行首轮审核看是否达标；其次，"自然的英格兰"与环境、林业部门组成评审小组，对申报者的既有经验、将专业知识转化为技能的能力、协作计划的新颖程度等因素进行评估打分；再次，得分高者获得资助，资助期限为三年。专项基金资助标准为：项目成员为四户的，每年合计 1.2 万英镑；项目成员为十户以上的，每年合计 1.5 万英镑；项目成员 80 户以上的，每年合计 5 万英镑。资助资金由协调人代表项目成员接收，仅限用于以下四个方面：一是直接项目资金，即将知识转化为技能的费用，包括教育培训费用；二是运行成本，即维持成员间正常协作关系的费用；三是协调人的工资，协调人按照协议约定比例提取；四是保险金和补偿金。一旦签订协议，协调人必须带领项目成员充分履行共同照料乡村环境的职责，全力保持乡村特色，具体任务包括：保护或重建野生动物的栖居地，进行林地再造，建立防洪堤坝以及防止水体污染等。

二　基层治理科学化与乡村生态振兴

基层治理现代化也是一个坚持和践行科学理念的过程。坚持和践行科学理念，大致涉及两个层面问题，即科学技术的应用和科学思维的贯彻。关于科学技术的应用，当前尤其要重视的是以互联网、大数据、人工智能等为代表的信息化新技术的应用，要充分发挥其保障各级各类相关利益主体权利和提高治理效能的作用。近两年大量研究表明，用足用好上述信息化新技术，不但有助于推动国家治理现代化[1]，而且已然成为

---

[1] 罗梁波：《"互联网+"时代国家治理现代化的基本场景：使命、格局和框架》，《学术研究》2020 年第 9 期。

国家治理体系和治理能力现代化的重要内容①。关于科学思维，对马克思主义者而言，就是要在实际工作中自觉坚持和运用辩证唯物主义和历史唯物主义的世界观和方法论，处理好形式与内容、现象和本质、原因与结果、内因和外因、偶然与必然、可能与现实、个性与共性、个体与整体、局部与全局、近期与远期、投入与产出等多对关系。

山水林田湖草在根本上是一个"生命共同体"，加强对乡村生态的整体保护，加快对乡村生态服务功能及其价值的全面提升，无不需要应用科学技术，无不需要贯彻科学思维。从这点看，加快基层治理现代化步伐与推进乡村生态振兴之间还存在第二个"天然的契合"。推进二者实现"互嵌式"发展拥有第二个基础。需要指出的是，在具体实践工作中务必注意以下两个方面的问题。

一方面，要重点处理好善用科学技术与规避科学主义的关系。前者强调的是要因事制宜充分发挥科学技术助推上述两项工作的效用，后者主张的是将科学绝对化，相信科学万能。而大量事实表明，科学并不能解决所有问题，相反可能导致短期内难以察觉的负面效应。例如，20世纪60年代起，美国在第三世界国家高调发起绿色革命，大力推广农作物择优育种等高科技农业，虽然大幅增加了粮食产量，但却使农村经济、政治、社会和生态可持续发展面临系列新的挑战和危机，主要包括：农作物品种数量显著减少导致农作物抗灾能力减弱，农作物对水分、化肥和农药的需求急剧增加导致资源加速耗竭和环境加速恶化，农村经济关系生变引发地方乃至全国政治不稳等，概言之，科学胜利了，资本胜利了，生态环境却被牺牲掉了②。鉴此，在乡村生态保护、修复和开发过程中应用科学技术时，需将应用可能导致的各种负面效应和次生灾害充分考虑进去，并认真研拟应对方案。

另一方面，从科学思维视角且结合当前基层实践情况来看，在乡村生态建设中需重点处理好"五对关系"。

---

① 彭波：《论数字领导力：数字科技时代的国家治理》，《人民论坛·学术前沿》2020年第15期。

② 许宝强、汪晖：《发展的幻象》，载马格林《农民、种子商和科学家：农业体系与知识体系》，中央编译出版社2001年版，第245—339页。

一是目的和手段的关系。要准确理解"绿水青山就是金山银山"的内涵，切实珍视青山绿水，平等相与乡村自然生态，在制定推动乡村自然资本转化为经济资本的工作方案时，首先要考虑的是如何避免破坏生态环境，而不是如何快速实现经济利益的最大化，因为这不仅关系到资源转化的可持续问题，而且关系到人类生存与活动空间的可持续问题。

二是经济手段与其他手段的关系。要超越物质主义，善于多管齐下，用足用好非物质、非经济手段和方式的作用，自觉践行"坚持党管农村工作"的原则，为乡村生态振兴提供坚强有力的政治保障。同时，认真践行"坚持农民主体地位"的原则，为乡村振兴提供量足质优的人才支撑，并在此基础上，因地、因事、因时制宜地运用行政、法律、道德和文化手段。

三是生态建设内部的关系。研拟乡村生态振兴方案时，需统筹部署和协调推进保护类、修复类、涵养类和开发类等不同类型的生态项目，不能只重视转化潜质较高的自然资源而轻视或忽视经济效益较差的生态项目。

四是投入与产出的关系。要认真计算经济投入产出比，即便在资金投入有保障或者充裕的情况下也要积极探索"花小钱办大事"的路径和办法，坚决杜绝浪费资金和贪污腐化行为。同时，统筹考虑生态效益与其他多重效益，争取通过推进乡村生态振兴撬动其他领域的工作。这也是符合战略意见精神的。战略意见强调要统筹谋划乡村经济、政治、社会、文化、生态文明和党的建设，密切关注六大子系统之间的关联性和协同性，并加以整体规划和部署。

五是乡村生态建设与城市生态建设的关系。在研拟乡村生态振兴方案时，一方面，要杜绝乡村复制城市的倾向而强化乡村意识，复制模式势必导致乡村特色的解构和乡愁的消逝而引发"东施效颦"效应。从当前看，在生活垃圾收运处置等乡村生态整治工作中需充分注意到乡村生态的突出问题和独有特点，积极探索符合乡村实际的治理方式手段，在乡村生态修复和建设中则需遵照战略首部规划的要求，保护好乡村的原有自然风光、建筑风貌和村落格局，同时把民族民间文化元素融入其中，"重塑诗意闲适的人文环境和田绿草青的居住环境，重现原生田园风光和原本乡情乡愁"[①]。另一方面，要防止将城乡割裂开来或对立起来而强化城乡融合意识。主张全面推进乡村振兴，既不等于否定城市价值，也不等于要弃用城市元素，而要积极探索城乡融合发展、相互成就的有效路径，以乡村生态振兴为抓手推动城乡互动，以城乡互动为管道提升乡村生态振兴速度和品质，避免出现"孤岛效应"或形成新的"二元结构"。

研究发现，英国"全国步道网络"（National Trails Network）计划较好贯彻了城乡融合发展以及通过乡村生态建设撬动地方经济、政治、社会和文化等多重效益的原则，乡村步道实际上担承着推进乡村生态振兴和基层治理现代化"互嵌式"发展乃至提升国家的国际影响力的重任，这对中国推进相关工作颇有裨益，值得关注和研究。

英国步道指的是贯穿于英格兰、威尔士和苏格兰美丽郊区的远距离步行道、自行车道和马道。早在20世纪初期，英国开始流行乡村步行活动。第二次世界大战结束后，英国启动实施"三大工程"即英国特色重建工程、国家公园工程和乡村步道建设工程，第一条英国步道在此背景下于1965年诞生。截至当前，全英已建成总距离长达9000多公里的步道，形成了一个由15条步道构成的庞大的"全国步道网络"。英国政府实施该计划的目的有五：吸引城市居民融入自然开展户外活动并增进其健康；保障城市居民享受乡村生活的基本福利；激发当地民众热爱乡村之情；带动地方经济发展和培育乡村经济新的增长点；提振国家形象，让英国步道成为"皇冠上的钻石"而为世界民众所艳羡。该计划的实施取得巨大成功，上述目标逐一落实。现阶段，越来越多的城市居民借助步道走出去享受乡村生活，越来越多的乡村和地方政府从中受益，越来越多的"步道走廊"沿线的景点、自然生态和历史特征得到了更好的保护和修复，涌现越来越多的享誉国内外的美丽乡村，形成了一个城乡元素双向交流、融合发展的多赢局面。同时，越来越多的企业、社会组织、社区和城乡居民参与到管理步道和保护沿途景观的工作中来，与相关政府机构形成了一个庞大的"地方步道伙伴联盟"，政府、社会、企业等利益主体跨界合作的机制与局面为之一新。

[①] 《中共中央国务院印发〈乡村振兴战略规划（2018—2022年）〉》，《人民日报》2018年9月27日。

三 基层治理法治化与乡村生态振兴

基层治理现代化还是一个坚持和践行法治理念的过程。实际上，现代法治是现代国家治理的基本方式，二者之间存在密切的逻辑联结，唯有前者为后者注入秩序、公正、人权、效率、和谐等基本价值，才能实现国家治理的现代化以及法治本身的现代化[①]。基层治理是国家治理的重要界面和部分，基层治理法治化自然也是基层治理现代化的内在要求。正因如此，推进国家治理法治化以及基层治理法治化，已然成为中国社会各界的共识和关切。而结合国家治理现代化的要求看，推进基层治理法治化，除了要将法治理念、精神、原则以及建基于其上的方法贯穿到各项具体工作中去外，还要重点做好两项工作即：治理体系的法制化和治理能力的法治化。

近年来，中国在基层治理法治化方面迈出了扎实步伐。就治理体系的法制化言，最引人注目的举措是，为加快推进乡村振兴提供法治保障，中央有关部门出台了《中华人民共和国乡村振兴促进法》，涉及乡村生态建设和人才支持等多个方面。从治理能力的法治化看，中央亦作出了周密部署。战略意见强调各级党委和政府在实施战略过程中要切实增强法治思维，坚持依法行政原则，充分发挥法律手段在乡村各项工作中的作用，战略首部规划则强调要不断创新宣传教育方式，切实提高农民法治素养，引导广大群众依法依规参与的乡村振兴战略的实施。

乡村生态建设自然应该遵循战略意见、战略首部规划的有关法律规定以及《中华人民共和国乡村振兴促进法》。而且，如前所述，生态环境是一种特殊的公共产品，生态建设是一个复杂的利益场域，乡村自然资源不但包括集体所有制和国家所有制两种类型，而且涉及所有权、使用权、经营权、处置权、收益权等多种权益的分离和统一，尤其需要借助法律手段来厘清和宣示各种相关利益主体的权责边界，以更好地保护公共利益和平衡个体利益，而且，法律手段在生态治理中的运用，势必助推法治理念在其他领域的践行，进而推动基层治理法治化的扩面。由此

[①] 张文显：《法治与国家治理现代化》，《中国法学》2014年第4期。

看来,推进乡村生态振兴与加快基层治理法治化步伐之间也存在一种"天然的契合",同样具备实现"互嵌式"发展的基础。

调研发现,近年来基层党政干部依法行政意识显著增强,基层群众依法办事意识逐步提升,但在实践中还存在法条"疏而有漏"、可操作性有待提高以及执法不严、人情面子始终难以绕开等问题,研究发现,英国"乡村篱笆计划"(Countryside Hedgerows)堪称用足用好法治手段做好自然环境和乡村特色保护工作的范本,对中国在实践中如何依法推进乡村生态振兴和加快基层治理法治化进而实现"互嵌式"发展,具体而言,如何利用精细条款规定并辅之以严厉惩处,增进民众的乡村生态保护意识、提高乡村生态保护成效、明晰和优化政社关系,提供了有益启迪。

该计划由英国政府于1997年发起,旨在防止随意移除灌木篱笆和破坏自然生态及乡村传统景观的行为。具体内容包括:其一,凡是符合以下任何一个条件的灌木篱笆均须得到保护:连续长度20米以上的灌木篱笆,需要注意的是,如果篱笆连续长度不到20米但其两头很快将与相邻篱笆连成一线也在不应移除之列;灌木篱笆所在地点涉及农田、林地、皇家用地、自然保护区和科学研究区;灌木篱笆具有一定"份量",包括篱笆"有年头"(存活时间30年以上),有历史纪念意义,其中有需要保护的物种等。其二,申请移除灌木篱笆必须履行严格程序,操作流程主要包括:需要移除篱笆的业主向地方政府的计划部门或国家公园管理部门等相关机构提出申请,并向相关机构提交自己的身份证明、篱笆存活时间低于30年的证明,以及一定绘制比例的篱笆地图,同时,陈述需要移除篱笆的原因。受理部门接到申请后会商教区委员会,在42天内回复申请人。若申请人在42天之内未收到回复,其可自行移除篱笆。若申请人在接到可移除通知后的两年内没有移除篱笆,该移除通知作废,此后若想移除篱笆则需重新提出申请。但是,若篱笆挡住了农田和林地的唯一出口、紧急出口,影响了电缆设备的安置,或者因为防治病虫灾害等原因,则无须申请即可实施移除。其三,移除灌木篱笆过程中需注意以下问题:保护好篱笆中的鸟巢,保护好篱笆中包含的纳入保护品种的树木并登记好品种数目,查验自己是否有砍伐证等。其四,违反规定自行移除灌木篱笆者将受到惩处,非法移除者将受到最高5000英镑的罚款处罚，情节特别严重者（比如说侵害了皇家球场）则将面临"上不封顶"的处罚。民众若发现自己身边有人违反了灌木篱笆移除有关规定，可向地方警察局或乡村自治机构或"自然的英格兰"举报并提供相关证据。

结　　语

习近平总书记在 2020 年中央农村工作会议上强调，在新的发展阶段做好"三农"工作具有新的重要性和紧迫性，"从中华民族伟大复兴战略全局看，民族要复兴，乡村必振兴。从世界百年未有之大变局看，稳住农业基本盘、守好'三农'基础是应变局、开新局的'压舱石'"，为此，要"坚持把解决好'三农'问题作为全党工作重中之重，举全党全社会之力推动乡村振兴，促进农业高质高效、乡村宜居宜业、农民富裕富足"。① 从各方信息看，"十四五"时期料将掀起乡村建设和乡村生态建设新高潮。

为了实现乡村生态振兴和推进乡村全面振兴，综合基层调研了解到的情况看，在即将到来的如火如荼的实践中，一方面要克服"一刀切"倾向，充分考虑乡村生态环境和乡村生态建设的特殊性，科学研拟针对性较强的实施方案，力争规避生态振兴事倍功半情况的出现，另一方面要克服"碎片化"倾向，统筹考虑乡村生态建设与乡村范畴的其他工作，科学研拟系统性较强的实施方案，力争规避生态振兴"一枝独秀"现象的出现。

初步研究发现，要达成这些目标，亟须构建一个加快乡村生态振兴与基层治理现代化"互嵌式发展，体系化推进"的格局。这既是对战略意见关于协调推进乡村经济、政治、社会、文化、生态文明和党的建设相关精神的遵循，也是对加快国家治理现代化和基层治理现代化之要求的落实，还是由乡村生态建设与基层治理民主化、科学化和法治化之间存在的"天然的契合"所决定的。二者之间的逻辑契合主要表现为：乡村生态建设不但需要贯彻民主、科学和法治理念，而且要践行民主、科

---

① 《习近平在中央农村工作会议上强调　坚持把解决好"三农"问题作为全党工作重中之重　促进农业高质高效乡村宜居宜业农民富裕富足》，《人民日报》2020 年 12 月 30 日。

学和法治理念，而这也意味乡村生态建设可以承担更多推进基层治理现代化的重任。故而，在实践中除要自觉践行"坚持党管农村工作"原则外，还需牢固树立和强化"互嵌"意识：将基层治理现代化的核心要素即民主、科学、法治原则贯彻到乡村生态建设的全过程，以乡村生态建设为切口推进基层治理民主化、科学化和法治化，唯有如此，才能更有效地推进乡村生态振兴和实现"创新乡村治理方式，提高乡村善治水平"[1]的目标，才能收获乡村生态振兴和基层治理现代化的双促共赢。英国的相关实践支持了这一判断，并为如何研拟推进二者实现"互嵌式"发展的具体方案提供了宝贵经验，中国有关部门和单位在实操中可结合地方实际情况予以参鉴。

---

[1] 《习近平在中央农村工作会议上强调　坚持把解决好"三农"问题作为全党工作重中之重　促进农业高质高效乡村宜居宜业农民富裕富足》，《人民日报》2020年12月30日。

村社认同如何影响政治信任

——公民参与和个人传统性的作用

郑建君[***]

摘　要：政治信任是支撑政治系统运行的重要心理基础，对政民良性互动、提升公众的政府支持具有重要意义。村、社区作为公众的社会生活共同体和国家治理的基本单元，人们对村社的认同如何转化为对政治系统的信任以及此过程受到何种条件的影响，这将是本研究尝试探究的问题。本文基于95个行政村和城镇社区的5040份有效数据，将村社认同作为高层级变量，运用多水平结构方程模型和贝叶斯可信区间估计，对所提出的跨层级的"有调节的中介模型"进行检验。村社认同对个体的政治信任水平具有显著的正向预测作用，且公民参与在二者关系中具有部分中介作用。同时，个人传统性不仅在村社认同和公民参与关系中具有显著的负向影响，也进一步调节村社认同与政治信任的间接关系；具体来看，在个人传统性的不同水平下，村社认同通过公民参与对政治信任影响的间接效应表现出差异。论文从政治心理学的视角出发，揭示了"村社认同→公民参与→政治信任"这一中介作用路径，并进一步分析了个体传统性变量对上述影响机制作用发挥的边界效应，为理

---

[*] 郑建君，中国社会科学院政治学研究所副研究员、中国社会科学院大学政府管理学院副教授。

[**] 本文已于2021年4月刊发于《公共行政评论》第2期。

解和分析本土情境下公众的政治信任发生机制提供了可鉴路径，对激发公民参与、提升政治信任和推动基层治理转型的治理实践具有启示。

关键词：村社认同；政治信任；公民参与；个人传统性；跨层级分析

一 引言

政治信任是公民对政治系统运行的信念或信心，[①] 是民众针对政府可信度所采取的一种信任判断或政治评价。作为支撑政治系统正常运转的重要变量之一，政治信任是维持政治合法性和稳定性的基础来源，能够有效节省政策成本，提升治理效率和质量。[②] 已有研究涉及政治信任影响机制的分析，集中探讨了政府绩效、腐败感知、政治参与和政治效能感等因素的影响作用，[③] 而从认同角度切入、基于社会治理的研究相对缺乏，本文尝试通过公民治理参与来探讨村社认同与政治信任在村社层级的生成机制及作用条件。

村社是中国国家治理体系中的神经末梢和治理终端。作为国家治理的基本单元，村社不仅是人们的社会生活共同体，同时它还"承担着接应国家治理任务和回应社区内生需求的双重功能"。[④] 在国家治理能力和

[①] 李艳霞：《政治信任生成的心理机制与实践悖论》，《中国行政管理》2013 年第 5 期。

[②] 梅立润、陶建武：《中国政治信任实证研究：全景回顾与未来展望》，《社会主义研究》2018 年第 3 期；熊美娟：《政治信任研究的理论综述》，《公共行政评论》2010 年第 6 期。

[③] 胡荣：《农民上访与政治信任的流失》，《社会学研究》2007 年第 3 期；田北海、王彩云：《民心从何而来？——农民对基层自治组织信任的结构特征与影响因素》，《中国农村观察》2017 年第 1 期；Dong, L. and Kuebler, D., "Sources of Local Political Trust in Rural China", *Journal of Contemporary China*, Vol. 27, No. 110, 2018; Espinal, R., Hartlyn, J. and Kelly, J. M., "Performance Still Matters: Explaining Trust in Government in the Dominican Republic", *Comparative Political Studies*, Vol. 39, No. 2, 2006; Kim, J., "'Bowling Together' Isn't a Cure-All: The Relationship Between Social Capital and Political Trust in South Korea", *International Political Science Review*, Vol. 26, No. 2, 2005.

[④] 王德福：《社区治理现代化：功能定位、动力机制与实现路径》，《学习与实践》2019 年第 7 期；杨敏：《作为国家治理单元的社区——对城市社区建设运动过程中居民社区参与和社区认知的个案研究》，《社会学研究》2007 年第 4 期。

治理体系现代化的过程中,村社面临着治理转型问题,即需要在村社层级形成政府与公民的良性互动、达成多元主体参与的共治共享。然而随着市场化、城市化带来的人口流动和社会资本流失,村社日益面临异质化、凝聚力降低和认同不足等现实困境。[①] 村社认同的缺失会减损政治信任吗?要从根本上回答这一问题,就需要探析村社认同与政治信任的关系。

终身学习模型整合了有关政治信任的文化主义和制度主义两种解释框架,将个人的政治信任发展看作一个持续过程,即它是由一系列个人经历以及态度变化组成的因果序列,人们在时间序列上经历不同的事件,并由此改变自身的态度。[②] 按照认同理论的观点,认同是沟通个体认知与社会结构的关键,个人深刻感受到隶属于某群体的情感和价值意义,这会强烈地影响其知觉、态度和行为。[③] 于个人而言,村社生活是个体互动关系从家庭到一定地域范围的拓展,是血缘和地缘关系的缔结和强化,构成个人最初的信任半径空间。个人社会化经历中更早形成的村社认同态度,会在后续社会化经历中强化或弱化其政治信任。对公民来说,村社象征着地域依附与情感依恋,是社会交往和人情关系的肇始,个体自然形成的基于村社的认同感反映了人们指向村社的一种归属与身份体验。有研究表明,高村社认同的个体,更有热情参与村社集体事务,[④] 而认同的生产与再生产是推动居民持续参与村社公共生活的重要动力。[⑤] 社会资本理论认为公民参与能培育牢固的普遍互惠规范,有助于加强和积累社

[①] 柴梅、田明华、李松:《城市社区认同现状及重塑路径研究》,《城市发展研究》2017年第11期;闵学勤:《社区认同的缺失与仿企业化建构》,《南京社会科学》2008年第9期;舒晓虎、陈伟东、罗朋飞:《"新邻里主义"与新城市社区认同机制——对苏州工业园区构建和谐新邻里关系的调查研究》,《社会主义研究》2013年第4期。

[②] Mishler, W. and Rose, R., "What are the Origins of Political Trust? Testing Institutional and Cultural Theories in Post-Communist Societies", *Comparative Political Studies*, Vol. 34, No. 1, 2001.

[③] 张莹瑞、佐斌:《社会认同理论及其发展》,《心理科学进展》2006年第3期。

[④] 谢治菊:《村民社区认同与社区参与——基于江苏和贵州农村的实证研究》,《理论与改革》2012年第4期。

[⑤] 颜玉凡、叶南客:《认同与参与——城市居民的社区公共文化生活逻辑研究》,《社会学研究》2019年第2期。

区合作和信任，形成乐于合作和信任的氛围，最终增进政府政策的有效性，使社会信任传导到政府机构。① 从村社认同到政治信任，公民参与在其中起着中介作用，这一主观意识转变过程中生成的是认同型信任，即"经由长期的互动合作和愉快体验而内化的一种感性的情感认知"。② 相比其他行政层级，村社是公民与政府及其公职人员的高频接触点，在参与社区事务的过程中，公民与政府进行了直接或间接接触和互动，达成基于价值认同和行为合作的关系性信任。此外，本研究还引入了具有本土文化特征的价值观变量——个人传统性，将其作为村社认同和公民参与的调节变量。价值观支配和制约着人们的行为动机，在一定程度上对其行为模式具有预测作用。在政府与公民的权威—服从关系情境中，个人传统性在削弱公民参与动机的同时，对其服从动机具有增强作用。因而，较之高传统性者，低传统性者更有可能参与村社事务与治理。

本文基于政治信任的终身学习模型、认同理论和社会资本理论，试图于村社场域中建构出认同—参与—信任模型来阐释村社认同和政治信任的关系。将公民参与作为两者关系的中介变量，考察公民和政府的互动逻辑，探究其对话机制；同时，以个人传统性作为村社认同和公民参与的调节变量，讨论两者关系的边界效应。与以往有关村社认同的研究不同的是，本研究搭建了跨层次分析框架，这能显著提升研究结论的效度，增加了对理论贡献与实践启示的可能性。

二 文献回顾与假设提出

（一）村社认同与政治信任

社区包含四个要素，即具体地理空间、人口、互动形成的关系丛和

---

① Putnam, R. D., "The Prosperous Community", *The American Prospect*, Vol. 4, No. 13, 1993.

② 马子博、张成福：《论非政府组织与政府认同型信任的构建——基于资源依赖的视阈》，《学术界》2016 年第 12 期。

社区认同。① 结合已有研究对社区认同的定义，② 我们认为，村社认同是个体基于利益相关、居住时间、历史记忆、社会交往等多种因素形成的一种指向村（或社区）的态度体验，具体表现为个体对村（或社区）功能状况的认同程度以及个体与村（或社区）的情感联接强度，是影响基层治理的重要心理变量。在与其他居民的频繁交往和互动中，村社认同得到巩固和加强，成为凝聚村社的粘合剂。高村社认同的公民会更愿意参与村社公共事务，③ 高参与意愿则更可能指向与村社其他居民和政治体系的高频互动，易于形成稳定的关系联结。信任本身反映的是个人与个人或团体（机构）之间的关系性状态，④ 政治信任体现了公民和政治体系基于互动形成的双向关系。对于政治信任的生成机制，存在有两种解释路径：一是文化主义视角，认为政治信任的根源在于人们对文化的长久且根深蒂固的信仰，这些信仰根植于文化规范并通过早期的社会化传播；作为人际信任的一种延伸，政治信任是个体生命早期所习得的信任关系后期投射到政治机构上的表现。二是制度主义视角，认为政治信任来源于以政府为代表的政治绩效，是公民理性评价的结果；政治社会化和客观的政治绩效，都对政治信任有着重要的影响。但上述解释路径却共享一个基本假设，即信任是习得的，且与个体既往经历存在一定关联。基于此，有关政治信任的终生学习模型，将个体的政治信任发展看作一个持续动态的过程，是借由在时间序列上所经历的不同事件并改变自身的

---

① 黎熙元、陈福平：《社区论辩：转型期中国城市社区的形态转变》，《社会学研究》2008年第2期；王志立：《城市社区治理中的公民参与问题探究》，《经济研究导刊》2019年第23期。

② 唐有财、胡兵：《社区治理中的公众参与：国家认同与社区认同的双重驱动》，《云南师范大学学报（哲学社会科学版）》2016年第2期；辛自强、凌喜欢：《城市居民的社区认同：概念、测量及相关因素》，《心理研究》2015年第5期。

③ 孙璐：《利益、认同、制度安排——论城市居民社区参与的影响因素》，《云南社会科学》2006年第5期；唐有财、胡兵：《社区治理中的公众参与：国家认同与社区认同的双重驱动》，《云南师范大学学报》（哲学社会科学版）2016年第2期；吴理财：《农村社区认同与农民行为逻辑——对新农村建设的一些思考》，《经济社会体制比较》2011年第3期；谢治菊：《村民社区认同与社区参与——基于江苏和贵州农村的实证研究》，《理论与改革》2012年第4期。

④ Levi, M. and Stoker, L., "Political Trust and Trustworthiness", *Annual Review of Political Science*, Vol. 3, No. 1, 2000.

价值和态度的结果表现。① 人们的政治信任，一方面受到早期社会化经历、文化规范和价值内化的持续影响，另一方面其程度还会因后期的经历和对政治绩效的体验而有所增强或减损。具体到本研究，基于村社层面的认同感知，其巩固或削弱势必会对个体所生成的政治信任产生影响。

村社认同和政治信任是公民在体验村社生活中的各种互动时形成的主观态度，探究两者关联要考虑到中国村社的特殊性，具体体现为两点：一是党政力量牢牢扎根于基层、密切参与村社的公共生活的治理实践；二是以关系差序和认同型信任为主要特征的社会文化背景。村社虽然是国家治理实践的终端，但也受到行政力量的较强影响，党政组织在村社中的高度嵌入增加了公民与其互动的概率。在与党政力量的持续互动中，当公民感受到他们是在为村社谋福并且拥有良好的治理绩效时，关心村社发展的公民就更容易产生对政治体系的认同。有研究表明，中国人通常具有较高的认同型信任水平。② 认同型信任的形成不基于利益成本计算，而是根据信任对象的可信度特征予以判断。正是出于对村社自治组织和政府的治理理念、治理绩效的认同，高村社认同的公民倾向于将其划拨到自己人阵营，由此产生认同型信任。此外，村社特殊的社会文化背景也巩固了党政力量与公民的互动和信任关系。亲疏有别的人情关系网在村社的社会交往和事务处理上发挥着特殊作用。在频繁互动中产生的曝光效应，使公职人员能够介入村社日常生活运行的网络，拉近与公民的距离并达成稳定的信息交流和行为合作关系，从而在一定程度上强化了认同型信任的形成过程。在前述背景之下，公民越是认同和关心村社，就越可能主动地参与村社事务，与政府的接触和互动就会更多，更易形成日常中频繁互动的关系网络。在此过程中，公民形成了基于治理绩效和关系情感的认同，这会对他们的政治信任产生积极

---

① Mishler, W. and Rose, R., "What are the Origins of Political Trust? Testing Institutional and Cultural Theories in Post-Communist Societies", *Comparative Political Studies*, Vol. 34, No. 1, 2001.

② Zhao, N., Shi, Y., Xin, Z. and Zhang, J., "The Impact of Traditionality/Modernity on Identification-and Calculus-Based Trust", *International Journal of Psychology*, Vol. 54, No. 2, 2017.

影响。①

因此，本文提出假设H1：村社认同对政治信任具有显著的正向影响。

（二）公民参与的中介作用

公民参与又称公共参与，是"公民通过一定的参与渠道，参与或影响政府公共政策或公共事务的行动过程"。② 公民参与是中国国家治理现代化和民主行政的应有之义与必然之选，也是进行"参与式治理"的核心要件。③ 通过参与社区公共事务，每个社区公民都能为社区的公共利益决策和付出，实现福利共享和责任共担。根据认同理论和社会资本理论的观点，公民参与的内在心理动力是公民对社区的认同感和归属感，④ 而参与行为能促进社区内部的合作和信任。认同和信任都是主观建构的心理变量，从村社认同到政治信任的认知改变须经由实质性互动行为才能实现。

之前大量研究佐证了村社认同能够促进公民参与村社公共事务的假设。⑤ 村社认同促进公民参与的逻辑在于，村社认同包括功能和情感两个维度，一方面因为社区功能状况与公民利益的捆绑，公民出于维护社区功能运作和自身利益的理性考虑，会选择参与村社集体事务的管理；另一方面，公民在长期居住和村社交往的过程中形成了关系性情感联结和认同型信任网络，促使公民有强烈的义务感和责任感参与村社治理，而且关系友好的邻里伙伴的参与也会打消他们的顾虑，增加其参与意愿。公民对政治体系和政府的态度来自他们自身的直接经验和间接经验，参

---

① 田北海、王彩云：《民心从何而来？——农民对基层自治组织信任的结构特征与影响因素》，《中国农村观察》2017年第1期。
② 党秀云：《论公共管理中的公民参与》，《中国行政管理》2003年第10期。
③ 王建国、刘小萌：《善治视域下公民参与的实践逻辑》，《河南师范大学学报》（哲学社会科学版）2019年第2期。
④ 唐有财、王天夫：《社区认同、骨干动员和组织赋权：社区参与式治理的实现路径》，《中国行政管理》2017年第2期。
⑤ 唐有财、胡兵：《社区治理中的公众参与：国家认同与社区认同的双重驱动》，《云南师范大学学报（哲学社会科学版）》2016年第2期；吴理财：《农村社区认同与农民行为逻辑——对新农村建设的一些思考》，《经济社会体制比较》2011年第3期；谢治菊：《村民社区认同与社区参与——基于江苏和贵州农村的实证研究》，《理论与改革》2012年第4期。

与是获取直接经验的主要途径,只有在直接的参与行动和互动过程中才能产生政治信任,使政治资本得以增值。① 公民在参与过程中获取公共事务的相关信息,知悉政府的能力和道德水平。特别是通过更多的直接接触和互动,公民能贴近决策和选举过程,能增进对政府决策的理解。适当的公共参与有助于增加管理者与公众的互信,减少政府与公众之间的误解和对立,缓解两者间的紧张关系。②

结合以上分析,从村社认同到政治信任,公民参与行为是其心态改变的关键桥接。本研究认为公民参与村社公共生活和集体事务受村社认同的驱动,认同感越高则参与意愿越强。由于政府力量在村社一级的普遍深入,公民通过公共参与过程可以切实地成为村社公共事务的参与者和监督者,村社公共事务的积极参与者维持着与政府的互动关系,更可能增进其政治信任水平。由此,本文提出假设H2:公民参与在村社认同与政治信任的关系中起着中介作用。

(三) 个人传统性的调节作用

传统性被认为是最能描绘中国人人格特质和文化价值观的概念之一,它在中国现实社会中最常被观察到,是一套有组织的认知态度、思想观念、价值取向、气质特征及行为意愿,反映了个体对传统价值观的认同程度。③ 改革开放和现代化进程形塑着中国人的价值观,但传统价值体系的影响尚存,因为信念体系具有出色的耐久性和韧性,价值观虽然在某种程度上会发生变化,但它们仍旧反映着社会的文化遗产。④ 有研究者将

---

① 徐勇:《政治参与:政治信任的重建——源于乡村选举中"信任票"的一种分析范式》,《当代中国政治研究报告》2004年刊。

② 李艳霞:《影响公共参与强度的主体性因素分析》,《城市问题》2011年第1期。

③ Farh, J., Hackett, R. D. and Liang, J., "Individual-Level Cultural Values as Moderators of Perceived Organizational Support-Employee Outcome Relationships in China: Comparing the Effects of Power Distance and Traditionality", *Academy of Management Journal*, Vol. 50, No. 3, 2007; Yang, K., "Methodological and Theoretical Issues On Psychological Traditionality and Modernity Research in an Asian Society: In Response to Kwang-Kuo Hwang and Beyond: Psychological Traditionality and Modernity", *Asian Journal of Social Psychology*, Vol. 6, No. 3, 2003.

④ Inglehart, R. and Baker, W. E., "Modernization, Cultural Change, and the Persistence of Traditional Values", *American Sociological Review*, Vol. 65, No. 1, 2000.

个人传统性划分成遵从权威、孝亲敬祖、安分守成、宿命自保、男性优越五个因素，[1] 其中遵从权威是个人传统性的关键要素。[2] 较之低传统性个体，高传统性个体的态度和行为更少受到权威人物如何对待他们的影响，他们社会角色所承载的期望和责任主导着其态度和行为。[3] 心理学和管理学的一些研究验证了在组织情境中传统性对个人心理和行为的影响，例如高传统性个体对主管的辱虐管理有更强的耐受力，传统性调节着不同风格的领导行为（如变革式领导、家长式领导、谦卑型领导等）与员工行为之间的关系等。[4]

相对于其他社会实践条件，政治情境中也同样存在人格特质对个人态度和行为的影响。张平和周东禹在研究城市居民参与社区选举的促进因素时发现，社区居民人格倾向是一个重要影响因素，对选举行为具有最强的间接效应。[5] 作为中国人的典型人格特质之一，个人传统性会在一定程度上塑造公民的政治心理，影响其社区参与行为。遵从权威要素体现了中国人的权威取向，在社会互动中表现为权威敏感、权威崇拜和权威依赖。[6] 在公民与政府的互动中，政府占据领导和主动地位，是公民逐渐习惯和仰赖的权威。鉴于基层治理现状，本文认为公民参与村社公共

---

[1] Yang, K., "Methodological and Theoretical Issues on Psychological Traditionality and Modernity Research in an Asian Society: In Response to Kwang-Kuo Hwang and Beyond: Psychological Traditionality and Modernity", *Asian Journal of Social Psychology*, Vol. 6, No. 3, 2003.

[2] Farh, J., Earley, P. C. and Lin, S., "Impetus for Action: A Cultural Analysis of Justice and Organizational Citizenship Behavior in Chinese Society", *Administrative Science Quarterly*, Vol. 42, No. 3, 1997.

[3] Gabrenya Jr., W. K. and Hwang, K., 1996, "Chinese Social Interaction: Harmony and Hierarchy On the Good Earth", In M. H. Bond (eds.), *The handbook of Chinese psychology*, Oxford University Press.

[4] 李晓玉、高冬东、王丽霞、乔红晓：《变革型领导对中职教师建言行为的影响：继续承诺与个人传统性的作用》，《心理研究》2015年第6期；苏涛永、张瑞、俞梦琦、王胜金：《谦卑领导行为与员工个人创新行为：一个被中介的调节模型》，《工业工程与管理》2017年第4期；吴隆增、刘军、刘刚：《辱虐管理与员工表现：传统性与信任的作用》，《心理学报》2009年第6期；张永军、张鹏程、赵君：《家长式领导对员工亲组织非伦理行为的影响：基于传统性的调节效应》，《南开管理评论》2017年第2期。

[5] 张平、周东禹：《城市居民参与社区民主选举：何以可能与何以可为》，《学术交流》2019年第7期。

[6] 杨国枢：《中国人的社会取向：社会互动的观点》，《中国社会心理学评论》2005年第1期。

事务的意愿及其表现，会同时受到其对村社认同程度与传统性价值观念的影响。高传统性的个体习惯于服从权威，并且依赖于政府的领导和庇护以获取安全和福利，那么他们在村社公共事务中往往会顺从政府安排，缺乏参与的意识和动力，或者处于村社动员下的被动在场参与的状态；与之相反，低传统性的个体则更为开放，对权威的崇拜取向相对更低，主张以平等方式与村社自治组织和基层政府进行沟通和互动，在社会治理实践中表现出更强的意愿与更积极的行动。

因此，提出本文的假设H3：个人传统性不仅在村社认同和公民参与的关系中具有调节作用，同时对村社认同通过公民参与对政治信任的间接效应也发挥有显著的调节作用。

综上所述，本研究的研究假设模型如图1所示。

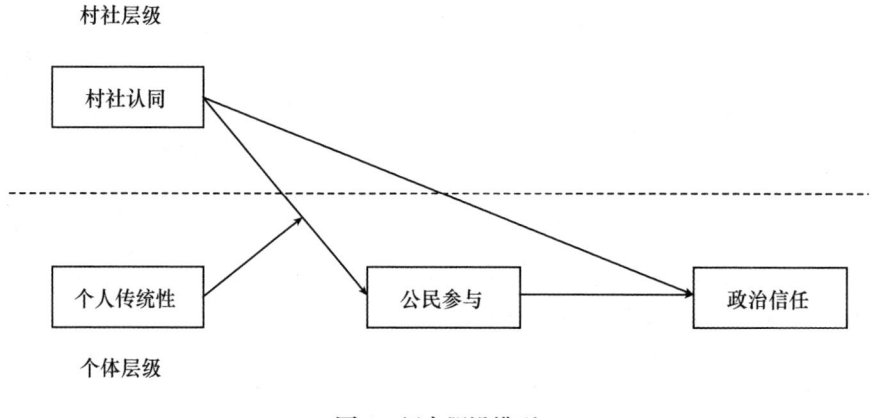

图1　研究假设模型

三　研究方法与过程

（一）样本情况

本研究在 S 省和 Z 省的 95 个行政村和城镇社区进行问卷调查，并邀请在当地居住一年以上且年满 18 周岁的村居民参与问卷作答。最终，发放调查问卷 5225 份，收回有效数据 5040 份，有效数据的回收率为 96.46%，单个村或社区的人数在 33—110 人。其中，男性 3103 人

（61.57%）女性1916人（38.02%），信息缺失21人（0.41%）；受访者年龄在18—89岁（M = 43.89、SD = 12.66）；调查的有效数据在各行政村或城镇社区的人数分布在40—110人，平均人数为53人；在学历上，"初中及以下"学历2129人（42.24%），"高中（含高职、高专）"学历640人（12.70%），"大专及本科"学历2189人（43.43%），"研究生"学历32人（0.63%），信息缺失50人（0.99%）；在政治面貌上，"中共党员"1161人（23.04%），"共青团员"377人（7.48%），"群众及其他"3424人（67.94%），信息缺失78人（1.54%）；在个人月均收入上，"1500元以下"者1245人（24.70%），"1501—3000元"者1366人（27.10%），"3001—5000元"者1838人（36.47%），"5000元以上"者460人（9.13%），信息缺失者131人（2.60%）；在家庭年收入上，"1.5万元以下"893人（17.72%），"1.5万元—5万元"1198人（23.77%），"5万元—8万元"1327人（26.33%），"8万元—10万元"641人（12.72%）"10万元以上"889人（17.64%），信息缺失92人（1.82%）。

（二）变量测量

除人口学变量外，本研究重点考察的核心变量有四个，分别是村社认同、公民参与、政治信任和个人传统性，均采用问卷调查的方式进行数据收集。

1. 村社认同

采用辛自强等编制的《社区认同量表》，[①] 共8个题目，李克特6点计分，包含有功能认同和情感认同两个维度。在本研究中，施测对象包含有城乡居民两大群体（农村和城镇社区），故在实际运用过程中删去了"情感认同"维度中的一个题目"我觉得这个社区已经成为我生命的一部分"，并针对调查对象对个别表述进行了调整。为此，对修订后的《村社认同量表》进行了效度的复核检验，结果显示：c^2 = 331.302，df = 13，CFI = 0.99，TLI = 0.98，RMSEA = 0.07，SRMR = 0.015，各题目的载荷

[①] 辛自强、凌喜欢：《城市居民的社区认同：概念、测量及相关因素》，《心理研究》2015年第5期。

在 0.66~0.88；在本研究中，功能认同和情感认同两个维度的 Cronbach's α 系数分别为 0.91、0.84，问卷的总体信度系数为 0.93。

2. 公民参与

采用郑建君编制的《公民参与量表》，[①] 该量表共有 4 个题目，分属于参与认知和参与行为两个维度，便采用 7 点计分，由 "1 非常不同意" 到 "7 非常同意"，并对所有题目的得分加总取均值。在本研究中，参与认知和参与行为两个维度的 Cronbach's α 系数分别为 0.87、0.89，问卷的总体信度系数为 0.91。

3. 政治信任

采用和借鉴孙昕等人编制的《政治信任量表》，[②] 该量表共计 5 个题目，所有题目均为 6 点正向计分，备选编号 "1 到 6" 分别代表从 "完全不同意" 到 "完全同意"，所有题目的分数加总取均值，得分越高表明其表现出的政治信任水平越高。在本研究中，该量表的 Cronbach's α 系数为 0.93。

4. 个人传统性

采用 Farh 等人开发的《中国人传统性量表》（简版），[③] 该量表为单一维度，由 5 个题目组成；同时，该量表采用 5 点计分，由 "1 到 5" 分别代表从 "非常不同意" 到 "非常同意"。为了更好的适应本研究的调查对象，我们对量表中的个别表述进行了调整，例如将原量表中的 "要避免发生错误，最好的办法是听从长者的话" 调整为 "避免错误的最好方法就是遵从有威望长辈的经验和建议"；对修订后的题目进行探索性因素分析，5 个题目汇聚为一个因素后，能够解释方差总变异的 53.74%。在本研究中，该量表的 Cronbach's α 系数为 0.78。

[①] 郑建君：《政府职能转变与公民公共服务满意度之关系——基于政府透明度和公民参与的实证分析》，《哈尔滨工业大学学报》（社会科学版）2017 年第 4 期。

[②] 孙昕、徐志刚、陶然、苏福兵：《政治信任、社会资本和村民选举参与——基于全国代表性样本调查的实证分析》，《社会学研究》2007 年第 4 期。

[③] Farh, J., Earley, P. C. and Lin, S., "Impetus for Action: A Cultural Analysis of Justice and Organizational Citizenship Behavior in Chinese Society", *Administrative Science Quarterly*, Vol. 42, No. 3, 1997.

（三）统计分析策略

本研究的假设模型中包含有两个层级的变量，其中个体层级的变量为公民参与、政治信任和个人传统性，而村（社区）层级的变量为村社认同。对于村社认同的数据，是将被试报告的其对所在村或社区的认同评价得分聚合到更高的村（社区）层级。为确定该测量作为村（社区）层级变量的有效性，本研究采用 R_{wg}、ICC（1）和 ICC（2）三个指标对数据进行聚合检验，结果显示：R_{wg} 为 0.95（大于 0.7）、ICC（1）为 0.22（大于 0.05）、ICC（2）为 0.96（大于 0.5），这表明村社认同满足高一层级变量要求。从上述结果可知，本研究提出的有调节的中介效应假设，可以采用多水平结构方程模型技术（Multilevel Structural Equation Model, MSEM）和贝叶斯（Bayesian Analysis）可信区间估计方法进行检验。此外，在具体的个体层级及跨层级分析过程中，为避免对村社层级变量效应估计时出现共相关的影响干扰，本研究对相关变量数据均进行了总均值中心化（Grand Mean Centering）处理。

四 结果与分析

（一）共同方法偏差及变量区分效度的检验

除了在数据收集过程中严格调查施测程序、对各变量的测量采用差异化计分方式外，为确认共同方法偏差可能带来的干扰，在假设的验证阶段还对其程度进行了检验分析。首先，采用 Harman 单因素检验法对四个变量的 21 个题目进行探索性因素分析，确定抽取了 5 个因素（其总的方差解释了 75.70% 的变异）；其中，第一个因素解释了总变异的 23.90%，且在未旋转的情况下也未出现测量题目明显汇聚在一个因素上的结果。其次，通过 Mplus7.0 软件运用结构方程模型中的验证性因素分析，对基准模型和其他竞争备选模型进行了检验（见表 1），结果显示：基准模型的各项拟合指标均优于其他模型，且单因素模型的拟合表现欠佳，说明本研究关注的核心变量具有较好的区分效度，共同方法偏差的干扰影响也不明显。

表1　　　　　　　　　　验证性因素分析结果

	χ^2	df	CFI	TLI	RMSEA	SRMR	Δc^2	Δdf
基准模型：CI；TV；CP；PT	7031.37	183	0.91	0.90	0.086	0.049		
模型A：CI+TV；CP；PT	13365.52	186	0.82	0.80	0.119	0.098	6334.15***	3
模型B：CI；TV+CP+PT	19443.47	188	0.74	0.71	0.143	0.099	12412.1***	5
模型C：CI+TV+CP+PT	35966.36	189	0.52	0.47	0.194	0.139	28934.99***	6

注：CI代表"村居认同"、TV代表"传统性"、CP代表"公民参与"、PT代表"政治信任"；

*** 代表 $p<0.001$。

（二）描述性统计分析

本研究涉及的核心变量及人口学变量指标的均值、标准差与相关性检验结果如表2所示。其中，四个核心变量村社认同、公民参与、政治信任与个人传统性之间均具有显著的相关。同时，学历、政治面貌及个人和家庭经济状况等，也与村社认同、公民参与、政治信任三个核心变量之间存在一定的显著相关；考虑到个人经济状况包含于家庭经济状况

表2　　　　　　　　各变量均值、标准差和相关性

	变量	1	2	3	4	5	6	7	8	9	10
1	性别	1									
2	年龄	-0.07**	1								
3	学历	0.00	-0.59**	1							
4	政治面貌	0.05**	0.01	-0.13**	1						
5	个人月收入	-0.08**	-0.37**	0.48**	0.01	1					
6	家庭年收入	-0.02	-0.25**	0.41**	-0.05**	0.66**	1				
7	村社认同	-0.02	-0.04*	0.12**	-0.04**	0.13**	0.14**	1			
8	公民参与	-0.02	-0.07**	0.16**	-0.07**	0.17**	0.16**	0.43**	1		
9	政治信任	-0.06**	-0.02	0.09**	-0.05**	0.08**	0.08**	0.48**	0.63**	1	
10	个人传统性	-0.08**	0.03	-0.03*	0.07**	-0.02	0.00	0.12**	0.14**	0.21**	1
	M	1.38	43.89	2.02	2.46	2.31	2.89	5.11	5.99	5.23	3.14
	SD	0.49	12.66	0.94	0.85	0.95	1.34	0.82	1.04	0.83	0.89

注：* $p<0.05$，** $p<0.01$（双尾检验）。

信息之中,故在后续检验中选择学历、政治面貌和个人月收入作为控制变量纳入模型。

(三) 假设检验

多水平结构方程模型的分析结果显示(见表3):个体的村社认同不仅对其政治信任水平($\gamma = 0.62$,$p < 0.001$)具有显著的正向预测作用,同时村社认同对个体的参与认知与行为($\gamma = 0.74$,$p < 0.001$)也具有显著的正向预测作用;此外,公民参与对个体的政治信任水平($\gamma = 0.46$,$p < 0.001$)具有显著的正向影响,而加入中介变量后,村社认同对政治信任的正向预测作用依旧显著($\gamma = 0.28$,$p < 0.001$),表明公民参与在村社认同与政治信任的关系中具有部分中介作用。作为调节变量,个人传统性在村社认同与政治信任的关系中具有显著的负向影响作用($\gamma = -0.49$,$p < 0.001$)。同时,以 $M \pm SD$ 为标准,依个人传统性得分高低将被试划分为高分组和低分组,并对村社认同与政治信任的关系进行简单斜率检验和绘制交互效应图。如图2所示,对于个人传统性得分较低的群体,其村社认同对公民参与具有显著的正向预测作用($b_{simple\ slope} = 0.66$,$se = 0.02$,$t = 30.68$,$p < 0.001$);而对于个人传统性得分较高的群体,

表3　　　　　MSEM 有调节的中介作用路径分析结果

路径	系数	后验标准差
村社认同(村社层级)→公民参与(个体层级)	0.74 ***	0.11
公民参与(个体层级)→政治信任(个体层级)	0.46 ***	0.01
村社认同(村社层级)→政治信任(个体层级)	0.28 ***	0.08
村社认同(村社层级)×个人传统性(个体层级) →公民参与(个体层级)	-0.49 *	0.24
中介效应	0.33 ***	0.07
总效应	0.62 ***	0.02
学历(个体层级)→政治信任(个体层级)	0.01	0.01
政治面貌(个体层级)→政治信任(个体层级)	-0.02 *	0.01
个人月收入(个体层级)→政治信任(个体层级)	-0.02	0.01

注:* $p < 0.05$,** $p < 0.01$,*** $p < 0.001$。

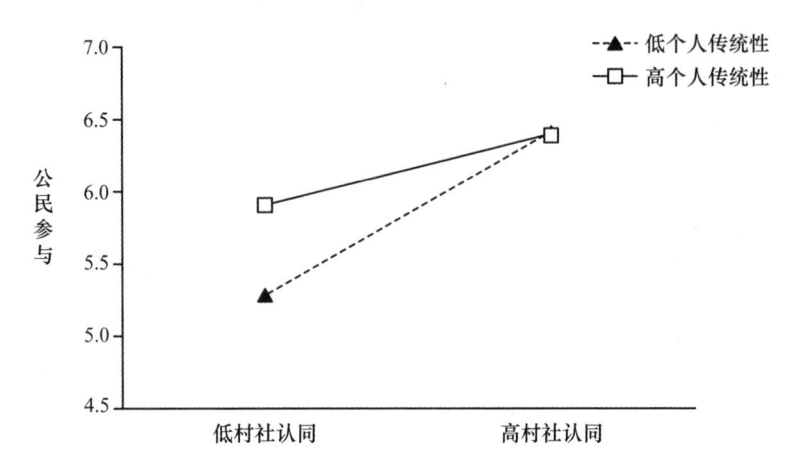

图 2 村社认同与个人传统性对其公民参与的交互作用图

其村社认同同样对公民参与具有显著的正向预测作用（$b_{simple\ slope} = 0.30$，$se = 0.03$，$t = 11.20$，$p < 0.001$）。进一步的斜率差异检验显示，相对于高分组，在个人传统性低分组的人群中，其村社认同对公民参与的正向影响更大，$Z = 9.98$，$p < 0.001$。

对于被调节的中介效应，本研究对其进行了进一步的检验。贝叶斯可信区间估计的结果显示：中介作用的效应值为0.33、$p < 0.001$，其95%可信区间为 [0.21, 0.49]，中介效应占总效应的53.23%。具体来看，在个人传统性高分组，村社认同通过公民参与对政治信任影响的间接效应显著，其中介效应（0.19）占该群体内总效应的48.45%，95%可信区间为 [0.03, 0.37]；在个人传统性低分组，村社认同通过公民参与对政治信任影响的间接效应显著，其中介效应（0.48）占该群体内总效应的69.06%，95%可信区间为 [0.23, 0.80]。

五　讨论与总结

（一）假设检验结果讨论

村社认同和政治信任是公民的主观态度，前者向后者的互动转化需要特定的条件。促成村社认同与政治信任两者相互机制的重要条件之一，是公民参与在二者关系形成中发挥的作用。本文衔接"认同→参与"和"参与→信任"的研究思路，基于政治信任的终身学习模型、认同理论、社会资本理论和本国社会文化情境特征建构了"认同→参与→信任"模型，以此考察村社认同与政治信任的作用机制。本文研究结果表明，个体的村社认同对其政治信任水平有显著的正向预测作用，公民参与在两者关系的形成中发挥有部分中介的作用。该结果一定程度上验证了"认同—参与—信任"逻辑，即高村社认同推动公民具备参与村社治理实践的更强动机，而多参与意味着多感知和多互动，这可能会增加其政治信任。公民参与在村社层面的基础性作用被凸显出来，它是促成"认同—信任"心理转变过程的重要环节。

中国社会的特殊文化情境影响和制约着村社认同和政治信任之间的作用机制。首先，中国人的关系取向和认同型信任倾向有益于从认同向信任的跨越。政治力量在村社关系网络中的嵌入和强烈存在，使得政治信任在参与中积累。其次，个人传统性是该作用机制的边界条件。个人传统性大多用于探讨组织情境中的领导效能边界，本文将其引入政治心理领域，证明了个人传统性在村社认同和公民参与关系中的调节效应。个人传统性对"认同—参与"环节产生的是负向影响，即在传统性得分低的群体中，村社认同对公民参与的影响更为显著。中国人的权威取向和传统文化价值观影响着他们参与公共事务的动机，对政府权威的倚赖和服从会使他们更少主动参与公共事务。最后，个人传统性调节着"村社认同—公民参与—政治信任"的中介机制，它不仅影响着认同与参与的关系形态，还影响着通过公民参与发生作用的"认同—信任"关系。在个人传统性的高分组和低分组，村社认同通过公民参与对政治信任影响的间接效应都是显著的。综上所述，本研究用实证方式验证了村社认同和政治信任的影响机制，以跨层级分析填补了研究空白。

（二）实践意义

本研究对推动公民参与、提升政治信任和促进基层治理转型都具有重要的实践意义，具体表现为以下三点。第一，在村社治理过程中，需要培育公民的村社认同以破解公民自治参与动力不足的问题，充分关注影响公民参与的文化心理因素，构建吸纳公民持续、有序参与制度化治理实践的有效机制。第二，本研究中得到印证的"认同—参与—信任"逻辑对政治信任的提升有着重要启示。村社居民对基层自治组织和乡镇政府/街道办的信任建立在长期性互动合作和价值认同上，镶嵌于地方性的关系性互动信任网络之中。为了维持民众对政府的信任，一方面要积极鼓励公民参与村社事务，增加接触和互动机会，在理解和认同的过程中达成信任；另一方面，要警惕因信息不对称或对个别公职人员的道德判断而导致的不信任扩散。第三，个人传统性的影响表明，行政力量在基层治理中的惯性主导局面需要逐步改变。政府要转变在基层治理中的权威话语角色，转向致力于提升公共服务能力、激发公民参与的服务者角色，为基层自治保留充分空间。

（三）研究不足与展望

本文在研究村社认同和政治信任的关系上做了一些有益探索，但也存在一些不足和局限。首先，采用被试的自评数据无可避免地会存在偏差影响，尽管共同方法偏差的干扰影响并不显著，但或多或少会影响结果的准确性和效度。其次，"认同—参与—信任"逻辑中从认同到信任的转变过程显然是长期性的，而本研究中使用的数据是横截面数据，无法推证变量间的因果关系，也难以透视长期变化中的具体特征。未来研究可以设计纵贯研究或实验等来做深入探讨。最后，公民参与在村社认同和政治信任的关系中仅起到部分中介作用，说明仍有其他重要因素尚未纳入研究框架（例如政治知识、政治效能感和个人政治社会化经历等），今后可继续寻索能在其中发挥作用的变量以进一步完善村社认同与政治信任的转换机制。

群众路线的创新实践及其在民主治理的制度空间探析

陈承新[*]

摘 要：群众路线是中国共产党治国理政的一种基本方式。地方各级党委政府贯彻群众路线的实践，是基于对群众路线的理论优势和对治理的实践意义的认识，因应本地治理挑战而起，通过制度预设，问需于民、问计于民；通过组织化培育，激发群众民主参与，助推家园共治；通过构建群众民主监督体系，问效于民。以西部 C 市为例，无论从机制、组织还是体系入手，其探索都统一于拓展群众路线的制度空间以深化民主治理实效、增进执政党的政治正当性之中，其实践也进一步引发对于民主治理与群众路线的依存关系认识、群众路线的制度化出路的探讨。

关键词：群众路线；民主治理；制度空间

"中国之治"的成就不仅在于"中国之制"的优势，也在于各类运行平台、工作方法的巧妙配合和衔接。习近平总书记在省部级主要领导干部学习贯彻党的十九届五中全会精神专题研讨班开班式上发表重要讲话指出，要"推动党对社会主义现代化建设的领导在职能配置上更加科学合理、在体制机制上更加完备完善、在运行管理上更加高效"[①]。群众路

---

[*] 陈承新，中国社会科学院政治学所副研究员。
[①] 《深入学习坚决贯彻党的十九届五中全会精神 确保全面建设社会主义现代化国家开好局》，《人民日报》2021 年 1 月 12 日。

线就是推动党的领导在运行管理上更加有效的根本工作路线。

群众路线是一切为了群众,一切依靠群众,从群众中来,到群众中去。其基本工作框架是:"……将群众的意见(分散的无系统的意见)集中起来(经过研究,化为集中的系统的意见),又到群众中去做宣传解释,化为群众的意见,使群众坚持下去,见之于行动,并在群众行动中考验这些意见是否正确。然后再从群众中集中起来,再到群众中坚持下去。如此无限循环,一次比一次地更正确、更生动、更丰富。"[1] 群众路线是党在长期革命和建设中制胜的法宝,C市的实地调研让我们进一步加深和拓宽了对于群众路线的认识和理解。

一 群众路线的内涵变化与治理意义

基于马克思主义的群众观认识基础,[2] 共产党的本质是代表人民,执政使命是带领人民群众实现国家繁荣和民族复兴,因此,群众路线首先在理论上成为中国共产党治国理政的一种基本方式。结合当前的党史学习教育理解,当下的群众路线实践是全面建成小康社会、实现中国梦的必然要求,是新形势下密切党群关系、解决群众反映的突出问题的重要措施,也是保持党的先进性和纯洁性、巩固执政基础和执政地位的内在要求。

在中国共产党的话语体系中,"群众路线"实际上揭示了共产党的主要思想、路线、方针的实质,从根本上规定了党和人民的关系,确立了思想路线、政治路线、组织路线的核心,确立了党的基本职责,规定了党的最基本的领导方法与工作方法。

但是,群众路线的内涵已经发生变化,重心不断调整。新中国成立前后主要是侧重工作方法,到中共"八大"时转向民主制度的发展,[3] 再到改革开放以后,着重于思考权力的归属、配置、行使,权力结构的重塑,以及权力行使正当性的价值标准。

---

[1] 《毛泽东选集》(第3卷),人民出版社1991年版,第899页。
[2] 《马克思恩格斯全集》(第10卷),人民出版社1998年版。
[3] 《刘少奇选集》(上卷),人民出版社1985年版。

在执政党内倡导和坚持群众路线，正是政治体制改革推进的现实需求。在中国，成功的政治体制改革需要满足一些条件，包括能够将民主与治理结合起来，因为民主与治理的有效结合是政治文明发展的趋势之一；具有可操作的切入点；等等。从群众路线切入，可能会满足政治体制改革的这些要求。坚持群众路线意味着群众是执政决策者的认识对象，又是决策形成的客观基础。坚持群众路线对于中共党内各级干部群体的政策研究制定工作提出了原则性的要求，即政策首先产生于实践的需求，是政策研究者与决策者以群众视角深入实践、认识实践并结合其专业知识和专业方法的综合产物。

二 西部C市贯彻群众路线的实践创新

西部C市贯彻群众路线的实践，因应C市本地的治理挑战而发起，主要围绕"三视三问"群众工作法展开。这是对一贯坚持群众路线的各类生动实践的制度升级。该市自市委十一届九次全会以来，坚持把"视群众为亲人，问需于民；视群众为老师，问计于民；视群众为裁判，问效于民"贯穿于工作始终。C市的基层民主治理，正是"三视三问"群众工作法的再次延伸，将共产党"为人民服务"的立党宗旨具体化、常态化、便捷化。

（一）通过制度预设，问需于民、问计于民

西部C市各地依据当地实际，着眼于群众路线的长效性和制度化，结合体制内资源设计出相应制度，为群众搭建一个了解下情上策、表达合理诉求的制度平台。

1. 民主议事协商制度

十年议事，协商出新民主议事会是C市农村产权制度改革的一个意外收获，直接促成新型基层治理机制的一次革新。

村（居）民会议委托村（居）民议事会在其授权范围内行使村（社区）级自治事务的决策权、议事权和监督权，村（社区）党组织书记为召集人，协商讨论决定村（社区）日常事务、监督村（居）民委员会工作。

议事会需要对村（居）民会议负责并向其报告工作，接受村（居）民会议监督。至 2009 年，C 市所有村和涉农社区都已成立议事会，至今已运行十年，构建起了党组织领导、村民（代表）会议或议事会决策、村委会执行、其他经济社会组织广泛参与的新型村级治理机制。村民议事会成为农民利益的实际代理人，成为村民委员会过度行政化的矫正者，成为农村社会矛盾的化解者。

得益于多年村民议事会的实践积累，C 市探索如何与政治协商制度有机衔接，构建区县以下以基层民众为主体的协商对话制度与渠道，整合与衔接原有的村民（居民）议事会与新建的镇社会协商会，构建市县、镇、村的三级民主协商平台：市委统战部内设立市级社会协商对话联席会议办公室，统战部部长召集组织部、宣传部、市委党校、民政局等成员单位召开联席会议，指导工作和总体部署；镇级社会协商会由镇统战委员或分管副书记牵头，协商设计群众切身利益的全镇性重大事项；村（社区）级议事会依然由村（社区）党组织书记召集，依据村（居）民会议授权，行使村（社区）级自治事务的议事权、决策权、监督权。三个试点镇的协商会共收集议题 30 多个，对 8 个重大民生议题通过协商达成共识，已经推动实施。在辖下 P 市试点工作取得初步成效的基础上，其他各市区逐步开始推行试点工作。

该制度的突出特色在于：第一，搭建了上下结合、层层设计的市县、镇、村（社区）三级民主协商平台，实现了政治协商制度贯通至县的制度衔接；第二，在原有议事会对本村（社区）重大事务履行决策权的基础上，增加议事会的民主协商职能，对于涉及本村（社区）但需要上级党委政府支持的事项、信访群众反映的但本村（社区）不能解决的问题开展会前协商、会中协商和会后监督，增强群众的主体意识，提高基层政权认同度。

2. 分层分阶段联系服务群众机制

如何坚持群众路线？C 市的思考是，分层次、分阶段构建党员干部联系服务群众的长效机制，细化解决服务群众"最后一公里"的要点，将群众路线落到每一实处，密切党群、干群关系。

该类分层分阶段联系服务群众的做法被当地称为动态建账、民主议账、务实销账、公开晒账、满意结账的"五账法"。其中，动态建账侧重于民情收集制度，由领导和县级部门、乡镇、村社区、组干部带头，组织、引导基层议事会成员、政协委员、社区网络管理员、党代表、人大代表参与，定期走访各自联系的村、社区、村组和农户，多途径收集民情。每个村（社区）活动中心设立民情收集站，村（社区）干部轮流坐班，随时接待群众来电、来访。以民情一户一档信息登记卡为基础，汇总、梳理各级干部收集的民情，分层、分类建立民情台账，定期更新。

对于收集的社情民意，首先，分层次定期召开村（社区）、乡镇（街道）、市县级部门、市县委的扩大会议，民主议账；其次，按照分级、分类、分批解决问题的思路，研究制定切实可行的解决方案。根据账本所提问题的不同属性以及群众差别化、个性化的服务需求特点，发挥党组织、基层自治组织、社会组织、小微经济组织的各自优势，构建综合便民服务体系。当地依靠村务公开栏、群众公开信、村（社区）晒账大会、县公众信息网等方式，接受群众监督，群众满意方可结账。

这一分层分阶段联系服务群众机制的突出特点在于：关注到了群众路线在实际运行过程中存在的粗略化、不对症等问题，注重分类、分层、分级等细分类目的精细化思路设计制度，增强群众路线落实的科学化程度，不仅将不同类型的问题控制在不同层面，也增大了群众的不同问题得以解决的可能性。

西部 C 市党员干部为实践"三视三问"群众工作法，推进了以"三进""联村帮户三个一"等为载体的群众路线教育实践活动，即：结合"双联系""联村帮户三个一"等活动"进农村"；结合"双报到"活动"进社区"；结合民营企业座谈会等形式"进企业"；结合开展"学校日"活动，党员领导干部"进学校"；结合"三进"活动和四级政务微博体系"进窗口"。据介绍，"三个一"活动开展以来，市级各部门单位组织 3642 名领导干部深入 599 个受灾村 2314 户 6341 名受灾群众家中，主动对接，帮助解决急需问题，解决受灾群众实际困难。开展"三进"活动初期，就有 12 位市级领导、36 位局级领导进直播间、政务中心、接访大厅，现场回答并解决群众反映的问题 100 多件。①

---

① 《密切联系群众西部 C 市深入开展"五进"活动》，2014 年 5 月 5 日，四川省人民政府网，http://www.sc.gov.cn/10462/10464/10465/10595/2013/8/21/10273885.shtml。

（二）通过组织化培育，激发群众民主参与，助推家园共治

过于刚性的结构在遇到外力时可能导致结构性的崩溃，C 市借社会组织搭建起干群沟通的缓冲互动带。

1. "自改委"促成政府、居民协同旧改

J 巷旧城改造项目是西部 C 市城北旧城改造工程中的一个难点，其成功关键在于，以 J 巷居民自治改造委员会为载体，探索"群众主体、政府主导、单位协同、依法改造"的旧城改造模式，几乎每个拆迁环节都由政府和居民协同完成，传递出借组织化培育推进群众民主参与的治理信息。

J 巷一二街坊棚户区共有各种类型房产 3756 套、3364 户、面积 19.4 万平方米，建筑接近使用寿命，绝大多数群众要求改造的愿望强烈。但公房历经数十年几易其主，权属关系复杂，各方安置诉求也复杂多样。拆迁初始入户调查之际，有人提议拆迁决策应该由居民共同参与，当晚即推选出居民代表，代表全体居民去和政府协调改造事宜。在征求片区所有住户意愿的基础上，形成自治改造 J 巷项目的决定，之后在市、区两级政府的指导下，居民公开投票选出 13 名住户代表成为委员，J 巷自治改造委员会（以下简称"自改委"）正式成立。

"自改委"担当政府和居民沟通的桥梁。居民有问题，随时可以找自改委委员反映，委员们了解情况后随时汇报给指挥部。在 J 巷的拆迁中，"自改委"收集和反映广大群众对危旧房改造的意见和建议；组织发动全体住户自我教育、自我管理、自我约束，维护合法权益，依靠绝大多数群众做好少数人漫天要价、阻挠搬迁的工作，引导少数人服从、支持、配合自治改造；对规划设计方案和返迁安置方案提出意见和建议，规划设计方案和返迁安置方案批准后，配合入户征求意愿并签订协议；对实施返迁安置房建设进行监督；返迁安置房建成后，配合住户返迁入住。

通过居民代表抽取评估公司评估拆迁、邻里互助明确权属、已签约户说服引导未签约户等方式，十年改不动的 J 巷拆迁工作得以启动实施，一批多年拆不掉的"钉子户"也实现了顺利拆除。一年零七个月后，所有房屋腾退完成。选择异地安置的居民于次年年前住进大型社区新房。两年后，J 巷片区建成崭新的商住综合体，选择回迁的 J 巷人住上电梯

新房。

面对权属关系复杂、安置诉求多样的J巷旧改课题，上通下达、协同共治是C市J巷拆迁改造顺利推进的重要原因。当地通过"自改委"这一组织化平台，广泛团结群众、发动群众，汇聚民智民力，较好地平衡了拆迁群众的不同利益诉求。

2. 培育枢纽型社会组织，助推社区家园共治

随着社会主义市场经济的发展推进，社会自主性潜能不断释放出来，基层社区民众意欲从准行政层级的街道—居委会治理向家园共治转变的诉求愈发强烈，如何正确引导基层群众推进社区家园治理？通过培育枢纽型社会组织，或催生更多社会组织，或提高它们的社会服务专业能力，助推社区家园共治，成为C市民主治理的另一种思路。社会组织自身的壮大和组织所驻社区的发展正是得益于这一思路。

S街道的党员干部在思考如何推进社区自治工作中萌生扶持枢纽型组织的构想，开始全方位支持社会组织协同治理。第一，提供硬件支持，包括办公场地、项目资金等，引进优秀外来社会组织和培育社区社会组织，帮助社会组织在基层社区"落地生根"。第二，为社会组织协同参与社区治理提供政策支持，在街道办的工作权限范围内给予社会组织尽可能大的自主权利，催生社会组织"发芽"。第三，在社区治理事务中充分利用和协调社区资源，引导社会组织分工协作，发挥各家所长，各尽所能开展项目，引导社会组织"开花"，促进社区治理的创新与探索。例如，社会组织"爱有戏"组织最初自我定位为公益性社会组织，以做文化传播为主。S街道于2012年年初提出让"爱有戏"组织尝试居民自治类公益项目，鼓励其在居民自治方面展开探索。8年来，"爱有戏"组织已经将居民自治领域的工作重点转向发展院落兴趣小组、举办市民论坛等能力建设方面，帮助居民学习民主议事规则，提高自治能力。另有"与孩子一起成长"组织专注于青少年教育活动。第四，敦促辖区社会组织及时成立党支部，把党建工作纳入社会组织能力评估体系，每年组织服务对象、社区群众等组成评估组，对社会组织"全面体检"，党建工作不合格者将被取消政府资助、政策优惠以及承接政府购买服务的资格，确保社会组织在党的领导下推动实现有效、有序的基层民主治理。辖区内的"爱有戏"等组织都已纷纷成立党支部，作为政府监督社会组织依

法参与社区治理的途径和双方有效沟通的桥梁，有序参与民主治理。

得益于辖区内枢纽型社会组织的带动和技术引入，多个院落进行了开放空间会议试点，各自建立了社区书屋、"长者家园"、"三点半课堂"、基层党组织服务点等，形成议事制度、院规民约，为青少年提供托管服务，为老年人提供聊天娱乐场所，为居民提供阅读空间，为院落组织提供聚会议事场所。同时，在不具备建立实体空间的院落建立商议和解决问题的虚拟开放空间。自上述技术引入和活动开展以来，居民激发出内生动力和热情，由被动参与转变为主动参与，先后解决了院落停车、物业管理、小区绿化等关涉群众切身利益的问题，将原本复杂错综的居民自治工作程序化、简单化、规范化。

治理越往基层，所涉问题越繁复庞杂，此时如何将职能转变与基层民众参与治理的热情、潜能相对接？C市提供了一种组织化思路，通过培育枢纽型社会组织，助推社区家园自治，丰富了民主治理的内涵。

（三）通过构建群众民主监督体系，问效于民

讲求问需于民、问计于民、问效于民的C市"三视三问"群众工作法，立足点在于问效于民，这关系到执政党政府政策的合法性，关系到执政地位的政治正当性，是中国共产党倡导和践行群众路线的目的。对此，C市辖下Q区整合了监事会、"双述双评"等C市普遍推开的民主监督举措，这一做法在C市颇具代表性。

基层监事会已在C市普遍推广建立，Q区建立了社区监事会群众主体监督机制，公开选举产生由6名成员组成的社区监事会，作为社区自治事务的常设监督机构，受居民（代表）会议委托，在授权范围内独立行使社区自治事务的监督权，对居民（代表）会议负责并报告工作，接受居民的监督。

在此基础上，开展社区干部"双述双评"群众满意率评价监督。一方面，吸纳群众参与监督。每年年终，由社区工作者就开展群众工作等情况进行个人履职述职和实绩公示，而后以选举对象和工作服务对象为测评主体、以上级组织和社区群众为评议主体，进行满意度分类测评。另一方面，强化评价结果的刚性运用。社区"两委"成员测评的不满意率达到30%以上的，责令其辞职或启动罢免程序；社区专职工

作者考核结果为基本称职的，由街道党工委、办事处提出限期整改要求；考核结果为不称职或连续两年为基本称职的，不发放绩效奖金，不予续聘。

此外，还开展民生项目"一事一评"和院落整改"三色管理"的监督。社区监事会对民生项目实施进行全程监督，采取入户明白单、公开栏、数字社区等方式全方位发布信息，保证群众对方案、经费和进展等实施监督；项目完成后，监事会组织不少于100人的利益相关群众进行满意度测评，群众不满意率超过30%的民生项目，要求限期整改直至达标。据了解，自实施"一事一评"监督后，党员群众对民生项目的测评满意率达到96.2%，同比提高5.1%，社区党委连续三年群众满意度达到98.5%以上。院落整改"三色管理"，是院落居民提出院落整改需求，院落议事小组形成整改方案，整改效果和日常维护由院落居民公开进行满意度评价，社区党委按照群众满意度结果进行红黄蓝三色管理，除群众评估为需要进一步完善的"黄牌院落"以外，对群众满意度低的"红牌院落"作限期整改，对群众满意度高的"蓝牌院落"作示范推广，并给予专项资金奖励。

不同于上述全程监督三大机制，J区借助党风廉政建设，全面推进社区服务、管理、监督的科学化、规范化。第一，全面设立社区纪委，规范民主管理。2013年年初在全区所辖社区全部建立社区纪委和社区居务公开监督小组。社区纪委成员515名，协助社区党组织开展党风廉政建设，对同级党组织和党员实施监督；居务公开监督小组成员627名，协助纪委成员做好居民代表大会决议决定执行情况、居务公开情况和资金管理情况的监督工作，协调和督促区级部门制定和完善居务监督委员会工作守则、社区议事协商、民主听证等制度。第二，加强院落和"两新"组织纪检监督，推进基层反腐倡廉网格化。在社区党委下属院落和"两新"组织等党组织中设立纪律检查委员，协助党组织加强党风廉政工作；在居民小组设立廉情监督员，协助社区纪委监督党员、干部和社区工作人员廉洁履职情况，并借助社区廉政相关的网站、廉政书屋、小广场、展示栏和宣传队伍等开展廉政宣教，形成社区——小区两级联动监督网。继续深化社区"三务"公开和基层公开综合服务监管平台建设，据悉，访问群众总量达131.4万人次，拓宽了群众参与基层民主治理的渠道。

通过上述践行群众路线的思路和方法，西部 C 市得以不断提升服务群众的广度与质量，回应群众多元需求。

三 民主治理与群众路线的制度空间

C 市各级党组织践行群众路线的思路清晰，方法新颖，无论从机制、组织还是体系入手，C 市的探索都统一于拓展群众路线的制度空间以深化民主治理实效、增进执政党政治正当性之中。C 市实践也存在缺憾，其在拓展群众路线的制度空间时依然留有较大余地和施展空间，其探索也启发笔者对于民主治理与群众路线的制度空间作出进一步思考。

（一）C 市践行群众路线的制度空间评述

上述坚持群众路线的实践，只是 C 市多元创新中的几个侧面，它们是惊艳的，也存在不可否认的缺憾。

1. 制度预设空间

在通过制度预设，问需于民、问计于民的践行思路中，如何使得议事会在法定框架内长期、有序地存续，还面临一系列问题。值得注意的是，有些议事会成员虽然勇于发声，但由于缺乏必要的法律知识，对有些问题的政策界限心中无数，盲目议事，有时就议出了违背法律法规的"决策"来。为了促进乡村治理的有效沟通，必须保障主体权益，明确村民议事会的法律地位，为乡村治理的有效沟通提供良好的制度保障；疏通沟通渠道，进一步发挥好村民各种组织的作用，为乡村治理有效沟通建构健全的网络体系；完善沟通机制，进一步形成政府"掌舵"和村民"划桨"的合力，为乡村治理有效沟通提供持续的内生动力。[①] C 市的议事会建设相对规范，相关配套制度也较齐全，进一步明确议事会的法律地位和法律边界，相信其议事会发展能够走得更远。

对于基层协商民主制度的设计也存在着如何与既有体制有机衔接的问题。许多社会协商对话的制度、平台、组织、规则、程序、方法、内

---

① 杨继荣：《论乡村治理中的有效沟通——以西部 C 市村民议事会为例》，《中共四川省委党校学报》2012 年第 2 期。

容等方面需要进一步斟酌完善和整合，等待更多实践的检验，而且尚有一些问题存疑。将村（社区）基层自治组织的议事会纳入层级协商对话体系中是否恰当？党员干部分层分类联系服务群众机制同样存在这个问题。以统战部主导推行的社会协商对话制度与以组织部、民政部门主导推行的民主议事制度如何在更高的层面上进行协调或整合？仍有待思考。

2. 组织化培育空间

在通过组织化培育，激发群众参与家园共治的思路中，"自改委"促成政府、居民协同旧改在具体实施的方法上存在着值得商榷的方面。通过培育枢纽型社会组织，助推社区家园自治的方法也需要进一步完善。调研发现，街道社区对于辖区内的枢纽型社会组织竭尽扶持之道，不但提供硬件支持、政策倾斜，而且引导其全力参与社区民主治理当中。政府在职能转型过程中，能够以谦逊学习的态度向社会组织学习，能够为社会组织发育创造条件，是值得肯定和发扬的；但是，在学习和培育的过程中，要把握好社会组织与社区居委会的角色协同关系，进一步明确社区居委会和社会组织在基层自治中的权责划分，把握好社会组织深入基层民主治理的角色边界和行为尺度，避免在培育社会组织的进程中逐渐迷失政府应当承载的角色和权责。对于开放空间技术等西方参与式方法也需要辩证看待，注意其使用过程中可能出现的政治意识引导错位问题。

3. 体系架构空间

在通过构建群众民主监督体系，问效于民的践行思路中，建议直接从党代表大会入手，由党代表大会增设审查党的领导机关和领导者如何贯彻群众路线的环节，要求党委会或者党的领导人向代表大会报告群众路线的执行情况，接受代表的质询。

另外，要防范基层民主治理的异化。层层设置测评指标，实施结果导向的绩效型考核，这一制度设计的初衷是可以理解的，但似有以行政测评指标考核基层治理的形式主义之嫌。在体系设计中，要继续加大群众的参与空间。要转换思路，不是从层层考核，而是更多地从增强民众家园共治的归属感和责任心入手进行体系架构和制度设计，真正回归到基层民主治理的原旨。

(二) 中国民主治理与群众路线互为依存

C 市探索促使笔者对于民主治理与群众路线的制度空间作进一步思考。

民主治理是在当下中国社会转型、利益多元的背景下，问题和矛盾错综交织，无法按照传统的单向度思维得以解决的产物，它对于政府、民众、市场的多方协作提出了高要求，对于民众的自主性和参与精神抱持高期望。群众路线的政治学意义则在于其包含了权力授予方与权力行使方即群众与共产党的关系、利益表达与利益整合的关系、政治评价与政策制定的关系以及民众与政府的关系等多层次重要关系。从中国共产党角度来看，群众路线就是多数人的路线，或者说是居于少数人地位的先进者，怎么处理与多数人关系的路线。从执政党政府的角度考量，群众路线就是如何通过在政策制定过程强调政策评价、如何既保障民众的利益表达又能有效整合各方利益等，建构理想政府、重塑和谐干群关系。因此，离开党群关系谈中国的民主治理无异于建空中楼阁。

群众路线中的基点是群众观念，群众观念的核心是人民群众是社会历史发展的主体，党的执政地位来自人民的认可。C 市的例子证明了在社会转型、利益多元的背景下立足群众路线展开民主选举、民主管理、民主参与、民主监督的重要性，那些思路和方法在机制、组织和体系层面强化了执政党的政治正当性。

民主治理的思路多从国家与社会的关系入手，而群众路线的思路更多是基于中国政治场景的执政党与人民之间的党群关系视角，内在逻辑是依靠党群关系的改善来消解公民国家关系中的委托代理关系存在的各种问题。[①] 这种逻辑需要一个基本的前提，就是执政党本身能够有效地自我纠错。但自我纠错必然存在内生性困难和限度，由此不可避免地在利益获得和身份认同上发生各种各样的偏差，导致政党与社会双重的内卷化。政党如果觉得没必要去认同群众，则对群众的要求不敏感或过度敏感，不回应或过度回应，就出现脱离群众的内卷化趋势。倘若民主治理基于的国家社会关系不明确，群众也会内卷化，不能演化成一种真正自

---

① 余逊达：《群众路线可成为深化民主切入点》，《凤凰大学问》2013 年第 65 期。

主性的社会群体。

因此，民主治理与群众路线互为依存。对于群众路线的理解务必结合民主治理，与时俱进。

（三）当前践行群众路线的制度化选择

结合C市调研和思考，笔者发现当前践行群众路线的制度化解决之道值得进一步讨论。一方面，随着经济的多元化发展和社会分化的加快，群众的利益和诉求已经而且必将继续趋于多元化。另一方面，深受中国传统政府治理思维和治理体系的影响，群众倾向于将所有问题都诉诸政府解决。一旦出了问题或者问题没有得到及时解决，政府的治理能力和执政党的执政合法性就会受到质疑。大包大揽的治理体系，只能带来治理主体精疲力竭而收获的满意度却不高的结果，凸显治理能力的低下。

所以，对于群众路线的理解务必结合民主治理的要义。群众路线的一方面含义是需要密切联系群众，另一方面的内涵是放手让群众去做群众能做的事。

第一，贯彻群众路线首先要深化民主政治建设。群众路线要求的民主既包含协商民主，也包含选举民主。根据群众路线的基本要求，人民是主体，党的领导干部需要人民认可，这就是选举民主；从群众中来到群众中去的过程就是协商的过程，就是协商民主。C市对于基层协商民主制度的关注和探索尤其体现了这一思路。

第二，搭建联系群众平台要与群众的真实需求对接起来。例如，有些地区通过电视问政、网络问政等手段为群众搭建民意沟通平台，确实建立了一个社情民意的收集和分类机制，但是群众更重视眼前存在的问题是否得到解决。实行的关键在于落实和尺度的把握。群众反映的问题，有的是合理的；有的是不合理的；有的是需要政府部门解决的；有的不是政府部门的问题。C市的各种分层分类联系服务群众机制值得学习。

第三，应该找出类似C市探索的联席会议机制，对于群众反映的涉及各个工作部门的问题应当放到各部门联席会议上，对于大家反映比较强烈的问题进行归类，由一个比较权威的部门机构牵头，定期召开联席会议。将联席会议机制推广到基层各个层级。

第四，长效化群众监督和评价制度。群众路线一个非常核心的问题是，领导者的理论是否符合实际必须统一在群众身上，而不是统一在领导机关自己身上。C市架构全过程民主监督体系，包括群众参与的开放式绩效评价和多维的问责制，是对这一方面的回应。

当然，群众路线的制度空间还存在不少值得探讨的方面，例如，需要一个科学合理的利益代表机制。群众路线归根到底讲的就是共产党作为少数如何代表、团结作为社会多数的群众。代表需要主观意向，更需一套机制设定，能够基本准确地反映和区分多数人的意志、特定群体的意志、特定区域的意志等。中国现实政治生活中存在着多种代表机制，问题在于，如何把共产党的代表机制、人民代表大会的代表机制、政治协商会议的代表机制，以及政治协商会议框架之外的社会团体的代表机制和公民个体的代表机制，在共产党群众路线的框架内作有效的协调和平衡，使群众的各种需求得到充分表达。又如，在多元社会中，利益平衡是一个根本问题，在执政党层面，最大的一项利益平衡就是个体权利与公共利益之间的平衡，这也是宪法要解决的基本问题。

群众路线就是要保障群众利益。因此从群众路线衍生出来，要想把利益关系平衡好，本质要求就是把宪法秩序建构好。这是C市"自改委"成功推进旧改留给我们的叩问。

综上所述，贯彻落实群众路线可以成为深化民主政治的切入点。在现代政治实践中，倘若依循群众路线来推进政治体制改革，促进和完善民主治理，必须要非常清晰地懂得其本身有多大的制度空间，了解运用群众路线解决问题的类型与条件。因此，结合全党学习贯彻习近平新时代中国特色社会主义思想主题教育的开展，西部C市结合民主治理践行群众路线的制度化思路与举措将凸显进一步研究和思考的价值。

精英再造：村级干部人才培养的逻辑与功能

张　君[*]

摘　要：人才振兴是乡村全面振兴的关键。四川省南江县深刻认识到人才振兴的极端重要性，积极探索出一条符合自身特点的村级干部人才队伍建设新路子。村级干部人才的培养，实质是新时代乡村精英的再造工程，是基层政权主导下乡村精英的更替与重塑。通过干预乡村精英的流动和再生产过程，基层政权能够强化农村基层的党组织建设，加强村级后备干部人才储备，并且造就一大批产业致富带头人。正是借助于村级干部人才培养工作，基层政权能够进一步密切与乡村社会的关联，及时吸纳乡村社会的新兴阶层，不断提升乡村治理的现代化水平。

关键词：乡村精英；再造；村级干部人才；乡村振兴；乡村治理

近年来，党中央站在历史和全局的高度，深刻指出农业农村农民问题是关系国计民生的根本性问题，反复强调必须始终把解决好"三农"问题作为全党工作重中之重，启动实施了乡村振兴战略的重大决策部署，明确要求走中国特色社会主义乡村振兴道路。2020年12月，习近平总书记在中央农村工作会议上强调，从中华民族伟大复兴战略全局看，民族要复兴，乡村必振兴。[①] 由此可见，在向第二个百年奋斗目标迈进的历史

---

[*] 张君，中国社会科学院政治学研究所副研究员。
[①] 《习近平在中央农村工作会议上强调　坚持把解决好"三农"问题作为全党工作重中之重　促进农业高质高效乡村宜居宜业农民富裕富足》，《人民日报》2020年12月20日。

关口，乡村在党和国家工作全局中依然占据着不可或缺的重要地位，面临着愈发迫切的振兴必要性。

乡村振兴战略是全方位、综合性的，涉及农村生活的方方面面，涵盖了经济、政治、文化、社会、生态文明和党的建设等诸多领域，追求的是农业的全面升级、农村的全面进步、农民的全面发展，描绘的是中国乡村社会夺取脱贫攻坚全面胜利后再接再厉的美好愿景。乡村振兴战略是多维度、多面向的，包括了产业、人才、文化、生态、组织五大振兴。这其中，人才是乡村全面振兴必不可少的重要战略资源，是实现乡村全面振兴的关键所在。只有将人才工作作为全面推进乡村振兴战略的突出重要工作来抓，培养造就一支懂农业、爱农村、爱农民的"三农"工作队伍，乡村产业、文化、生态、组织的建设才会拥有强有力的发展支撑，乡村的全面振兴事业才会顺利地推向前进。

一　乡村精英的研究脉络

人才是一个中国式概念，泛指各行各业中的领军人物，大致相当于西方所说的精英，也就是人类每一活动领域中能力最强的个体。在中国历史和以往学术研究中，乡村人才更多的是以乡村精英、农村精英、村庄精英等类似提法出现。学界在该领域的关注点可以概分为两大类：一类是从群体角度探讨乡村精英的类型、角色或者作用；另一类是深入群体内部来关注镇村干部之间的互动过程和行为变迁。

就第一类研究而言，乡村精英的类型是与内涵界定相连的，学者们基本上都认同将占有资源和发挥影响力作为界定乡村精英的核心内涵，认为乡村精英是农村地区中在权力、声望或者财富等方面拥有比较优势的人物。[①] 乡村精英有着众多的分类标准，涵盖了在现行组织体制中的位置、发挥影响力主要借重的资源、所体现的价值观念和行为方式、以及在农村社会影响力的大小等多个标准，由此呈现出不同的乡

[①] 黄博、刘祖云：《中国"乡村精英"研究的脉络与走向》，《湖南农业大学学报》（社会科学版）2011年第5期。

村精英谱系。① 村干部是乡村精英尤其是体制内精英或者说政治精英的重要构成，处于乡镇干部和普通村民之间，也就是处于行政管理系统（官系统）与村民自治系统（民系统）的边际位置②，扮演着政府代理人和村民当家人的双重角色③。改革开放以来，随着总体性支配权力日益被行政科层化的技术治理所替代④，村干部的角色出现了一些适应性变化。面对掌握国家惠农资源分配权的"悬浮型"基层政权，乡村治理中出现了一种新的村干部类型，典型特点是村庄中交际能力强、关系网络广且关系中心和利益空间在村庄之外，这一群体依靠着利益治理和增量逻辑，成为项目进村落地中极为关键的"新代理人"或者说公认的"能人"。⑤

就第二类研究而言，乡村治理体系是一个多层次构成的复杂系统，各层级之间的频繁互动是常态化存在的，并且形成了较为不同的关系模式。从历史演进来看，乡村精英或者说村治主体始终处于国家—社会的宏观架构中，主要经历了皇权时代的士绅、民国时期的地方精英、新中国成立后的体制代理人三大阶段。其中，前两个阶段处于国家与乡村社会的分离关系中，后一个阶段处于国家对乡村社会的强有力渗透和汲取背景中。⑥

随着乡村振兴战略的实施，乡村精英研究除了关注目标群体的类型、角色和互动行为外，还出现了一些聚焦主体培育、强调激活参与主体积极性的研究成果。从这些成果来看，依靠谁是实施乡村振兴战略的首要

---

① 王汉生：《改革以来中国农村的工业化与农村精英构成的变化》，《中国社会科学季刊》1994年秋季号，总第9期；金太军：《村庄治理中三重权力互动的政治社会学分析》，《战略与管理》2002年第2期；贺雪峰：《村庄精英与社区记忆：理解村庄性质的二维框架》，《社会科学辑刊》2000年第4期；贺雪峰：《新乡土中国》，北京大学出版社2013年版，第303—304页。
② 王思斌：《村干部的边际地位与行为分析》，《社会学研究》1991年第4期。
③ 徐勇：《村干部的双重角色：代理人与当家人》，《二十一世纪》（香港）1997年8月号。
④ 渠敬东、周飞舟、应星：《从总体支配到技术治理——基于中国30年改革经验的社会学分析》，《中国社会科学》2009年第6期。
⑤ 李祖佩：《"新代理人"：项目进村中的村治主体研究》，《社会》2016年第3期；李祖佩、梁琦：《资源形态、精英类型与农村基层治理现代化》，《南京农业大学学报（社会科学版）》2020年第2期。
⑥ 李祖佩：《"新代理人"：项目进村中的村治主体研究》，《社会》2016年第3期。

难题[①],主体培育或者说激发乡村振兴的主体活力被视作乡村振兴的前置条件[②],还从发挥社会组织作用、转变政府职能、提高农民主体意识、重建乡村精英等方面概括地论述了农村治理主体的培育路径。[③] 其中,作为乡村精英的村干部是实施乡村振兴的领头人,发挥着领导农民、发展农业、管理农村的作用,需要大力打造和激励;[④] 在资本下乡背景下,回流人才及村庄内的部分精英农户成为政策、资本等多重因素作用下的乡村新精英,给乡村治理带来了内源发展和阶层分化的双重影响;[⑤] 借鉴于乡贤治村的传统智慧,培育新乡贤同样能够有效构建乡村振兴的内生主体基础,从而实现引领和组织农户的目的。[⑥]

当前,关于乡村振兴主体的研究仍属于一个相对较新的话题,主体培育之于乡村振兴的重要性逐渐为学界所关注。与此同时,它也是各级政府尤其是基层政府非常重视的问题,甚至可以说,基层在问题倒逼机制的作用下,已经积极地开展了一些创新性的培养实践,远远地走在了学术研究的前面。新时代背景下,涉及这类乡村精英培养实践的研究成果还比较少,对于这类培养所内含的治理功能尚缺乏比较系统深入的挖掘。为此,本文拟从实地调研中的具体案例入手,以四川省南江县的村级干部人才培养实践为例,专题探讨乡村振兴背景下精英再造的运作逻辑和治理功能,希望借此深化对乡村振兴研究中有关主体培育的认识。

[①] 徐顽强、王文彬:《乡村振兴的主体自觉培育:一个尝试性分析框架》,《改革》2018 年第 8 期。

[②] 于代松、陈海鹏:《乡村振兴主体培育中存在的问题及对策》,《西华大学学报(哲学社会科学版)》2019 年第 6 期。

[③] 高康楠、张喜东、刘中华、张颖惠:《乡村振兴视域下农村治理主体培育路径分析》,《知识经济》2018 年第 15 期。

[④] 刘合光:《激活参与主体积极性,大力实施乡村振兴战略》,《农业经济问题》2018 年第 1 期。

[⑤] 李云新、阮皓雅:《资本下乡与乡村精英再造》,《华南农业大学学报(社会科学版)》2018 年第 5 期。

[⑥] 龚丽兰、郑永君:《培育"新乡贤":乡村振兴内生主体基础的构建机制》,《中国农村观察》2019 年第 6 期。

二 村级干部人才培养的创新做法

四川省南江县地处川东北秦巴山区腹地，曾经是国家级贫困县。2014年6月，该县精准识别出贫困村156个，建档立卡贫困人口24840户、88084人，当时的贫困发生率高达15.8%。[①] 为此，南江县从自身实际出发，确定了"生态立县、文旅强县、绿色崛起、同步小康"的发展路径，以绿色发展助推脱贫攻坚，以绿色发展引领乡村振兴，不断将丰富的绿色资源转化为可持续发展的绿色生态产业，顺利实现了2019年脱贫摘帽的阶段性目标，并为后续的乡村全面振兴打下了坚实的发展基础。

在绿色发展引领脱贫振兴过程中，南江县深刻认识到人才振兴的极端重要性，认为干部人才队伍整体素质偏低是制约村级组织建设、影响脱贫致富进程的重要因素，由此决定厚植干部人才队伍支撑，探索符合自身特点的村级干部人才队伍建设新路子。2014年以来，南江县坚持在职干部能力提高与干部人才战略储备相结合，坚持干部履职能力提升与脱贫致富带头人培养相结合，依托本地职业学校培训培养"村官""能人"，探索出加强村级干部人才队伍建设的有效途径，为当地脱贫致富提供了坚强的组织保证和有力的人才支撑。南江县是中国典型的山区农业县，其培训培养"村官""能人"的做法颇有借鉴价值，对于中西部乡村地区加强基层干部人才储备、提升乡村振兴的引领能力具有很强的示范意义，这正是我们选择南江县作为研究案例的基本考虑。

村级干部人才的培养，至少涉及三个基本问题：一是人选从哪里来；二是人选怎么培育；三是人选如何使用。这三个问题，分别对应着培养过程的遴选环节、培育环节以及使用环节。在这些方面，南江县结合自身实际特点，开展了一些比较有特色的创新实践，其创新性做法颇有值得借鉴之处。

一是严格标准选学员。这里的严格遴选，主要涉及的是村级干部人

[①] 周少来、张君、孙莹：《党政统合与乡村治理：从精准扶贫到乡村振兴的南江经验》，中国社会科学出版社2019年版，第68页。

才的储备式培养。① 对于村级后备干部的培养来说，人选的遴选标准是最直接、最根本的方面之一，甚至可以说是观察干部队伍建设的第一维度。它最直接地回应了"谁是培养对象"这一基础性问题，清晰划定了整个队伍建设的培养视野。2015 年，南江县委专门出台文件，明确村级后备干部专修班的培训对象应具备 40 周岁以下、高中以上学历等硬性条件，强调学员全部来自乡镇基层一线、在读职校生、农村优秀人才"三个方面"，尤其是对复员军人、年轻党员、大学生村干部、中职毕业生、在职村两委年轻干部、致富带头人、专业合作组织负责人、回乡创业能人以及在换届中得票较多又暂时没有进入村两委班子的人员进行重点遴选。②

二是贴近实际抓效果。在一定程度上，培训效果取决于师资课程的质量。师资课程限定了培训班能够提供什么样的学习内容，是将培训意图转化为高质量培养成效的基础和关键。在师资队伍上，南江县坚持专兼结合聘教员，既抽调了小河职中③的优秀骨干教师和学科带头人担任专职教师，也遴选外聘了农业、林业、水务、国土等行业领域专家，以及群众工作经验丰富的基层干部、道德楷模、优秀企业管理者担任兼职教师。在课程设置上，培训班设有党性教育、实用技术、社会治理三个模块，坚持课堂理论培训与基地实践锻炼相结合。课堂教学涵盖了基层党建、政策法规、乡村旅游、电子商务、社会治理等课程，同时采取生产基地实习和派驻进村（社区）锻炼等多种形式开展实践培训。

三是分类使用拓出口。干部人才培养的落脚点在使用。只有学有所用、出口顺畅，学员才会有更大的参学参训积极性。南江县注重培训班学员的分类使用，通过多渠道拓宽学员的发展出路，达到了促使学员干事有平台、创业有舞台的目的。首先是换届使用一批。在村（社区）两委换届期间，鼓励结业学员参与竞选，将优秀学员直接推荐为换届候选

---

① 在储备式培养之外，南江县结合村（社区）在职干部的履职现状，开设了春秋两季的能力提升短训班，每期设置 3 个班，每班 50 人，培训时长 3 个月，对村（社区）的在职干部分批次开展全员培训。

② 《中共南江县委办公室 南江县人民政府办公室关于依托职业技术学校开办村级后备干部专修班 加强扶贫攻坚带头人队伍建设的意见》（南委办〔2015〕72 号）。

③ 南江县小河职业中学简称"小河职中"，创办于 1984 年，是一所集学历教育、社会培训、技能鉴定于一体的综合性国家级重点中等职业学校，2015 年被教育部、财政部、人社部确定为"全国 1000 所中等职业教育改革发展示范学校"。

人，或者是利用整顿软弱涣散村的契机，安排优秀学员到后进村（社区）担任书记或主任。其次是后续储备一批。由县委组织部与参训学员签订服务协议，将学员全部纳入户籍所在村（社区）后备人才库，从中吸纳发展新党员，同时还安排一些结业学员担任村（社区）的文书、网格员以及农村公益性岗位等，以此储备村（社区）两委后备干部人才。最后是引导创业一批。通过给予政策支持、金融支持以及土地支持，鼓励学员结合所训所学内容，创办小微企业和各类经济实体，兴办农业产业专合组织（协会），领办、创办党员精准扶贫示范工程项目，同时给予一定时长的跟踪服务和技术指导。①

此外，南江县培养村级干部人才的实践，还具有其他一些比较鲜明的特点。例如，在培训教材上，组织编写了契合当地需求的党性教育、脱贫攻坚、乡村振兴、基层治理等一整套教材；在日常管理上，对于中长期培训班也就是学制为1—3年的学员，实行全脱产、封闭式、军事化管理；在培训考核上，中长期班理论学习要进行考试考核，实践锻炼要评定考核等级，不合格的则不予结业；在经费保障上，由市级留存党费和县财政每年安排200多万元用于专项培训，每名长期班学员还能享受国家职教专项补助5000元等。从这些细节可以看出，南江县的创新实践具有很强的针对性、系统性和可复制性。为此，四川省早在2017年就向全省范围推广了南江县的经验做法，新华社等中央媒体也都做过大量报道。

三 精英流动视角下的村级干部人才培养

精英概念是在社会学家帕累托的推动下而在社会科学中广为流行的，它是指"最强有力、最生气勃勃和最精明能干的人，而无论好人还是坏人"②。精英理论认为，政治统治需要及时因应经济社会形势变化，这就对不同形势下的统治者提出了不同的品质要求。现实中精英往往难以兼具不同的品质，无法灵活地适应新的形势变化，精英流动就不可避免地

---

① 依据2018年6月12日在巴中村政学院召开的专题座谈会记录。
② ［意］维尔弗雷多·帕累托：《精英的兴衰》，刘北成译，上海人民出版社2003年版，第13页。

发生了。精英流动是社会保持平衡的基本因素，主要有两种流动模式：一类是个体性的向上流动，作为整体来说精英统治不受影响；另一类是群体性的向上流动，此时原有的精英群体就会被新的更具适应性、更有执政能力的群体所替换。①

精英流动同样适用于乡村社会的演进历程。历史地看，乡村社会的精英群体也是处于动态的更替之中，这种群体性的更替是与乡村社会所处的时代背景分不开的。正是在时代背景急剧转换的前提下，国家权力对乡村精英需要扮演的角色提出了不同的要求，这就构成了乡村精英代际更替的源动力。20世纪以来，国家权力开始持续性扩张，试图加深对乡村社会的控制，进入了以官僚化、渗透性为主要内容的政权建设过程。在这一过程中，国家权力根据基层政权建设的变化，策略性地选择了与不同类型的乡村精英合作开展乡村治理。② 例如，在1900—1912年，村公职往往由在宗教或宗族组织中已建立起权威的乡村精英来充任；到了20世纪二三十年代，面对国家和军阀对乡村的勒索加剧，村庄领袖的类型发生显著变化，由乡村社会的保护人转向谋求私利的捐客。③

时代的需求是精英再造的最大动因。党的十八大以来，随着中国特色社会主义进入新时代，中国社会主要矛盾已经转化为人民日益增长的美好生活需要和不平衡不充分的发展之间的矛盾。④ 这一关系全局的历史性变化，同样深刻地体现在乡村地区的经济社会发展中。总体来看，当前中国的农业农村现代化水平仍然比较低，尤其是中西部地区的农村生产基础和公共服务依然落后，农民在当地务工创业的致富机会十分有限，人口外流、异地打工成了不得已的选择。近年来，国家资源反哺农村的力度不断加大。2016—2019年，全国财政一般公共预算累计安排农业农

---

① 许苏明、金迪：《精英流动与社会制度的建构》，《唯实》2005年第4期。
② 贺海波：《选择性合作治理：国家与农村精英的关系变迁》，《社会主义研究》2014年第3期。
③ ［美］杜赞奇：《文化、权力与国家：1900—1942年的华北农村》，王福明译，江苏人民出版社2003年版，第128页。
④ 习近平：《决胜全面建成小康社会 夺取新时代中国特色社会主义伟大胜利——在中国共产党第十九次全国代表大会上的报告》，人民出版社2017年版，第11页。

村相关支出达到6.07万亿元，年均增长8.8%。[①] 数额巨大的涉农资金集中投放，势必要求提高资金的精准投放和使用效益，这在很大程度上又要系于处在国家—社会交汇处的乡村精英的能力素质。

村级干部人才是乡村社会的主要精英群体，是党在农村各项方针政策的具体执行者和实施者。要加快乡村社会的振兴进程，就离不开对现有村级干部人才队伍的培养和培训。村级干部人才的培养，实质上是新时代乡村精英的再造工程，是基层政权主导下乡村精英的更替与重塑。因此，对于这里所说的"精英再造"，可以从六方面来理解：适应新时代推进乡村振兴战略的新任务新要求是再造工程的结构性背景；县乡党组织和基层政权是再造精英的主导者、设计者；农村地区的在职村干部及其后备人才是再造精英的主要目标群体；培训培养工作是精英再造的具体运作机制；推进乡村的全面振兴是实施再造工程的主要目的；乡村精英的更替和再生产是精英再造过程的直接效应。

四 精英再造的行为逻辑

实施乡村振兴战略是新时代"三农"工作的总抓手，村级干部人才队伍的培养正是抓住了这一战略实施的关键。新时代的村级干部人才培养，是精英再造工程的反映和体现。这里的精英再造，从在职与否角度讲，既包括农村地区在职村干部能力的提高，也包括村级后备干部人才的提前储备；从精英类型角度讲，既包括政治精英的甄选与培训，也包括经济精英和社会精英的吸纳与培养。通过剖析南江县的村级干部人才培养的实践，可以发现，基层党委、政府始终坚持鲜明的问题导向，在精英再造过程中遵循着三重逻辑。

首先是强化农村基层党组织建设。农村基层党组织，是党在农村地区全部工作和战斗力的基础，是党和国家各项方针政策在农村地区的执行者和实施者，是党和政府联系人民群众的桥梁和纽带。农村基层党组织的建设情况，直接关系到农村地区的经济社会发展，影响到党在农村

[①] 《2016年至2019年全国财政一般公共预算安排农业农村相关支出超6万亿元》，2020年12月23日，中国政府网，http://www.gov.cn/xinwen/2020-12/23/content_5572857.htm。

地区的执政地位是否稳固。五年前,南江县曾经面临着村级组织软弱涣散、在职干部能力不足等突出问题。部分村级党支部软弱涣散,组织活动开展不及时、程序不规范,战斗堡垒作用发挥不够;村两委权责不清、职能意识淡薄,相互之间推诿扯皮,缺乏全局观念,致使工作陷入被动局面。村干部是农村基层党组织开展工作的核心依靠力量,但当时好多在职村干部不是不想干事,而是不会干事。2017年村(社区)两委换届前,南江县村(社区)两委主要负责人中超过60岁的占比多达24.7%、大专及以上文化程度占比不足12%,初中以下文化占比达到41%。[①] 相当多的干部观念老化、思维固化、能力退化,既讲不透政策,也抓不好产业,甚至不少人连电脑也不会操作,起不到应有的带头作用。面对艰巨繁重的脱贫攻坚任务以及后续的乡村振兴工作,南江县面向在职村干部开设能力提升短训班,通过全面提高村干部抓党建、抓产业的工作能力,强化农村基层党组织建设,提升基层党组织的威信,夯实党在农村地区全部工作和战斗力的基础。

其次是加强村级干部人才储备。村级后备干部队伍是村领导班子的重要来源,是强化农村基层党组织、优化村干部队伍结构的重要保障。改革开放以来,随着现代化、工业化、城镇化的不断加快,城市展现出强大的虹吸效应,而农村地区由于缺乏必要的产业集聚和致富机会,大量劳动人口通过升学、务工等方式持续流入城市,乡村社会尤其是很多中西部的农村已经逐渐地空心化,老年人成为乡村社会生产生活的主体,年富力强的年轻人越来越少,这就造成了村干部来源的匮乏,在代际更替上出现了断裂现象。南江县同样遭遇了后备干部"渠道不广、质量不高"的突出问题,村级干部队伍青黄不接、后继乏人的现象非常普遍。即便有一些外出打工或创业的青年回乡竞选村干部,由于缺少必要的岗前培训和实践锻炼,再加上组织不了解、群众不信任,致使部分人以竞聘失利告终或者是竞聘成功后工作难以推动,导致年轻人更加倾向于在

---

① 《四川南江县:打造"永久牌"扶贫工作队》,2018年4月8日,中国政府网,http://www.gov.cn/xinwen/2018-04/08/content_5280630.htm。

外就业创业，造成村级组织换届总是重复着"选人难"的老故事。[①] 南江县开设村级后备干部培训班，大规模培养村级干部人才，目的就是着眼于拓宽村级干部来源、破解村干部队伍后继乏人的问题。截至2019年6月，南江县经过中长期培训班结业的学员累计达539人，其中有425名已经进入村（社区）两委班子中。

最后是造就乡村产业带头人。产业是农村各项事业可持续发展的基础所在，实施乡村振兴必须有兴旺的产业作支撑。对于山区县来说，搞小农经济是富不起来的，小农业也是没有多大前途的；另外搞粗放式和破坏式的开发，也是不可持续的。[②] 山区县域必须坚持绿色发展理念，立足当地的绿色资源优势，大力发展具有比较优势的绿色生态产业。实践证明，有优秀的"领头羊""带头人"，对于一个地方的脱贫致富至关重要。要达到乡村地区产业兴旺的目标要求，就需要一大批农村新型经营主体和产业致富带头人的示范带动，充分利用好当地得天独厚的自然环境和丰富多样的生态资源。就南江县来说，虽然当地的自然生态资源较为丰富，群众脱贫致富的愿望也非常强烈，但在很多农村地区却一直缺乏好的"领头羊""带头人"的引领带动，致使资源优势转化不成产业优势，农村人口外流趋势因而愈演愈烈。前几年，65.9%的农村劳动力外出务工，有些村高达70%的人在外打工，而受当地企业经营影响，很多打工者收入并不理想，面临着"进城进不了、回乡回不去"的尴尬境地。南江县培养村级干部人才，就是希望改变实用人才"总量偏少、带动不强"的问题，通过培训实用技术、经营管理等内容，培养造就一大批产业致富带头人，推动当地的绿色生态产业发展，带动更多的周围群众实现脱贫致富。截至2019年6月，南江县在学员队伍中已培养出创业典范50个、致富带头人400余人，结业学员兴办的产业项目达到283个。

[①] 《中共四川省委组织部关于印发〈加强村级干部人才队伍建设的有效路径——南江县依托职业学校培训培养"村官""能人"的调研报告〉的通知》（川组通〔2017〕26号）。

[②] 周少来、张君、孙莹:《党政统合与乡村治理：从精准扶贫到乡村振兴的南江经验》，中国社会科学出版社2019年版，第74页。

五　精英再造的治理功能

乡村治理是乡村振兴战略不可或缺的重要构成，也是加快全面振兴进程的必要保障。乡村治理是指包括政府和乡村社会其他组织及个体在内的多个主体，基于增进公共利益的目的，对农村地区进行的组织、管理和调控。① 乡村精英的再造工程，聚焦于提升关键主体的治理能力，有助于形成更加科学、更加合理的乡村治理格局，达到提升乡村治理现代化水平的目的。从南江县的创新实践可以发现，精英再造的治理功能集中体现在以下三个方面。

一是密切基层政权与农村社会的关联。2006年农村税费改革后，基层政府从过去的汲取型政权转变为"悬浮型"政权，不再依靠农村的税费维持日常运转，转而依靠上级政府的转移支付，基层政权与农民的关系变得逐渐松散起来。② 近年来，国家资源下乡力度不断加大，以项目为中心的经费拨付方式并没有从根本上改变基层政权与农村社会日益松散疏离的关系。面对接踵而来的脱贫攻坚和乡村振兴任务，南江县开始采取主动干预策略，通过村级干部人才的培养工作，对各村（社区）的在职干部以及后备人才进行有针对性的观念和行为再造。这些干部人才处于乡村关系网络的中心位置，原本就有一定的群众基础，经过专门的培训后成为一支讲党性、懂政策、会致富的三农工作队伍，对于密切基层政权与乡村社会的关联大有好处。借助这一群体的能力和影响力，党群关系、干群关系能够进一步融洽起来。

二是实现对乡村社会新兴阶层的有效整合。改革开放以来，中国由过去单一的公有制经济转变为以公有制为主体、多种所有制经济共同发展的混合所有制经济。所有制形式发生的深刻变化，催生出不断变化的产业结构和更加多元化的社会分工，身份多元化、就业多样化的新的社

---

① 张桂蓉：《多中心治理，实现从管理型向服务型转变——转型期乡村治理的结构现状、问题与发展趋势》，《农民日报》2014年1月11日。

② 周飞舟：《从汲取型政权到"悬浮型"政权——税费改革对国家与农民关系之影响》，《社会学研究》2006年第3期。

会阶层应运而生,为中国的经济社会发展、社会和谐稳定发挥了重要作用。南江县虽然是典型的山区农业县,全县总人口中约有54.4%从事小农生产,但随着近年来经济社会的快速发展,县域内新的社会阶层也在迅速壮大,呈现出增长迅速、分布广泛、构成复杂、思想多元、发展趋势明显的显著特点。就农村地区而言,南江县也有一些新的社会阶层人士,比如复员退伍军人、大学生村干部、高校毕业生以及回乡创业能人等,他们为全县的绿色健康发展做出了积极贡献。面对日益复杂、主体多元的现代社会,南江县紧跟时代与社会的双重变迁,借助于村级干部人才的培养工作,通过加大政治吸纳力度、精心设计"党性教育+"培训模式、积极拓宽政治上升通道,将乡村社会新兴阶层的发展意愿和利益诉求嵌入基层治理的整体利益中,发挥出强大的社会整合力,推动相关社会群体的政治认同,充分调动其投身乡村振兴事业的积极性、主动性。

　　三是促进乡村社会和谐稳定。乡村是中国社会的缩影,乡村是否稳定是关系到中国能否集中精力搞好现代化建设的大问题。随着中国现代化建设不断提速,卷入工业化、城镇化的农村地区越来越多,乡村社会的转型速度大大加快。这就导致原有的村落共同体大量消解,乡村社会的共识基础明显削弱,农村地区呈现出越来越多的原子化、个体化特征,传统治理资源如村规民约等越来越难以胜任保持乡村社会团结的任务,人际交往的规则逐渐由伦理型向法理型规范转变。[1] 在这一转变过程中,村干部作为农村地区的"带头人""当家人",对法律规范的认同态度和了解程度无疑会影响到所在地区的矛盾化解情况。南江县从培养村级干部人才入手,将法律法规知识、信访矛盾调解融入基层治理课程中,培养出一大批懂法、用法、依法治村的村干部和网格管理员,通过他们把法治理念渗透到乡村社会中,带动身边群众加快树立"遇事找法、办事依法、化解矛盾靠法"的法治意识、法治思维,为夯实乡村治理能力提供了有力的法治保障。2015—2017年,南江县信访矛盾数量较2014年之前下降了20%以上,化解各类矛盾支出年平均减少300余万元,取得了

---

[1] 张君:《基层矛盾协商化解的基本类型与实践样态》,《理论月刊》2020年第10期。

良好的社会治理效果。①

结　　语

　　经济史学家波兰尼认为，"就近百年而言，现代社会受到一种双向运动所支配，即市场的不断扩张以及它所遭遇的反向运动，后者在某些确定的方向上抑制着前者的扩张"②。从双向运动的历史逻辑看，中国提出乡村振兴战略有其必然性，它深深植根于20世纪80年代以来中国社会发生的大转型之中。这个历史性的大转型包含了这样的双向运动：一方面，自1980年代初起，中国开始向市场经济进发，在20多年的时间里，市场力量逐渐跨越经济疆界，蔓延至整个社会的机体；另一方面，进入21世纪以来，中国呈现出蓬勃发展的反向运动，政府通过再分配的方式，让社会各阶层既分享市场运作的成果又共同分担市场运作的成本，从而把市场重新嵌入到社会伦理关系中。③

　　从人才振兴的角度看，当前中国乡村社会主要存在着两条实践路径，即：干部下沉和资本下乡。干部下沉农村基层，既是中国共产党密切联系群众、坚持走群众路线的优良传统，也是组织和开展农村工作、提升国家治理尤其是基层治理能力的重要手段④。近年来，乡村社会汇聚了挂村包村干部、第一书记和驻村干部等下沉干部，这些干部资源充实了基层的组织力量，对于宣传贯彻党在农村的各项方针政策、完成农村阶段性重点工作以及解决农村的实际问题都起到了显著的作用，一定程度上巩固了党在农村地区的执政基础。与干部下沉相比，资本下乡主要指近年来工商企业资本下乡参与土地整理和流转、农业规模经营以及新农村建设的情况。⑤ 在资本下乡的过程中，必然会伴随着人力资本下乡，也就

---

　　① 《中共四川省委组织部关于印发〈加强村级干部人才队伍建设的有效路径——南江县依托职业学校培训培养"村官""能人"的调研报告〉的通知》（川组通〔2017〕26号）。

　　② ［英］卡尔·波兰尼：《大转型：我们时代的政治与经济起源》，冯钢、刘阳译，当代世界出版社2020年版，第137页。

　　③ 王绍光：《大转型：1980年代以来中国的双向运动》，《中国社会科学》2008年第1期。

　　④ 吴宏政：《"干部下沉"常态化：新时代国家治理的重要课题》，《人民论坛》2020年第17期。

　　⑤ 焦长权、周飞舟：《"资本下乡"与村庄的再造》，《中国社会科学》2016年第1期。

是企业拥有的体制外人才、专业知识和实用技术流入乡村社会，由此在资本获得收益的同时，也顺带促进了乡村社会的发展。

干部下沉和资本下乡有其周期短、见效快等显著优势，不过也有其固有的内在弊端。干部下沉有一个帮扶周期的问题，帮扶结束后都要回到原来的工作岗位。而如果在政绩引导下追求短时间内见成效，又容易造成不计成本的过度帮扶现象，导致村民产生较为严重的依赖心理，助推形成农村地区新一轮的"等靠要"思想。与之相比，资本有着逐利的天性，资本下乡是要考虑投资收益的。从实地调研看，在资本下乡过程中，相关村民的收益主要包括两部分：一是固定的土地流转金，每亩地一年几百元；二是有限的打工机会，一般限于每年的农忙时节。如果仅仅靠这两部分收益，村民们势必难以走向共同富裕，也极容易再次走上外出打工的老路。因此，无论是干部下沉还是资本下乡，都不是乡村振兴建立长效机制的首要选择。

党的二十大报告指出"全面建设社会主义现代化国家，最艰巨最繁重的任务仍然在农村"，进而明确提出了"全面推进乡村振兴"的发展要求。南江县结合本地经济社会发展和基层干部人才需求实际，依托职业学校培训培养"村官""能人"，探索出符合自身特点的村级干部人才队伍建设新路子，打造出一支符合新时代要求的永久牌"三农"工作队伍，为包括乡村治理在内的乡村振兴提供了坚强的组织保证。这对于全国其他农村地区全面推进乡村振兴与治理现代化，同样具有重要的启示和借鉴意义。在培养实践的背后，还应该看到，"村官""能人"的培训培养实际上是基层政权适应时代要求、再造乡村精英的努力。通过干预乡村精英的流动和再生产过程，基层政权既能够更好地完成新时代提出的全面振兴任务，更重要的是能够借助于有威望和影响力的代理人达到加强与乡村社会密切关联的目的，对乡村社会阶层分化后产生的一些新兴阶层及时地完成吸纳和整合任务，并且系统地向农村地区灌输现代治理理念。这样，党在农村的工作基础就会进一步巩固，国家稳定和长远发展才会有更坚实的保障。

乡村振兴背景下企业社会属性的解析

王阳亮[*]

摘　要： 乡村产业振兴与产业扶贫具有经济发展与社会福利双重目标，由此使参与其中的企业具有了一定程度的社会属性。本地化水平、股权结构以及收益分配方式是影响企业社会属性的主要因素。乡村企业的社会属性源自政党动员和乡村共同体自主行动。未来，具有社会属性的乡村准社会企业将是社会力量参与乡村振兴的新路径。

关键词： 乡村振兴；社会企业；社会福利；社会属性

一　乡村企业社会属性的生成

改革开放以来，中国在扶贫脱贫方面取得的成绩世界瞩目。特别是党的十八大以来，随着精准扶贫战略的实施，党中央采取超常规举措以前所未有的力度推进脱贫攻坚工作，开展了规模空前的减贫行动，实现了到中国共产党建党一百周年时全面建成小康社会的庄严承诺。后脱贫时代，巩固拓展脱贫攻坚成果，进一步推动乡村振兴战略实施，仍是"三农"工作的总抓手。

乡村振兴要以产业发展为基础。产业振兴是乡村振兴的首要目标。

---

[*] 王阳亮，中国社会科学院政治学研究所助理研究员。基金项目：中国社会科学院青年科研启动项目"社会组织参与公共服务供给机制研究"，项目编号2020YQNQD0091；中国社会科学院重大科研项目"国家治理体系与治理能力现代化研究"，项目编号2019ZDGH014。

产业振兴的难点在于贫困落后的农村地区。对这些地区而言，产业振兴也是产业扶贫政策的延续和拓展。从政策内容上看，产业扶贫和产业振兴所面向的农村经济社会基础与资源禀赋具有同一性；从组织保障上看，产业扶贫和产业振兴都以乡村企业为主体，与党的基层组织建设密不可分。

在以往产业扶贫政策下，相对落后、不发达地区的乡村企业已经有了一定程度的发育。但也应该看到，相对不发达地区的乡村产业发展受自然禀赋和人口结构的制约，缺乏市场竞争的优势，而且市场也不会自发地供给社会福利。因此，地方政府只有采取政策扶持和资源下沉等方式来干预微观经济、扶持乡村企业，保障留守人群就业和社会福利。其中有一部分乡村企业负责人进入村两委任职，参与并且成为基层社会治理的主体。在这个意义上，地方政府的产业振兴及产业扶贫政策，具有经济发展和社会福利供给双重目标。政策干预令这些乡村企业呈现出不同程度的社会属性，具体表现在扶助弱势群体就业，发展乡村公共服务，发放福利分红，参与社会福利供给机制。这部分乡村企业的产生借助了市场、政府和社会多元机制，因此内化了经济发展（效率）、社会福利（公平）、私利与公益等彼此相冲突的多元目标。从某种程度上讲，产业扶贫催化了乡村企业社会属性的生成。政策性因素使乡村企业社会属性超越了其社会责任的范畴，具有显著的扶助弱势群体、增进社区公共福利导向。这种社会导向使得上述乡村企业近似于新兴的社会企业。所谓社会企业，是指从事市场导向经济活动来为社会目标服务的组织[1]，是社会公益与市场经济有机结合的产物[2]。社会企业兼有市场属性和社会属性，既能够促进乡村经济的可持续发展，还能够维持落后地区公共服务的供给。社会企业在解决农村社会问题，特别在减贫、公共服务和边缘社区振兴方面具有优势。[3] 在学界，已有学者借鉴国际上社会企业参与扶贫的经验，从宏观上阐述了社会企业助力

---

[1] Kerlin, J. A., "Social Enterprise in the United States and Europe: Understanding and Learning from the Differences", *Voluntas*, 2006, 17 (3), pp. 246–262.

[2] 王名、朱晓红:《社会企业论纲》,《中国非营利评论》2010 年第 2 期，第 1—31 页。

[3] Steiner A., Teasdale S., "Unlocking the Potential of Rural Social Enterprise", *Journal of Rural Studies*, 2019, pp. 144–154.

中国扶贫攻坚的工作机制和模式创新①，以及农民合作社作为本土社会企业的价值与意义②。

尽管中国正式出台的法律法规体系中并没有对社会企业进行规范的定义，但是在乡村扶贫实践中存在着类似的企业组织。因此，有必要从微观上回溯并分析乡村企业区别于一般市场主体的社会属性，探索社会力量参与乡村建设、促进乡村产业振兴和公共服务供给的可持续发展之路。

二 乡村企业社会属性的经验分析

西部地区的 Y 县是 2018 年省定脱贫摘帽县。该县乡村企业参与社会福利供给机制的行动，混合了政府主导、市场机制和社会参与三种逻辑，形成了不同类型的股权结构、分红机制和社区价值，呈现出差异化的社会属性。笔者以 Y 县 6 个乡村企业为例，探讨乡村企业社会属性生成背景、表现形式、影响因素及激励机制。

（一）社会属性生成的背景

Y 县地处山区，矿产资源丰富。县域经济增长和财政收入高度依赖于资源产业。绝大部分农村青壮劳动力在本地工矿企业就业，离县外出打工为数不多。农村中的年轻人因务工或子女教育的需求迁移到县城居住，留守居民多是 45 岁以上的老弱妇孺群体。农村社会人口结构呈现出空心化和老龄化的特点。根据实地研究资料，该县识别出的精准贫困户群体中老弱病残者大致占 80%。本地贫困发生的主要原因就是留守农户劳动能力较弱。因此，该县产业扶贫规划始终置于区域经济转型的背景下，既要实现资源型地区经济转型，又要保障脱贫目标按期实现。县委县政府在产业扶贫方面的思路基本复制了自上而下的政策要求，也就是

---

① 李健、张米安、顾拾金：《社会企业助力扶贫攻坚：机制设计与模式创新》，《中国行政管理》2017 年第 7 期，第 67—72 页。
② 何慧丽、杨光耀：《农民合作社：一种典型的本土化社会企业》，《中国农业大学学报》（社会科学版）2019 年第 3 期，第 127—136 页。

"因地制宜加快发展对贫困户增收带动作用明显的种植养殖业、林草业、农产品加工业、特色手工业、休闲农业和乡村旅游"。实践中，乡村扶贫企业往往由回乡创业的乡土致富能手创立和经营，负责带动贫困户脱贫，保障贫困户的分红收益。在2018年年底实现脱贫摘帽目标以后，县委县政府又将乡村振兴战略和产业扶贫的措施融合并且衔接起来，巩固脱贫成果，并以此为基础带动区域农业转型升级和农民增收。

（二）企业扶贫的表现方式

鉴于乡村企业的社会属性源自参与扶贫类的社区公益性和福利性事业，笔者从Y县各乡镇抽取了6个参与扶贫的私营乡村企业作为观察对象，其经营范围覆盖了地方政府在农业产业转型升级和产业扶贫工作中涉及到的主要产业类型（见表1）。

从投资结构来看，企业创办资金来源有三类：私人投资、政府公共资金以及社会投资。后两类资金投入不同于一般企业的创办。首先，政府公共资金是指政府扶贫资金贷资入股，以近似金融贷款的性质向贫困户分红，以三年为期。这部分政府公共资金在到期以后将划归村集体经济组织，由其决定继续投资或另行支配。在所观察的案例中，公共资金投入部分没有被纳入私营企业的股权结构之中，但对企业供给社会福利提出了限制性要求。其次，社会投资主要是指本地企业及股东的公益性投资。民间财富的分配是该县乡村扶贫企业创办较为重要的筹资途径。由于本地资源禀赋的特点，工矿企业通常会以占地租金的形式对口帮扶村集体经济收入。再有，本村的工矿企业股东也会作一部分公益性捐赠。

从参与方式上，企业扶贫主要采取两种方式，即分红式扶贫和生产性扶贫。分红式扶贫一般期限较短，由政府扶贫资金下拨到村集体，为贫困户贷资入股企业，并按一定的年收益率向贫困户分红。生产性扶贫则是鼓励农户通过生产劳动增加收入，收入水平高于贷资分红的所得。需要说明的是，同一企业中两种扶贫方式可以并存。（详见表1）

表 1　　　　　　　　　　企业筹资与扶贫方式①

序号	名称	筹资与股权安排	扶贫方式及内容
A	菜籽榨油厂	企业A投资资金、县党政部门对口帮扶单位、县扶贫资金以及土地入股。企业A和村民委员会各持股70%和30%	(1) 流转农户土地，种植观赏型和经济性作物并进行深加工；(2) 股份分红
B	民宿度假旅游公司	本县工矿企业创办并全资控股	(1) 收购扶贫搬迁遗留的旧村房屋，经营民俗旅游；(2) 政府扶贫资金贷资入股为贫困户分红
C	中草药种植加工合作社	村支书主要出资创办，持有90%股权。合作社共有103户农户入股，共计占10%股权，其中含41户贫困户	(1) 种植收益；(2) 加工作坊就业，带动村里留守妇女、五保户、老龄村民和贫困户增加收入；(3) 股份分红
D	草莓种植基地	外地个人独资创办	(1) 土地流转收益；(2) 采摘季节用工
E	山羊养殖场	外地个人独资创办	(1) 青贮订单种植收益；(2) 长期用工以及季节性零工；(3) 政府扶贫资金贷资入股为贫困户分红；(4) 家庭养羊户收益
F	菌类种植公司	投资60%来源于县扶贫项目资金，40%由村集体向本村工矿企业股东公益性募集	(1) 采摘季节性用工；(2) 政府扶贫资金贷资入股为贫困户分红；(3) 企业利润中的一小部分纳入村集体经济收入

(三) 企业社会属性的影响因素

乡村企业在一定利润收益基础上通过扶助弱势群体就业或者以分红形式供给社会福利，或进行乡村公共物品和服务的投资，改善了贫困人口的经济生活状况和乡村社会建设水平。由此，客观上这些企业都具备了不同程度的社会属性和社会价值。只是由于经营管理模式与扶贫方式不同，扶贫企业对本地社区的改进、对贫困或低收入农户经济和社会生

---

① 企业筹资方式与扶贫内容为笔者依据实地调研资料整理。

活状况的改善程度也不同，由此呈现出社会属性强弱的差异。参考社会企业定义、以往研究和实地调研的资料内容，笔者将影响社会属性的因素归纳为本地化水平、股权结构以及收益分配方式三个维度。一是本地化水平。外地企业往往是为政府招商政策吸引而来，其更偏重于既定的企业发展战略，而本地企业对于社区共同体的认同使其发展愿望具有使命感，能够从本地社区的社会问题出发来组织企业的经营。二是股权结构。实地调研发现，农村集体经济组织以及农户持股的公司更能保障企业效益为社区所共享。私人独资企业则往往会存在"大农吃小农"问题[1]。而且，股权也能反映本地社区参与企业经营的程度，农村集体经济组织和农户参股的比例越高，企业的社区导向越强。三是收益分配方式。客观上，对村庄弱势群体的福利性分配与企业利润最大化目标本身是矛盾的。企业在利益分配机制方面的选择决定了组织社会属性的程度。除了政府扶贫资金贷资入股的分红收益较为固定外，企业的经营内容和方式对农户生产性收益的多寡有直接影响，这其实也是企业、普通农户以及乡村弱势群体之间的利益分配规则。实地调研中发现，生产性扶贫（即让更多分散的农户参与种养殖以及加工产业链）比单纯流转土地更能带动农户收入的增长，特别是企业用工以及订单种养殖收益对于留守村庄的老弱妇孺等弱势群体的经济状况改善最为显著。不仅如此，生产性扶贫也改变了之前乡村的不良风气，重新凝聚了城镇化过程中日趋凋零的乡土价值。

为了更直观地描述并比较不同企业的社会属性，笔者将本地化水平、股权结构和收益分配方式分解为社会属性相关的各项具体指标。其中，本地化水平分为外地、本县和本乡三个层次；股权结构分为政府贷资入股、村委会持股、村民入股和社会投资或捐赠；收益分配方式分为弱势群体分红、用工和种养殖收入。将以上的指标按照不同水平进行标记后形成企业社会属性方面的初步描述，"＋""0"和"－"分别表示在企业社会属性方面的加强和减弱程度。（见表2）

---

[1] 陈靖：《进入与退出："资本下乡"为何逃离种植环节——基于皖北黄村的考察》，《华中农业大学学报》（社会科学版）2013年第2期，第31—37页。

表 2　　　　　　　　　　　乡村扶贫企业的社会属性

企业名称及经营内容	本地化 外地	本地化 本县	本地化 本乡	股权结构 政府贷资入股	股权结构 村委会持股	股权结构 社会投资或捐赠	股权结构 村民入股	收益分配方式 弱势群体分红	收益分配方式 弱势群体用工	收益分配方式 种养殖收益
A 菜籽榨油厂		+	+	+	+		+	+	+	+
B 民宿度假旅游公司		+		+				+		
C 中草药种植加工合作社		+	+	+		+	+	+	+ +	+ +
D 草莓种植基地	0								+	+
E 山羊养殖场	0			+				+	+	+ +
F 菌类种植公司		+	+	+		+ +	+	+		

在 6 个观察对象中，ABCF 为本地企业，DE 为外地人创办的企业。结果显示，本地企业中，C 对农户增收和社区凝聚的作用最显著，社会属性程度最高。该企业属于本地经济精英领办的农民合作社，股权结构中体现出村民和贫困户所持有的股份，并且在经营收益上没有出现"大农吃小农"的分配问题。该企业在经营模式上并未选择流转土地，而是以农民增加更多种植收入为目标，采用合作社统购统销的模式，并大力开发深加工产品链条，实现了对留守弱势群体的就业安置。特别是当村民生产积极性提高以后，担任村干部的创业者主动退出一部分自种面积，将之分配给弱势农户。这个企业折射出传统乡土社会基于血缘和地缘的社区互助精神以及现代性的市场化规则。可以说，C 是最为接近社会企业的组织形态。这个企业不仅趋向于社会价值，更趋向于本地社区共同体的价值。与之相比，同为本地企业的 A 和 F，虽然也解决了一小部分弱势群体就业以及贫困者福利保障问题，但由于分散农户和贫困户的股权并未按照市场化规则加以明确，加之生产经营方式单一、用工规模较小，导致其在减贫和动员社会参与方面发挥的作用弱于 C，社会属性也较弱。企业 B 除了政府扶贫资金贷资入股的限定要求外，未有其他社会性目标，

更接近营利企业，社会属性最弱。两个外地企业 D 和 E 中，社会属性最弱的是仅流转土地的外地种植企业 D。D 是地方政府招商引资的重点企业，主要是出于政策优惠以及当地气候条件的考虑而建厂，除了少数用工计划外，在本地社区建设中的参与活动十分有限，是典型的营利性企业。E 则以养殖业为主，因而对本地生产依赖程度较高。其在本地形成了青贮种植、种羊繁殖等产业链条，与分散农户联系十分紧密，对贫困户社会福利供给的作用较强，社会属性的强度远高于 D。

总体而言，本地乡村企业比外地企业更关注本村的贫困问题和社会福利，因此社会属性相对更强一些。企业经营与农业产业链关联度越深，则其在解决弱势群体就业和扶贫中的作用越强，社会属性也越强。当然，以上只是同类型企业间的初步比较。由于不同企业经营内容不同，本地农户给付在企业利润中所占比例也各不相同，故此更精确的比较还有待于依据利润给付比例标准来完成。

（四）社会属性的激励机制

乡村企业社会属性的激励机制可以从自上而下政治动员和乡村社会内部自发性两个层次来讨论。Y 县乡村的本土企业多数由乡土经济精英返乡创业。与形而上的价值观导向不同，基层社会中的精英和组织更多是受本地发展问题、社会关系网络以及个体在乡村共同体中的政治诉求和社会价值所激励。

1. 政党资源下沉与组织动员

"富而优则仕"，经济精英被政党吸纳到体制内成为政治管理者的"能人政治"，获得了大量经济发达地区农村经验研究的证实。在 20 世纪 90 年代，伴随农村商品经济和乡镇企业的发展，懂经营、善管理的经济能人崛起，在乡村社区政治运作中居绝对支配地位，形成能人型治理模式。[1] 在沿海地区的农村，经济精英，或者富有的村民进入权力层是改革开放以来农村最重要的变化之一。一方面，农村新崛起的富人阶层对政治发生兴趣，进入村庄社区的权力组织，谋求经济精英向政治管理者转

---

[1] 徐勇：《由能人到法治：中国农村基层治理模式转换——以若干个案为例兼析能人政治现象》，《华中师范大学学报》（哲学社会科学版）1996 年第 4 期，第 1—8 页。

变。这些经济能人参与村民委员会选举背后的动机和政治诉求往往是基于个人价值的实现和被承认，谋取社会与政治地位。另一方面，一些地方也刻意培养能人，让他们入党，让他们参加竞选，当选为村委会主任。[①] 当前中国中西部农村正在复制发达地区农村政治参与的经验。比较而言，企业家参政的逻辑和动机并无二致，不同点在于中西部农村的经济精英不是当地的乡镇企业主，往往是离土创业，再返乡办企，其参与村庄治理过程中政党的资源下沉和组织动员所发挥的作用更加突出。在 Y 县调查的村庄中，村主任或村支书为私营企业主的村庄比例超过半数。他们大部分是外出务工小有成就，再返乡创业、参政的企业家，创业年龄在 40 岁左右。为了动员乡土精英返乡创业，Y 县党委组织部门采用了人才回巢计划，先动员外出的农村精英担任村两委职务，再经培养、吸纳到党组织，通过选举程序成为村支书，充实基层治理和扶贫力量。县委、县政府更是调配全县之力推动乡镇产业发展和产业扶贫。各乡镇产业发展的规划和实施由县委统一规划、督办、以奖代补形式注资，下派干部帮扶实施。一部分乡村企业创业之初的生产规划和实施都依赖政党动员。随着产业扶贫政策的推行，体制内资源和政治精英通过政党的组织网络下沉到村庄党支部。同时，在这个过程中，政党的组织网络也在不断吸纳乡土精英，强化基层党组织的治理能力。党的基层组织对精英的吸纳，一方面使政党的政治纲领和政策要求可以直接传达基层社会，同时基层社会的诉求也可以通过党的组织系统上达到正式制度的框架中。

产业扶贫遵循了"以党领政"[②] 治理结构的政策执行逻辑。扶贫中的政策和资源下沉依靠党的组织动员网络。通过政党动员，乡村企业组织内化了政治使命和社会目标。企业承担了市场机制之外的社会福利责任。在这个意义上，企业所带有的社会属性色彩、所进行的扶贫济弱行动，根本性激励来源于政党的组织动员。

---

① 郎友兴、郎友根：《从经济精英到村主任：中国村民选举与村级领导的继替》，《浙江社会科学》2003 年第 1 期，第 116—121、195 页。

② 俞可平：《中国的治理改革（1978—2018）》，《武汉大学学报》（哲学社会科学版）2018 年第 3 期，第 48—59 页。

2. 乡土社会共同体的自主性价值

由于人口外流，相对落后的农村中传统社会血缘、地缘纽带渐趋疏落。相对而言，基于资源依赖和就业本地化，Y县的人口流动多在县域范围内。因此，Y县仍然保持着乡土社会的传统性特征和地方性规则。县域内个体存在于"熟人社会"的关系网络中，并由于血缘、亲缘和地缘等因素形成了彼此的利益关联。这使得Y县经济精英的个人政治诉求和价值追求保持了较高水平的家族与村庄认同感。乡土社会对精英社会责任的期望，也促使他们在村庄社区公共事务中作出贡献，扶助社区中弱势群体。

扶贫实践中，地方经济精英具有自发地承担公共事务和社会责任的倾向；在执行国家政策时，又有建立地方规则的自由裁量空间。他们在推动产业扶贫过程中，不仅要在不同行政层级间做政策复制，更要在国家政策与地方共同体的乡规民俗之间进行转换，使乡村治理和企业经营符合本地社区的价值和利益，经得起社会关系网络的监督，维护自身的社区威望。这就要求乡村企业家自主性地建立组织利益分配规则，并由此带动社区成员在乡村建设及扶贫中的主动参与。从这个意义上说，乡村社会共同体的自主性价值是企业社会属性的补充性激励。

三 乡村企业社会属性的要义

从城镇化的发展规律看，未来中国乡村发展仍然会呈现出二元结构，即临近小城镇或城市地区的工业化、现代化与边缘性、分散村庄的凋敝。对于前者而言，乡村振兴政策更多偏重于经济政策，以市场机制推动乡村企业成长；而对后者，乡村振兴政策则趋向于社会政策，具有更多政治、社会含义。在落后不发达地区，以社会目标、社会属性为特征的社会企业模式更适合乡村创业以及乡村企业的可持续发展。社会企业在乡村振兴中的作用和优势表现在：一是社会企业以解决社会问题为导向，适应中国中西部农村发展的需求和现实条件，在集体经济衰落的情况下成为供给农村社会福利的另一种途径。二是社会企业虽然以企业化运营，但不以利润最大化为目标，能够保障扶贫资源投入的公共性，协调政府、市场与社会间的关系。

当下，社会企业是一种过渡和发展中的社会经济形态。社会企业理论引介到中国以后，学界、实务界诸多热议但还未形成共识。而农民合作社、社会福利企业以及民办非企业单位等实践领域中近似社会企业的探索已然先于理论，在解决社会问题和公共服务供给不足方面发挥了作用。这些兼具营利性和不同程度社会属性的乡村企业尝试将社区公益性目标与利润最大化目标相平衡，可以将其看作中国农村社会企业发展的新趋向。具有社会属性的乡村企业或者社区企业实际是扶贫开发政策的副产品。随着产业振兴政策的推进，这些发端于扶贫工作中的乡村社会企业将继续作为产业振兴的主体，在新时代推进乡村治理现代化方面发挥作用。

关注扶贫中的乡村企业及其社会属性对于中国乡村建设和扶贫实践具有理论和政策实践双重意义。一方面，企业的社会属性是分析中国社会主义市场经济体制下社会公益经济形态及性质的切入点，为理解中国政府主导的扶贫经验提供了新的理论视角。借助社会属性的分析，还可以看到企业参与扶贫的内在驱动力，特别是政党动员对于企业参与扶贫的作用。另一方面，准社会企业模式为社会力量参与乡村可持续发展提供了新的路径。剖析企业的社会属性有助于从政策实践层面上明确社会企业相关制度体系建设的方向，从而为新兴的公益型市场主体和社会组织提供有效的制度规范，切实保障公共资源投入的公共性。从长远看，社会企业以及乡村企业社会属性发展的意义就在于以市场机制和社会公益机制来替代刚性的、行政化的手段，以社会参与、自治来补充不同层次的公共服务供给，形成乡村社会的可持续发展机制。

在相对不发达地区发展产业，实现反贫困与可持续发展，需要政府、市场和社会形成合力。社会企业是营利性的市场主体。尽管其目标包括通过市场机制来实现社会价值，但其本身也必须遵循市场规则。因此，在由脱贫攻坚向乡村振兴过渡的时期，一方面，应进一步界定产业扶持中政府与市场的关系，划分政府干预微观经济的边界，充分发挥基层党组织的动员能力，孵化公益性的社会企业，更广泛地动员社会力量参与乡村建设；另一方面，乡村社会创业尽管以企业化方式运营，但在供给社会福利和公共服务方面离不开政府购买服务项目以及财政资金补贴等各种形式的政策扶持。地方政府应进一步围绕乡村企业的社会属性进行政策扶持，并且针对公共投资的公益性加强监管，保障公共资源在社会福利改进中的可持续性、公共性，探索巩固脱贫攻坚成果，发展富民产业的乡村振兴之路。

中国数字治理二十年:学术梳理与实践探索

周 悦[*]

摘 要：数字治理主张信息技术和信息系统在公共部门改革中的重要作用，最终实现善治。进入21世纪，数字治理在全球发展迅猛、前景广阔。本文从学术和实践双维度出发总结中国数字治理二十年的历史与现实。运用CiteSpace软件构建近二十年中国数字治理研究发展脉络和知识图谱，中国数字治理先后历经电子政务—智慧政府—数字政府阶段；运用案例法分析总结广东、浙江、北京、上海和湖北等地数字治理的地方经验，并从均衡性、整合性、共享度、安全度和可及性等方面对中国数字治理地方实践进行评估，最终提出未来国内数字治理的展望。

关键词：数字治理；学术梳理；知识图谱；地方实践

一 问题的提出

进入21世纪，公共治理全球性竞争加剧，政府面临的治理情境更复杂、治理难度更大、公众期望更高，而大数据、云计算、区块链、人工智能等信息技术的迅猛发展，强势赋能了政府治理的信息化、数字化

---

[*] 周悦，中国社会科学院大学政府管理学院讲师。

和智能化转型。党的十九届五中全会提出，加快数字化发展、建设数字中国①。"十四五"时期乃至更长阶段，加快建设数字经济、数字社会、数字政府，以数字化转型整体驱动生产方式、生活方式和治理方式变革②。上述从技术层面和政策层面为中国数字治理提供了发展基础和实践场域。

数字治理发轫于新公共管理，与网络化治理和整体性治理共同组成公共治理的最新范式。数字治理主张信息技术和信息系统在公共部门改革中的重要作用，最终实现善治③。信息技术使政府治理由部分走向整体，从破碎走向整合④，电子治理能够实现规范、廉洁、责任化的政府管理⑤。数字治理通过政府运用信息技术与企业、社会、公民互动，简化政府程序、提高行政效率⑥，有利于不断推动国家和地方治理体系和治理能力现代化，更好满足人民对美好生活的向往。本研究从学术和实践双维度出发总结中国数字治理二十年的历史与现实，运用CiteSpace软件对近二十年知网收录的国内数字治理相关领域学术文章进行量化分析，梳理数字治理二十年的知识图谱和研究趋势，运用案例法分析国内数字治理的地方经验与效能评估，最终提出国内数字治理的未来展望。

二 中国数字治理的研究梳理

（一）数字治理领域文献出处分析

本文运用CiteSpace软件的关键词共引和聚类分析功能绘制近二十年

---

① 《中共十九届五中全会在京举行　中央政治局主持会议　中央委员会总书记习近平作重要讲话》，《人民日报》2020年10月30日。
② 《中华人民共和国国民经济和社会发展第十四个五年规划和2035年远景目标纲要》，2021年3月13日，新华网，http://www.xinhuanet.com/2021-03/13/c_1127205564_6.htm。
③ Palrick Dunleavy, *Digital Era Governance: IT Corporations, the State, and E-Government*, Oxford University: Oxford Press, 2006, pp. 227-229.
④ 竺乾威：《从新公共管理到整体性治理》，《中国行政管理》2008年第10期。
⑤ 王浦劬、杨凤春：《电子治理：电子政务发展的新趋向》，《中国行政管理》2005年第1期。
⑥ 徐晓林、刘勇：《数字治理对城市政府善治的影响研究》，《公共管理学报》2006年第1期。

国内数字治理领域的知识图谱和发展脉络，并辅以 Excel 工具对该领域的学术研究整体情况进行可视化呈现。数据来源于中国知网学术期刊文献库，以检索式"主题＝数字治理 or 数字政府 or 数字政务 or 智慧政府 or 智慧城市；入库时间＝2001—2021 年"检索到 2044 篇文献，从中剔除无效及与主题无关文件后，最终共得 2001—2021 年 1165 篇文献。纵观数字治理领域近二十年学术文章的研究趋势和发文数量（见图 1），可知数字治理相关领域研究热度持续升温，近五年呈现高速增长，一跃成为中国公共治理研究热点和前沿。2001—2002 年发文量处于较低水平，2003 年发文量攀升至 26 篇，此后一直到 2018 年每年呈现平稳递增趋势，2018 年后研究呈直线增长趋势，2020 年发文量达到 177 篇的峰值，2021 年刚开局已有 91 篇。

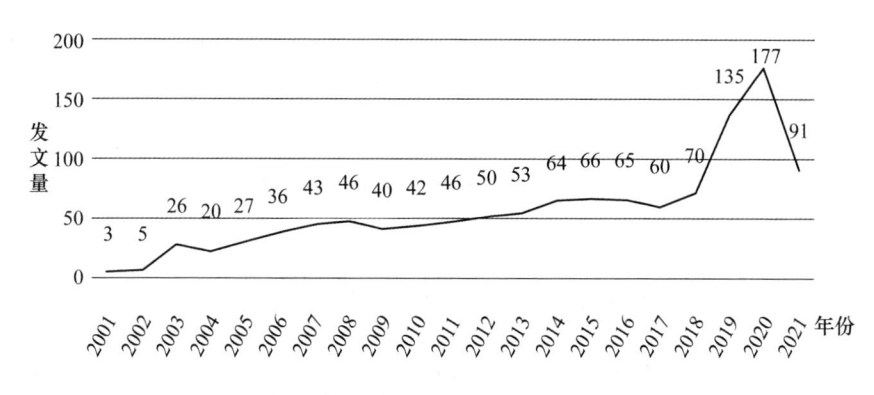

图 1　数字治理领域二十年研究趋势

通过 Citespace 整理数据可知，在近二十年数字治理领域学术文章中，普通期刊和核心期刊/CSSCI 来源期刊发文量基本持平（见图 2），说明国内研究者和学习者对此领域高度关注，刊文质量也持续上升。核心期刊中对数字治理关注度较高的以公共管理领域期刊为主，如《公共管理学报》《管理世界》《中国行政管理》《电子政务》《探索与争鸣》《人民论坛》。数字治理领域发文量在 5 篇以上的作者分别为王少泉、徐晓林、徐顽强、傅荣校、马亮和韩兆柱（见图 3），以中青年学者为主，并同时获得了国家级、省部级科研项目的资助。数字治理领域发文量高于 5 篇的机构分布（见图 4），以高等院校公共管理学院和政府管理学院为主，充分发挥了学科特色和研究优势，其中华中科技大学公共管理学院独占鳌头；科研机构和咨询机构等企事业单位在数字治理领域也有所关注，其中国信息通信研究院每年定期发布数字治理领域调查数据和研究报告。

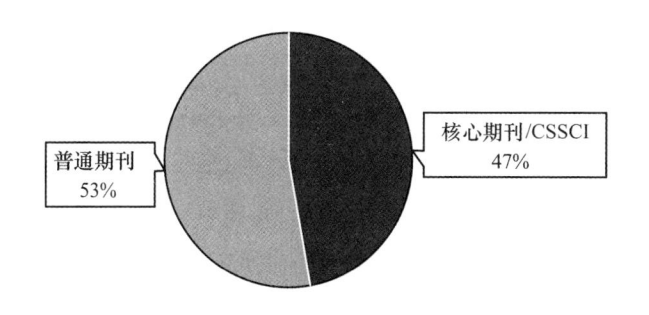

■ 核心期刊/CSSCI ■ 普通期刊

图2　数字治理领域二十年研究期刊分布

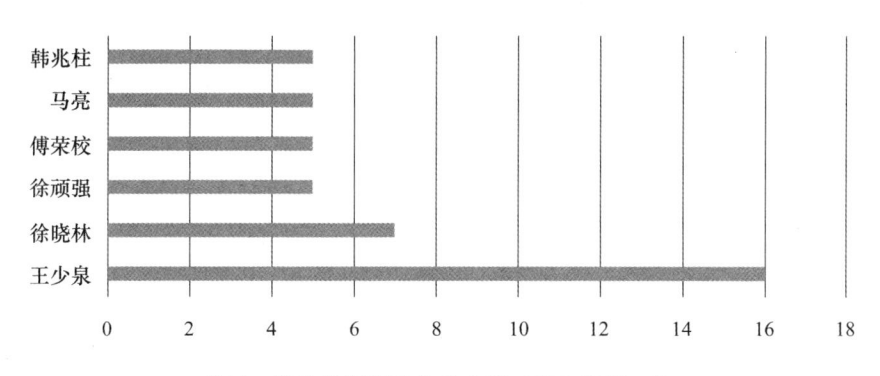

图3　数字治理研究作者分析（发文数量≥5）

（二）数字治理领域研究趋势分析

通过 Citespace 数据处理功能得到数字治理研究二十年关键词时区图谱（见图5），以2001—2021年为时间段、2年为时间切片得到以下时区图，可以大致了解数字治理相关研究起点。大数据、智慧城市、数字政府兴起于2000—2001年，电子政务兴起于2002—2003年，数字治理兴起于2006—2007年，智慧政府兴起于2010—2011年，智慧城市建设兴起于

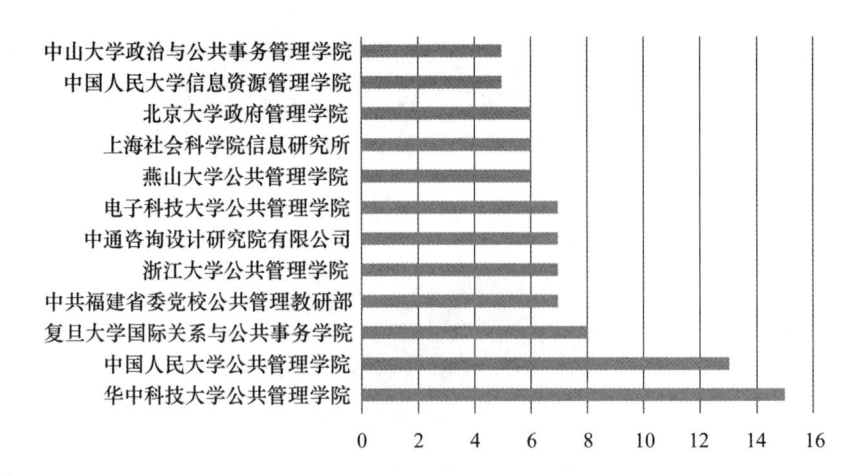

图4　数字治理领域研究机构分布（发文数量≥5）

（图示各机构发文数量：华中科技大学公共管理学院15，中国人民大学公共管理学院13，复旦大学国际关系与公共事务学院8，中共福建省委党校公共管理教研部7，浙江大学公共管理学院7，中通咨询设计研究院有限公司6，电子科技大学公共管理学院7，燕山大学公共管理学院6，上海社会科学院信息研究所6，北京大学政府管理学院6，中国人民大学信息资源管理学院5，中山大学政治与公共事务管理学院5）

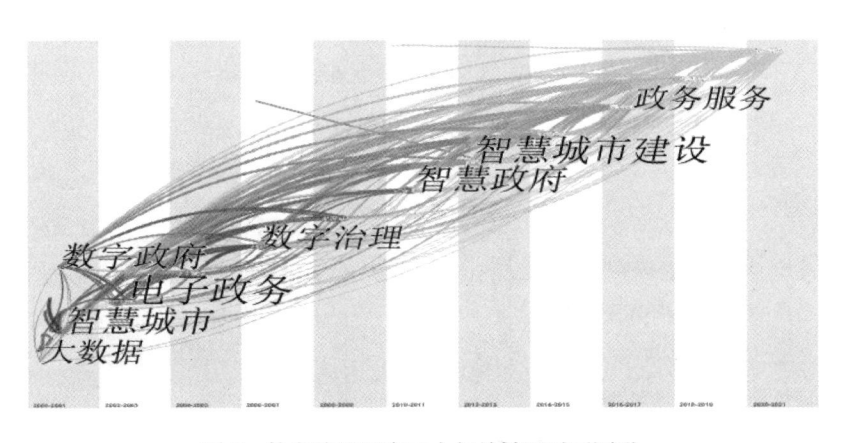

图5　数字治理研究二十年关键词时区图谱

2012—2013年，政务服务兴起于2016—2017年。通过 Citespace 数据处理得到数字治理研究关键词时区图谱（见表1）显示高频热点词及其起始年份，如"电子政务""智慧政府""数字政府""数字政府治理""数字城市"等。通过知网引用率指标对数字治理学术文章进行统计，可得数字治理研究二十年高被引文献（见表2），这些高质量、关键性成果引领和代表了数字治理领域的重要成就，揭示了数据治理领域的研究趋势。

结合关键词时区图谱和高频词分析，数字治理研究可划分为三个阶段。第一阶段（2000—2012年）是以"电子政务"为主旨的数字治理初探期，主要关注信息网络技术推动下以政务网站、信息化平台和线上服务为导向的电子政务开发与建设，并尝试解决数字鸿沟和网络安全等问题；第二阶段（2012—2018年）是以"智慧政府"为主旨的数字治理建构期，主要关注大数据和人工智能技术驱动下，以政务服务、城市建设和社会发展为导向的智慧政府建设与发展，不断降低行政成本、提高行政效率；第三阶段（2018年至今）是以"数字政府"为主旨的数字治理发展期，主要关注区块链和新媒体技术驱动下，以数字转型、数字服务和数字赋能为导向的数字政府建设与发展，不断推动公共治理创新和治理现代化进程。

Keywords	Year	Strength	Begin	End	2000—2021
数字城市	2000	5.66	2001	2021	
电子政务建设	2000	3.51	2002	2021	
数字证书	2000	3.47	2003	2021	
数字签名	2000	10.22	2003	2021	
信息安全	2000	4.2	2003	2021	
数字档案馆	2000	4.59	2004	2021	
数字图书馆	2000	3.46	2004	2021	
电子政务	2000	35.59	2004	2021	
数字水印	2000	3.2	2006	2021	
电子治理	2000	3.98	2012	2021	
公共服务	2000	4.69	2012	2021	
智慧政府	2000	15.59	2073	2021	
智慧城市	2000	6.6	2015	2021	
大数据	2000	7.34	2016	2021	
互联网+	2000	24.69	2016	2021	
数据治理	2000	4.2	2017	2021	
数字中国	2000	3.73	2018	2021	
数字政府治理	2000	6.16	2018	2021	
智慧社会	2000	4.69	2018	2021	
数字政府	2000	6.52	2018	2021	
数字化转型	2000	5.01	2019	2021	

表1 数字治理研究关键词时区图谱

表 2　　　　　　　　　数字治理研究二十年高被引文献

序号	论文题目	作者	年份	期刊	被引频次
1	数字政府治理——基于社会形态演变进程的考察	戴长征等	2017	中国行政管理	117
2	网络化治理、整体性治理和数字治理理论的比较研究	韩兆柱等	2015	学习论坛	80
3	数字治理在城市政府善治中体系构建	徐晓林等	2004	管理世界	78
4	数字治理理论研究综述	韩兆柱等	2016	甘肃行政学院学报	66
5	数字政府战略意蕴、技术构架与路径设计	刘淑春	2018	中国行政管理	64
6	数字政府环境下政务服务数据共享研究	徐晓林等	2018	行政论坛	54
7	数字治理体系和治理能力现代化研究：原则、框架与要素	鲍静等	2019	政治学研究	43
8	数字政府建设的内涵及路径——基于浙江"最多跑一次"改革的经验分析	何圣东等	2018	浙江学刊	40
9	政府职责体系建设视角中的数字政府和数据治理	叶战备等	2018	中国行政管理	33
10	数字政府与网上政治文化入侵	袁文艺等	2003	社会主义研究	30

（三）数字治理领域知识图谱分析

通过 Citespace 数据处理功能得到数字治理研究关键词聚类图谱（见图6），共得到10个核心聚类，分别为#0 智慧城市、#1 电子政务、#2 政务服务、#3 数字治理、#4 智慧政府、#5 数字社会、#6 数字政府、#7 数字城市、#8 数字档案、#9 业务协同（见表3），取聚类强度前八位进行解读。智慧城市研究以城市治理创新为主要目标，依托物联网和互联网技术开启城市发展新阶段；电子政务以政府办公自动化为主要目标，依托数字签名和数字水印技术开启行政机关无缝隙服务新阶段；政务服务以公共服务质量为主要目标，依托大数据等新技术加快政府数字化转型，并推进数字乡村建设；数字治理以公共治理效能为主要目标，依托信息

中国数字治理二十年：学术梳理与实践探索 / 253

#0 智慧城市　#7 数字城市
#4 智慧政府
#2 政务服务　#9 业务协同　#1 电子政务
#5 数字社会
#3 数字治理
#8 数字档案馆
#6 数字政府

图 6　数字治理研究关键词聚类图谱

技术发展提升政府、市场和社会信息化水平，而疫情等公共安全事件加速数字治理发展；智慧政府以一站式服务和数字资源共享为主要目标，依托信息技术开启政府办公、公共服务和政府决策智能化新阶段；数字社会以社会治理创新为主要目标，依托信息技术充分发挥社会资本和社会资源的治理活力和治理能力；数字政府以政府行政和服务效能为主要目标，依托数据网络资源进行结构程序变革和组织职能优化，开启政府运行和政府治理新模式；数字城市以城市高效管理为主要目标，依托数字网络和新媒体技术促进城市可持续、宜居性发展。

表 3　　　　　　　数字治理研究关键词聚类明细表

聚类号	聚类标签	聚类大小	标识词（选取前 5 个）
#0	智慧城市	97	智慧城市，城市治理，新型智慧城市，数字治理，物联网
#1	电子政务	92	电子政务，数字签名，数字水印，数字签名技术，多重数字签名

续表

聚类号	聚类标签	聚类大小	标识词（选取前5个）
#2	政务服务	75	政务服务，数字化转型，数字乡村，公共数据，大数据中心
#3	数字治理	71	数字治理，数据治理，突发公共卫生事件，信息技术，应急管理
#4	智慧政府	69	智慧政府，智慧化服务，一站式，政府数据开放，数据资源共享
#5	数字社会	58	数字社会，非政府组织，政府治理，电子治理，智慧治理
#6	数字政府	46	数字政府，对策，政府数据治理，新时期，信息资源共享
#7	数字城市	41	数字城市，媒体融合，5G，电商直播，空间数据
#8	数字档案	28	数字档案馆，政务网，数据中心，物理隔离技术，数字集群
#9	业务协同	19	政务协同，政务云，一号一窗一网，基础平台，信息化工程

三 中国数字治理的地方实践

（一）中国数字治理的地方探索

1. 广东数字治理发展概述

广东数字治理起步早、发展快，在全国处于领先水平，充分整合数字政府、数字经济、数字社会和数字城市，高质量推动公共服务和公共治理数字化、智能化发展。广东依托"粤省事"全面推行"指尖计划"和"零跑动"事项，大幅缩减行政审批事项和时间，提高群众高频服务事项办事效能，消除各层级政务信息孤岛和数字壁垒，打造高效、便捷的政务服务和协同、共享的运行机制。目前广东已基本建成标准规范、整合统一、安全可持续的管理运行体系、业务合作体系、信息数据中心、政务信息系统、在线服务平台等数字治理的基础硬件和软件设施。

2. 浙江数字治理发展概述

浙江作为数字经济的先行区和示范区，数字经济和数字科技不断赋能数字政府建设，而数字政府建设有力引领数字经济和数字社会发展，推动浙江政府数字化转型。浙江依托"四张清单一张网""一网通办""最多跑一次"改革全面推进"互联网＋政务服务"和"互联网＋监管"发展。浙江打造"浙政钉"掌上办公和"浙里办"掌上办事两大平台，实现多层级、多领域政府职能全覆盖、部门流程全整合，提高了行政效能和服务质量。目前浙江已初步形成纵向贯通、横向协同、上接国家、覆盖全省的数字政府体系，政务服务、执法监管、基层治理等领域全部整合到数字治理体系。

3. 北京数字治理发展概述

北京数字治理立足首都功能定位和地缘优势，坚持"以人为本、数据赋能"的发展目标，先后在数字北京、智慧北京、新型智慧城市和数字生态城市建设上持续发力，推进首都治理和公共服务水平。北京大力推行"接诉即办""放管服"等各项改革，依托"北京通""12345市民热线""一门、一网、一号"等平台推进政务服务现代化和京津冀协同发展。目前北京通过政务服务平台一体化和综合窗口2.0改革推进数字政务平台建设，在全市各部门推行电子印章和电子证照，及早实现政务服务事项在任意政务服务站点"全城通办"，甚至"跨省通办"，不断推动首都政务服务数字化转型。

4. 上海数字治理发展概述

上海数字治理始终处于省级数字政务建设第一梯队，率先提出"智慧政府"建设目标，已建立建成整体协同、高效运行、精准服务、科学管理的智慧政府。上海依托信息技术推行"一网通办""一网统管""随申办"，打造"一网、一云、一窗、三库"的数字政务服务体系，不断改革创新和利企便民。目前上海推行政务服务"线上进一网、线下进一窗"，始终以群众需求为抓手，不断缩减审批办理时长和办理程序，推行"一窗受理、分类审批、一口发证"的"综合窗口"机制和覆盖市、区、街镇三级的城市网格化信息系统，真正实现"让数据多跑路、让群众少跑腿"。

5. 湖北数字治理发展概述

湖北数字治理对标沿海先进省市发展迅速、成效显著，建立建成公共服务高效、社会治理精准、政府决策科学的数字政府高质量运行模式。湖北依托平台支撑和数据管理推行"鄂汇办""12345在线服务""一网通办""一窗通办、一事联办"等改革，使公众足不出户就能在线办理政务服务，实现市（州）、县（市、区）、乡镇（街道）综合性政务大厅集中服务和"一站式"办理。目前湖北大力推行"互联网+监管"平台建设，汇集非现场监管、协同监管、效能评估、投诉举报、服务评价等功能，可以实现风险预警、风险处置和奖惩管理等全周期监管。

（二）中国数字治理的地方经验

1. 政府重视并支持数字治理发展

数字治理的先进经验包括地方政府高度重视并多维支持数字政府建设。具体来看，地方省、市设立数字政府和智慧城市建设领导小组和工作专班，全面统筹和协调数字治理工作，提供坚实的组织基础和完善的领导体系；地方为充分落实中央和地方数字化转型和数字中国战略，制定数字政府建设和数字化转型中长期规划和行动实施方案，不断提高政府数字化转型的质量效率；地方政府出台多项政策措施支持和鼓励智慧城市、数字经济、智慧社会等建设和发展，建立健全数字治理的相关标准体系和规范框架，不断完善配套管理制度；地方充分依托当地经济、社会和技术等特色优势，数字政务与数字经济、数字社会建设互促互进。

2. 数字治理应用范围和领域广泛

数字治理的先进经验包括地方数字化治理的应用场景和应用领域比较广泛。具体来看，大数据和智能化广泛运用于工业、制造业、农业及水利、服务业、政务、民生和社区治理等，其中政务领域的应用比例最高，数字政府是数字治理的发展核心和建设重点；数字治理在全国东部、中部、西部和东北地区均有不同程度的建设和发展，数字城市和数字农村建设也有序展开；地方大数据和区块链广泛应用于智慧交通、智慧医疗、智慧养老、智慧物流、线上教育、数字文旅等公共服务领域，以及智慧法院、数字财税、数字监管、智慧应急等数字政务领域。

3. 以群众便利和群众满意为导向

数字治理的先进经验包括地方数字建设坚持群众导向，以群众便利和满意为最高标准。具体来看，在数字政务和智慧城市设计阶段，以用户（群众）为中心设计用户友好型网站或平台，外部门户以简单易操作、一键式导航为呈现方式；在数字政务和智慧城市运行阶段，以群众使用率和客户体验感为标准，不断提高公共服务的无缝隙管理、多样化供给和高效率运行水平；在数字政务和智慧城市评估阶段，以群众满意度和群众获得感为重要指标，增强公众和企业等用户评估权力，同时构建以电子签名、电子印章、电子证照和电子档案为核心工具的"数字市民"服务体系。

4. 先进技术平台和专业人才保障

数字治理的先进经验包括地方数字治理以先进数据技术平台为基础架构，专业人才队伍建设为实体保障。具体来看，在智慧城市建设中，以政务服务指挥中心为整合，延伸发展城市管理各大模块和应用场景，打造"城市大脑"和"城市中枢"；在数字治理技术平台建构和支持中，积极采取政企合作和聘用制模式，与资质好的企业组织和社会组织建立合作伙伴关系，聘用高级技术人才或团队参与数字政府的建设、升级和维护工作；同步推进各级干部及其他公职人员的信息化素质和技能培养工程，提高政府部门人才队伍数据应用和信息化管理的整体水平。

5. 行政改革和政务创新同步推进

数字治理的先进经验包括地方数字治理发展与行政改革、政务创新互促互进、相互成就。具体来看，公共治理领域的"放管服"改革、治理能力和治理体系现代化建设等发展导向，推动地方政府依托数据信息技术大力发展数字政务、智慧城市和数字治理，成为行政改革的先驱者和标杆；数字政务的应用升级不断要求和推进政府内部流程再造和部门关系重塑，使政府层级结构和部门沟通更加扁平化和网络化，政府运行方式、业务流程和服务模式更加智能化和精细化；数字治理是行政改革和政务创新的最新趋势和前沿领域，有助于实现公正透明、合法高效、稳定合作的善治模式。

四 地方数字治理的发展评估

(一) 数字治理区域差异较大

综合数字治理区域发展案例和多方评估报告可知，数字治理发展水平和发展速度区域差异较大，不利于公共服务和公共治理的均衡发展。具体来看，全国各省市数字治理发展差距较大，纵观数字治理发展，东部水平较高、西部速度较快、中部和东北部略显滞后，与当地经济发展实力、公共管理能力、数字技术发展、政府重视程度和社会发展环境等密切相关；地方数字治理随着行政层级的逐级下沉，发展能力和发展资源有所下降，基层尤其是社区层面数字治理水平有待提高；地方数字治理的城乡差距较为明显，农村数字治理、智慧农业发展和农民数字帮扶等有待突破。

(二) 数字政务协同整合较弱

综合数字治理区域发展案例和多方评估报告可知，数字治理的部门协同、层级联动、跨域合作和多元合作进展缓慢，不利于公共服务和公共治理的协调发展。具体来看，部分区域数字政务仍延续"部门为中心"而非"用户为中心"的发展模式，政务服务仍以窗口式为主，线上办理、一网通办等普及度不高，部门间协同办公、联席工作机制应用不广泛；部分区域数字治理层级间协同度较弱，上级统筹层面和下级执行层面存在一定偏差；数字治理的区域间合作比较缺乏，先进区域和落后区域尚未建立常态化交流和帮扶机制；数字治理的政企合作和政社合作规范、运行和评估体系不完善，制约了多元合作的深度融合和有序衔接。

(三) 数据开放共享水平较低

综合数字治理区域发展案例和多方评估报告可知，数字治理的国家和地方数据整合、业务融合和信息开放水平较低，不利于公共服务和公共治理的共享发展。具体来看，全国和省级政务服务平台和信息尚未完全对接和无缝过渡，公司和公众跨省和跨区域办理公共事务仍然无法完全实现；政府部门之间仍存在信息壁垒和信息孤岛情况，尤其是基层行政部门信息堵塞、流通不畅；各部门信息库管理和运行标准不一致，直接导致信息数据库无法对接和共融；非涉密公共数据并未及时、全面向公众开放，社会监督所获取的信息不充分。

（四）数据信息安全保障不足

综合数字治理区域发展案例和多方评估报告可知，数字治理中数据信息安全、服务安全性能和网络安全标准法律等保障不足，不利于公共服务和公共治理的稳定发展。具体来看，由于数据信息保护力度和水平有限，个人信息、企业信息和政务信息等数据信息存在泄漏、篡改和恶意使用等风险；部分政务网站和后台防护网络有待升级，存在被黑客攻击和病毒植入的风险；部分政务服务信息安全机制不健全，缺乏网络安全预警机制、网络安全应急响应机制和网络安全评估机制等；中央和地方数据信息网络安全政策法规体系有待进一步完善。

（五）数字鸿沟问题难以规避

综合数字治理区域发展案例和多方评估报告可知，数字治理中的公民、行业和地区间的数字鸿沟问题仍然存在，不利于公共服务和公共治理的长期发展。具体来看，公民间的数字鸿沟有一定加深趋势，公民在数字信息获取、使用和获益方面因年龄、学历、职业等因素作用差别较大，出现了部分数字信息弱势群体；随着新技术和新应用在部分行业的普及，新兴行业与传统产业的数字差距逐渐拉大，容易形成信息壁垒和垄断壁垒，传统行业如农业亟待数字化升级；城乡间、区域间和国家间数字鸿沟问题显著，智慧城市、数字乡村、数字中国等建设有待进一步统筹协调。

五 结论与展望

（一）研究结论

通过对近二十年来中国数字治理领域的相关学术文章进行量化分析和研究可知，从研究趋势上看，数字治理相关研究热度持续升温，尤其是近五年呈高速增长态势，一跃成为中国公共治理研究热点和前沿；从研究阶段上看，近二十年来中国数字治理可划为三个阶段，第一阶段（2000—2012 年）是以"电子政务"为主旨的数字治理初探期，第二阶段（2012—2018 年）是以"智慧政府"为主旨的数字治理建构期，第三阶段（2018 年至今）是以"数字政府"为主旨的数字治理发展期，未来中国数字治理发展技术更加成熟、前景更加广阔，逐步达到数字治理国际先进水平；从研究主题和研究内容上看，数字治理知识图谱中前十位核心聚类，分别为#0 智慧城市、#1 电子政务、#2 政务服务、#3 数字治理、#4 智慧政府、#5 数字社会、#6 数字政府、#7 数字城市、#8 数字档案、#9 业务协同。

通过对近 20 年来中国数字治理领域的典型案例和地方实践进行总结评估可知，广东、浙江、北京、上海和湖北等地数字治理处于国内发展领先水平，积累了可供推广学习的共享经验，包括政府重视并支持数字治理发展、数字治理应用范围和领域广泛、以群众便利和群众满意为导向、先进技术平台和专业人才保障以及行政改革和政务创新同步推进；同时，中国数字治理也面临一定风险和挑战，包括中国数字治理区域差异较大、数字政务协同整合较弱、数据开放共享水平较低、数据信息安全保障不足以及数字鸿沟问题难以规避。

（二）未来展望

未来随着技术进步和治理优化，逐步对数字治理的问题和挑战进行精准回应和妥善解决。一是发挥先进示范效应、推广数字治理经验，中国数字治理先行先试的省市能够为数字治理的统筹建设和均衡发展提供一定借鉴，可通过案例示范、模块引入、平台对接、线下交流、试点帮扶等形式充分发挥数字治理先进典型的引领示范效应。同步推进数字社区和数字农村建设，为基层社区治理现代化夯实基础；二是整合部门和资源、推进标准化统筹发展，协调数字治理相关职能部门，整合政府—市场—社会多方资源，建立跨业务、跨部门、跨区域、跨国境的多元合作公共服务模式。统筹数字平台的标准化规划、建设和运营，推动省域范围、省际与中央政务服务平台的对接和互认；三是促进数据信息共享、推动数字平台共建，逐步建立数据信息采集、整理、发布的共享共用机制，优化国家和省级数据开放平台的功能和效用。打破基层、郊区、农村等地区的信息孤岛和数据壁垒,形成连贯顺畅的数据整合模式;四是强化数据网络安全、推行普惠型数字服务,定期加强对信息安全的硬件和软件升级与维护,推进网络安全知识技能的普及,实行网络安全责任制,加快中央和省级数字立法以确保公共数据和信息网络安全。注重数字服务和智慧政务建设的普惠性、可及性和有效性,精准定位和灵活帮扶数字治理中的弱势群体;五是完善规划政策法规、推进数字评估监管。做好中央和省级数字治理顶层设计,从组织、规划、实施和评估全方位优化数字治理模式,重点加强对数字政务和数字城市建设的风险评估和智慧监管。